ÉTUDE

SUR LES

ESSAIS DE MONTAIGNE

PARIS. — TYPOGRAPHIE DE HENRI PLON, IMPRIMEUR DE L'EMPEREUR, RUE GARANCIÈRE, 8.

MICHEL MONTAIGNE

Dessin de L. BRETON

d'après le portrait du temps gravé par LÉONARD GAULTIER

H. PLON, ÉDITEUR.

ÉTUDE

SUR LES

ESSAIS DE MONTAIGNE

PAR

ALPHONSE LEVEAUX

OUVRAGE ORNÉ DU PORTRAIT DE MONTAIGNE

PARIS

HENRI PLON, IMPRIMEUR-ÉDITEUR

RUE GARANCIÈRE, 10

1870

MICHEL DE MONTAIGNE

Montaigne (Michel, seigneur de), naquit au château de Montaigne, en Périgord, le 28 février 1533. Il fit ses études à Bordeaux, au collége de Guienne, le plus florissant de France à cette époque. Après les avoir terminées à l'âge de treize ans, il fit son cours de droit, et fut pourvu en 1554 d'une charge de conseiller au parlement de Bordeaux. Il fut alors reçu à la cour de Henri II, qui le prit en singulière estime. C'est aussi vers cette époque qu'une parfaite conformité de sentiments le lia avec La Boétie d'une amitié devenue célèbre.

A trente-huit ans, fatigué des fonctions publiques et de l'esclavage de la cour, il se retira dans son château de Montaigne pour se livrer à l'étude. C'est alors qu'il commença à composer les *Essais*, dont la première partie parut à Bordeaux en 1580; mais c'est alors aussi qu'il reçut les premières atteintes de la cruelle maladie, la gravelle d'abord, puis ensuite la pierre, qui devait, à un âge peu avancé, le conduire au tombeau. Quoique souffrant déjà, il n'entreprit pas moins un voyage qui dura dix-huit mois, en Suisse, en Italie et en Allemagne. A Rome, il reçut des lettres de citoyen romain, et fut admis à baiser les pieds du Saint-Père, Grégoire XIII, qui l'exhorta « de continuer à » la dévotion qu'il avait toujours portée à l'Église » et service du Roi Très-Chrétien. » A vrai dire, le Saint-Père se montra indulgent, et il ne me semble pas que Montaigne ait rendu de bien grands services à l'Église.

Il partit de Rome pour se rendre aux eaux *della Villa*, où il apprit qu'il venait d'être élu maire de Bordeaux (août 1581). Il refusa d'abord, et ne se décida, contre son gré, à accepter que pour obéir à Henri III, qui lui écrivit à cette occasion. Montaigne, dans cette importante fonction, se maintint, au milieu même de la guerre civile, « amy des » natures temperees et moyennes ». Sa maxime était « qu'on ne doit pas refuser aux charges qu'on » prend l'attention, les pas, les paroles, et la sueur » et le sang au besoin. » Maxime admirable! Belle leçon peu suivie dans tous les temps, mais surtout au temps où nous sommes! Après quatre années d'exercice, il put dire justement « qu'il ne laissait » après lui ni offense ni haine. »

Il employa ses dernières années à faire de nouvelles additions aux *Essais,* et mourut le 12 septembre 1592, à l'âge de cinquante-sept ans.

Pourquoi tenter cette étude? Pourquoi venir encore parler de Montaigne, après tant d'autres qui l'ont fait avec plus d'autorité que moi? C'est téméraire, j'en conviens; mais deux raisons me soutiennent et me décident, d'abord ma vive admiration pour ce profond observateur de la nature humaine, ensuite la conviction où je suis que je fais quelque chose d'utile, en appelant une fois de plus l'attention du lecteur sur le livre immortel des *Essais* : « C'est icy un livre de bonne foy, dit Mon-
» taigne; ie veulx qu'on m'y veoye en ma façon
» simple, naturelle et ordinaire, sans estude et
» artifice; car c'est moy que ie peinds. Mes def-
» fauts s'y liront au vif, mes imperfections et ma
» forme naïfve, autant que la reverence publicque
» me l'a permis ... »

Eh bien, ce livre, tout le monde l'admire, mais il s'en faut que tout le monde le lise, un peu à cause des légères difficultés que présentent les formes primitives de la langue de Montaigne, bien plus, parce qu'on donne aujourd'hui très-peu de temps aux lectures sérieuses. Il faut le regretter, et le but de cette étude est d'inspirer au lecteur, en lui offrant de nombreuses citations des *Essais*, le désir de lire le livre tout entier. Je n'en connais pas qui enseigne mieux la science de la vie.

La langue de Montaigne a vieilli, sans cesser d'être belle. Fénelon en regretta la perte. Un des meilleurs écrivains d'aujourd'hui, M. Prévost-Paradol, a raison de dire que les changements survenus dans notre idiome ont plutôt augmenté qu'affaibli le charme de sa parole.

Avant de passer au premier chapitre des *Essais*, je dois dire que je me suis beaucoup servi de l'excellente édition de M. Charles Louandre, dont j'ai adopté les traductions pour un grand nombre de citations latines.

ÉTUDE

SUR LES

ESSAIS DE MONTAIGNE

LIVRE PREMIER.

CHAPITRE PREMIER.

PAR DIVERS MOYENS ON ARRIVE A PAREILLE FIN.

Montaigne ne s'est proposé ni plan ni méthode pour son livre des *Essais*. Il l'a écrit au jour le jour, sans savoir où il s'arrêterait, ni quelle en serait l'étendue. Ce n'est pas ainsi que se font les chefs-d'œuvre, et cependant c'est un chef-d'œuvre, et c'est bien ainsi qu'il a été fait. Montaigne le dit lui-même : « *Ie n'ay point d'aultre sergent de bande à ranger mes pieces que la fortune.* » De plus, l'idée qui lui venait en écrivant ou que développaient les hasards de la plume, n'est pas toujours d'accord avec le titre des chapitres. Alors ce titre cesse d'avoir une signification précise. Cette remarque peut s'appliquer au premier chapitre.

La modération, qui est l'un des traits dominants du caractère de Montaigne, se fait voir dès les premières pages de son livre :

I'ay, dit-il, une merveilleuse lascheté vers la misericorde et la mansuetude.....

Puis, plus loin, il commence à nous faire connaitre l'opinion médiocre qu'il a de l'homme, et comment, pour l'étudier, nous nous heurtons à chaque pas contre le doute et la contradiction.

Certes c'est un subiect merveilleusement vain, divers et ondoyant, que l'homme : il est malaysé d'y fonder iugement constant et uniforme.....

Ce premier chapitre finit par la narration de la prise de Thèbes par Alexandre. Cela n'a aucun rapport avec le titre, mais c'est un tableau saisissant et fait de main de maître :

..... *On vit* cruellement mettre au fil de l'espee de vaillants hommes perdus et n'ayants plus moyen de deffense publicque; car il en feut tué bien six mille, desquels nul ne feut veu ny fuyant, ny demandant mercy; au rebours, cherchants, qui çà, qui là, par les rues, à affronter les ennemis victorieux; les provoquants à les faire mourir d'une mort honnorable. Nul ne feut veu si abbattu de bleceures, qui n'essayast en son dernier soupir de se venger encores, et avecques les armes du desespoir consoler sa mort en la mort de quelque ennemy..... Ce carnage dura iusques à la dernière goutte de sang espandable, et ne s'arresta qu'aux personnes desarmees, vieillards, femmes et enfants, pour en tirer trente mille esclaves.

Il y a dans Montaigne un grand nombre d'expressions dont je regrette que l'usage soit perdu. Ainsi dans cette dernière phrase que je viens de citer, le mot *espandable* me plaît. Il est euphonique, et l'on a eu tort, à mon avis, d'y renoncer et de le mettre au nombre des archaïsmes.

Dans les quelques pages de ce chapitre, Montaigne fait voir les divers aspects de son génie éminent. Outre son caractère modéré, sa douce philosophie et cet esprit de profonde observation qui empêche le parti pris et détermine trop souvent le doute, on reconnaît un talent de narration qui, dans ses formes neuves, hardies, rehaussées de couleurs vives, n'a peut-être jamais été dépassé.

CHAPITRE II.

DE LA TRISTESSE.

Quel excellent début que celui de ce chapitre!

Ie suis des plus exempts de cette passion, et ne l'ayme ny l'estime, quoyque le monde ayt entreprins, comme à prix faict, de l'honnorer de faveur particuliere : ils en habillent la sagesse, la vertu, la conscience : sot et vilain ornement.

Voyez ici comme Montaigne parle éloquemment de ce degré de tristesse extrême que nous donne la perte des êtres qui nous sont le plus chers :

..... A l'adventure reviendroit à ce propos l'invention de cet ancien peintre, lequel, ayant à représenter, au sacrifice de Iphigenia, le dueil des assistants selon les degrez de l'interest que chascun apportoit à la mort de cette belle fille innocente, ayant espuisé les derniers efforts de son art, quand ce veint au pere de la vierge, il le peignit le visage couvert, comme si nulle contenance ne pouvoit rapporter ce degré de dueil. Voylà pourquoy les poëtes feignent cette miserable mere Niobé, ayant perdu premierement sept fils, et puis de suite autant de filles, surchargee de pertes, avoir esté enfin transmuee en rochier,

Diriguisse malis [1],

[1] Pétrifiée par la douleur. Ovide.

pour exprimer cette morne, muette et sourde stupidité qui nous transit, lorsque les accidents nous accablent surpassants nostre portee. De vray, l'effort d'un desplaisir, pour estre extreme, doibt estonner toute l'ame et luy empescher la liberté de ses actions; comme il nous advient, à la chaulde alarme d'une bien mauvaise nouvelle, de nous sentir saisis, transis, et comme perclus de touts mouvements; de façon que l'ame, se relaschant aprez aux larmes et aux plainctes, semble se desprendre, se desmesler, et se mettre plus au large et à son ayse :

> Et via vix tandem voci laxata dolore est [1].

Ce qui suit représente un beau récit, et fait penser à un tableau de maître :

Raissiac, capitaine allemand, veoyant rapporter le corps d'un homme de cheval à qui chascun avoit veu excessifvement bien faire en la meslee, le plaignoit d'une plaincte commune : mais, curieux avecques les aultres de cognoistre qui il estoit, aprez qu'on l'eut desarmé, trouva que c'estoit son fils; et, parmi les larmes publicques, luy seul, sans rien dire, sans ciller les yeux, se teint debout, contemplant fixement le corps de son fils; iusques à ce que la vehemence de la tristesse, venant à glacer ses esprits vitaux, le porta roide mort par terre.

On ne saurait raconter d'une manière plus saisis-

[1] La douleur enfin à grand' peine ouvre un passage à sa voix. VIRGILE.

sante, et pourtant ce récit n'a guère que douze lignes; mais elles sont admirablement remplies, et tous les mots portent.

Je m'en prends volontiers à quelques lignes d'un livre pour tenir l'auteur en haute estime, sans rien lui demander de plus. C'est même là un des grands charmes de la lecture et ce qui en varie le plaisir à l'infini; car il n'y a pas que les chefs-d'œuvre qui nous offrent des mérites dignes d'une sérieuse attention. Il faut donc lire beaucoup, comme faisait Montaigne; il faut lire beaucoup, afin de savoir lire avec discernement. J'hésite presque à le dire, peu de personnes savent lire ainsi, et possèdent une qualité nécessaire pour cela : la délicatesse du goût. Nous avons tous plus ou moins le sentiment du beau, et un véritable chef-d'œuvre risque peu d'être méconnu; mais il s'en faut encore qu'il soit apprécié comme il le mérite. Il n'y a qu'un petit nombre de lecteurs qui portent le sentiment du beau jusqu'à l'enthousiasme et de qui l'âme s'échauffe et s'enflamme au contact des pensées vraies, élevées et fortement exprimées, et l'on peut dire avec raison que, malgré la gloire justement attachée à leurs noms, Molière, Shakespeare, Michel Cervantès et Bossuet sont loin d'occuper la place qu'ils méritent dans l'admiration de tous. Montaigne est essentiellement de la race illustre de ces grands écrivains qu'il faut lire souvent pour les connaître à peu près tels qu'ils sont.

CHAPITRE III.

NOS AFFECTIONS S'EMPORTENT AU DELA DE NOUS.

Nous ne sommes iamais chez nous; nous sommes tousiours au delà; la crainte, le desir, l'esperance, nous eslancent vers l'advenir, et nous desrobbent le sentiment et la consideration de ce qui est, pour nous amuser à ce qui sera, voire même quand nous ne serons plus.

Rousseau, dans *Émile*, a imité ce passage en disant : « La prévoyance! la prévoyance qui nous » porte sans cesse au delà de nous, et souvent nous » place où nous n'arriverons point, voilà la véritable » source de toutes nos misères. »

Rousseau va trop loin, et, présentée ainsi, la pensée de Montaigne devient fausse. Il est impossible de prétendre que la prévoyance est la source de toutes nos misères. On serait beaucoup plus près de la vérité en parlant ainsi du contraire : de l'imprévoyance.

Montaigne lui-même n'est pas à l'abri de tout reproche sur ce point. A-t-il raison de ne considérer que le temps présent et d'approuver Épicure, qui dispense son sage *de la prevoyance et soucy de l'advenir?* Non sans doute. Dans cette importante question, l'esprit doit faire deux parts presque égales, tout en faisant pencher la balance du côté du moment présent. Il me semble aussi peu raisonnable de sacrifier le présent à l'avenir, que de vivre sans s'occuper de ce qui sera demain. Que deviendraient l'homme, la famille, la civilisation, si pareille insouciance avait le dessus?

Montaigne ne veut pas non plus que nous nous occupions de ce terme fatal, de cet inévitable demain qui s'appelle la mort, et, parlant des funérailles, il trouve ridicule un homme de son temps, *assez cogneu, en paix et en guerre, qui amusa toutes ses heures dernieres, avecques un soing vehement, à disposer l'honneur et la cerimonie de son enterrement : « Ie n'ay gueres veu*, dit-il, *de vanité si perseverante. »*

Puis quelques lignes plus loin il traite cette question avec un parfait bon sens :

..... S'il estoit besoing d'en ordonner, ie serois d'advis qu'en celle-là, comme en toutes actions de la vie, chascun en rapportast la regle au degré de sa fortune..... Ie lairray purement la coustume ordonner de cette cerimonie, et m'en remettray à la discretion des premiers à qui ie tumberay en charge. *Totus hic locus est contemnendus in nobis, non negligendus in nostris*[1].

Vers la fin de ce troisième chapitre se trouve une citation de Sénèque qui appartient au matérialisme le plus pur :

Quæris, quo iaceas, post obitum, loco?
Quo non nata iacent[2].

C'est clair, c'est concis : le néant avant la vie, le néant après. Montaigne n'accompagne cette définition d'aucun commentaire. Pensait-il comme Sénèque? Je serais bien un peu tenté de le croire. Mais au temps de Montaigne on n'exprimait pas sans danger de pareilles idées.

CHAPITRE IV.

COMME L'AME DESCHARGE SES PASSIONS SUR DES OBIECTS FAULS, QUAND LES VRAIS LUY DEFAILLENT.

Il y a peu de remarques à faire sur ce chapitre, qui est très-court. J'en citerai seulement quelques

[1] C'est un soin qu'il faut mépriser pour soi-même et ne pas négliger pour les siens. CICÉRON.

[2] Veux-tu savoir où tu seras après la mort? Là où sont les choses qui ne sont pas encore nées.

phrases où le style revêt une forme gracieuse et poétique :

Quelles causes n'inventons nous des malheurs qui nous advicnnent? A quoy ne nous prenons nous, à tort ou à droict, pour avoir où nous escrimer? Ce ne sont pas ces tresses blondes que tu deschires, ny la blancheur de cette poictrine que despitee tu bats si cruellement, qui ont perdu d'un malheureux plomb ce frère bien aymé : prens t'en ailleurs.

Le chapitre se termine par une boutade passablement rude :

..... Ceulx là surpassent toute folie, d'autant que l'impieté y est joincte, qui s'en adressent à Dieu mesme ou à la fortune, comme si elle avoit des aureilles subiectes à nostre batterie.... Mais nous ne dirons iamais assez d'iniures au desreglement de notre esprit.

CHAPITRE V.

SI LE CHEF D'UNE PLACE ASSIEGEE DOIBT SORTIR POUR PARLEMENTER.

Voilà un titre qui appartient bien au temps où vivait Montaigne, à ce seizième siècle que les guerres civiles et religieuses ont si violemment agité. Alors il arriva souvent que des gouverneurs de ville se trouvèrent dans des situations difficiles et de graves hésitations sur le parti le moins mauvais à prendre. Mais un pareil sujet aujourd'hui n'offre pas le moindre intérêt, et le livre des *Essais* aurait été moins lu et serait oublié depuis longtemps, si beaucoup de ses chapitres ressemblaient à celui-ci.

Il ne contient que quatre pages toutes remplies de citations de faits de guerre.

Après avoir parlé de la loyauté repoussant toute ruse, toute surprise, avec laquelle les Romains des premiers temps de la république, les Achaïens et les anciens Florentins combattaient leurs ennemis, Montaigne, qui veut que nous ne poussions rien trop loin, pas même l'héroïsme, admet pour vaincre l'emploi de la ruse :

Nous tenons, dit-il, celuy avoir l'honneur de la guerre qui en a le proufit, et disons que *où la peau du lyon ne peult suffire, il y fault coudre un loppin de celle du regnard.*

Ce dicton, emprunté à Plutarque, était populaire au moyen âge, et dans certaines armoiries on voit des lions avec des queues de renard.

CHAPITRE VI.

L'HEURE DES PARLEMENTS, DANGEREUSE.

Parlement est ici dans le sens de parlementer, et ce chapitre n'est guère plus intéressant que le précédent.

CHAPITRE VII.

QUE L'INTENTION IUGE NOS ACTIONS.

Ici je cite tout. Les faits historiques sont bien choisis et bien décrits. Mais la dernière page est particulièrement belle et mérite d'être lue et relue :

La mort, dict on, nous acquitte de toutes nos obligations. I'en scay qui l'ont prins en diverse façon. Henry septiesme, roy d'Angleterre, feit composition avec Dom Philippe, fils de l'empereur Maximilian, ou, pour le confronter plus honnorablement, pere de l'empereur Charles cinquiesme, que le dict Philippe remettroit entre ses mains le duc de Suffolc de la Rose blanche, son ennemy, lequel s'en estoit fuy et retiré au Païs Bas, moyennant qu'il promettoit de n'attenter rien sur la vie dudict duc : toutesfois venant à mourir, il commanda par son testament à son fils de le faire mourir soubdain aprez qu'il seroit decedé. Dernierement en cette tragedie que le duc d'Albe nous feit voir à Bruxelles ez comtes de Horne et d'Aiguemond, il y eut tout plein de choses remarquables; et, entre aultres, que le comte d'Aiguemond, soubs la foy et asseurance duquel le comte de Horne s'estoit rendu au duc d'Albe, requit avec une grande instance qu'on le feist mourir le premier, à fin que sa mort l'affranchist de l'obligation qu'il avoit audict comte de Horne. Il semble que la mort n'ayt point deschargé le premier de sa foy donnee, et que le second en estoit quitte, mesme sans mourir. Nous ne pouvons estre tenus au delà de nos forces et de nos moyens; à cette cause, parce que les effects et executions ne sont aulcunement en nostre puissance, et qu'il n'y a rien à bon escient en nostre puissance que la volonté; en celle là se fondent par necessité, et s'establissent toutes les regles du debvoir de l'homme : par ainsi le comte d'Aiguemond tenant son ame et volonté endebtee à sa promesse, bien que la puissance de l'effectuer ne feust pas en ses mains, estoit sans doubte absouls de son debvoir, quand il eust survescu le comte de Horne. Mais le roy d'Angleterre, faillant à sa parole par son intention, ne se peult excuser pour avoir retardé iusques aprez sa mort l'execution de sa desloyauté; non plus que le masson d'Herodote, lequel ayant loyalement conservé durant sa vie le secret des thresors du roy d'Aegypte, son maistre, mourant, le descouvrit à ses enfants.

I'ay veu plusieurs de mon temps, convaincus par leur conscience retenir de l'aultruy, se disposer à y satisfaire par leur testament, et aprez leur decez. Ils ne font rien qui vaille, ny de prendre terme à chose si pressante, ny de vouloir restablir une iniure avecques si peu de leur ressentiment et interest. Ils doibvent du plus leur; et d'autant qu'ils payent plus poisamment et incommodeement, d'autant en est leur satisfaction plus iuste et plus meritoire : la penitence demande à charger. Ceulx là font encore pis, qui reservent la declaration de quelque haineuse volonté envers le proche, à leur derniere volonté, l'ayant cachee pendant la vie; et montrent avoir peu de soing de leur honneur, irritants l'offensé à l'encontre de leur memoire, et moins de leur conscience, n'ayants, pour le respect de la mort mesme, sceu faire mourir leur maltalent, et en estendant la vie oultre la leur. Iniques iuges, qui remettent à iuger alors qu'ils n'ont plus cognoissance de cause. Ie me garderay, si ie puis, que ma mort die chose que ma vie n'ayt premierement dict, et apertement.

CHAPITRE VIII.

DE L'OYSIFVETÉ.

Comme nous veoyons des terres oisifves, si elles sont grasses et fertiles, foisonner en cent mille sortes d'herbes sauvages et inutiles, et que, pour les tenir en office, il les fault assubiectir et employer à certaines semences pour nostre service; ainsin est il des esprits; si on ne les occupe à certain subiect qui les bride et contraigne, ils se iectent desreglez, par cy, par là, dans le vague champ des imaginations, et n'est folie ny resverie qu'ils ne produisent en cette agitation,

> Velut ægri somnia, vanæ
> Finguntur species [1].

L'ame qui n'a point de but estably, elle se perd.

Voltaire imitant Montaigne, a dit :

> S'occuper, c'est savoir jouir;
> L'oisiveté pèse et tourmente.
> L'âme est un feu qu'il faut nourrir
> Et qui s'éteint, s'il ne s'augmente.

..... Dernierement que ie me retiray chez moy, deliberé, autant que ie pourroy, ne me mesler d'aultre chose que de passer en repos et à part ce peu qui me reste de vie; il me sembloit ne pouvoir faire plus grande faveur à mon esprit, que de le laisser en pleine oysifveté s'entretenir soy mesme, et s'arrester et rasseoir en soy, ce que i'esperoy qu'il peust meshuy faire plus ayseement, devenu avecques le temps plus poisant et plus meur : mais ie treuve qu'au rebours, faisant le cheval eschappé, il se donne cent fois plus de carriere à soy mesme qu'il n'en prenoit pour aultruy; et m'enfante tant de chimeres et de monstres fantasques les uns sur les aultres, sans ordre et sans propos, que, pour en contempler à mon ayse l'ineptie et l'estrangeté, i'ay commencé de les mettre en roolle, esperant avecques le temps luy en faire honte à lui mesme.

C'est ainsi qu'en prétendant dévoiler au public

[1] Se forgeant des chimères qui ressemblent aux songes d'un malade. HORACE, *Art poétique*.

les faiblesses, les chimères et les folies de son esprit, Montaigne a manqué le but, ce qu'il savait parfaitement, et a fait un livre immortel.

Ce passage que nous venons de citer ne s'adresse-t-il pas à plus d'un d'entre nous qui se sont fait à l'avance un charmant tableau des douceurs de la retraite, se promettant bien de *ne se mesler d'aultre chose que de vivre en repos et à part,* puis n'ont trouvé en échange de ces séduisantes illusions que le trouble de l'esprit, les chimères incessantes de l'imagination, une tendance malsaine à tout examiner et à trouver que tout est mal? Mieux vaut cent fois la vie active, occupée; mieux vaut l'obligation de travailler que la liberté de ne rien faire.

Quand je relis ces pages de Montaigne, si remplies d'observations vraies, prises sur nature, étudiées avec l'application d'un esprit profond et merveilleusement élucidées, je pense au mot de Pascal : « Ce n'est pas dans Montaigne, disait-il, c'est dans » moi que je trouve ce que j'y vois. » M. Nisard observe avec raison qu'il y a de tous les hommes dans cet homme, et qu'il semble avoir senti tous les mouvements, passé par toutes les contradictions de notre nature.

CHAPITRE IX.

DES MENTEURS.

Montaigne commence par se plaindre de n'avoir pas de mémoire. Plus loin, dans le livre troisième, il s'en plaint encore, et ajoute qu'*à faulte de memoire naturelle, il s'en forge de papier*. Il s'en console en faisant cette remarque, que *les memoires excellentes se ioignent volontiers aux iugements débiles*.

Cette remarque est-elle juste? Je ne le crois pas, quoiqu'il me semble téméraire de n'être pas du même avis que Montaigne. La mémoire est sans contredit une des plus belles facultés de l'esprit, et quand il est bien doué sous d'autres rapports, elle lui prête un grand appui et peut le porter très-haut. Il est vrai qu'on voit des sots avoir une bonne mémoire et n'en faire qu'un méchant usage; mais rien ne prouve qu'ils soient en quelque sorte les privilégiés de ce don précieux, que nous voyons si souvent, au contraire, féconder le travail intelligent et en décupler les forces.

Ici Montaigne touche à une question délicate. Il s'en prend à ce manque de mémoire pour se défendre du reproche d'oublier ses promesses et ses amis : « *D'un default naturel,* dit-il, *on en faict un default de conscience.* » Oui sans doute, mais c'est bientôt dit. Voilà un défaut naturel qui a son prix. Certaines bonnes qualités ne le valent pas. On promet, on se fait des amis, on ne bouge pas; ils se plaignent; mais on a une bonne raison à donner, ce bienheureux défaut naturel : « C'est vrai, j'ai oublié; je n'ai pas de mémoire! c'est désolant! » Montaigne lui-même n'était peut-être pas fâché d'avoir de temps en temps cette raison à donner, et si je me permets de penser ainsi, c'est qu'il a été dans les fonctions publiques, et que les hommes qui occupent de hauts emplois, nous voyons cela tous les jours, ne manquent guère d'avoir ce défaut-là, et de s'en servir sans le moindre scrupule au profit de leur ambition ou de leur popularité.

A trois siècles de distance, Montaigne n'en est pas moins très-souvent d'une saisissante actualité. On croirait qu'il s'agit de nos orateurs politiques quand il parle de *ceulx qui font profession de ne former aultrement leur parole que selon qu'il sert aux affaires qu'ils negocient.....*

Les circonstances à quoy ils veulent asservir leur foy et leur conscience estant subiectes à plusieurs changements, il faut que leur parole se diversifie quand et quand : d'où il advient que de mesme chose ils disent tantost gris, tantost iaune, à tel homme d'une sorte, à tel d'une aultre.....

En verité le mentir est un mauldict vice : nous ne sommes hommes, et ne nous tenons les uns aux aultres, que par la parole. Si nous en cognoissions l'horreur et le poids, nous le poursuivrions à feu, plus iustement que d'aultres crimes. Ie treuve qu'on s'amuse ordinairement à chastier aux enfants des erreurs innocentes, tresmal à propos, et qu'on les tormente pour des actions temeraires qui n'ont ny impression, ny suitte. La menterie seule, et, un peu au-dessoubs, l'opiniastreté, me semblent estre celles desquelles on debvroit à toute instance combattre la naissance et le progrez.....

Si, comme la verité, le mensonge n'avoit qu'un visage, nous serions en meilleurs termes ; car nous prendrions pour certain l'opposé de ce que diroit le menteur : mais le revers de la verité a cent mille figures et un champ indefiny. Les Pythagoriens font le bien certain et finy, le mal infiny et incertain. Mille routes desvoyent du blanc : une y va.

Et de combien est le langage fauls moins sociable que le silence !

CHAPITRE X.

DU PARLER PROMPT, OU TARDIF.

Onc ne furent a touts toutes graces donnees [1].

Aussi veoyons nous qu'au don d'eloquence, les uns ont la facilité et la promptitude, et, ce qu'on dict, le boutehors si aisé, qu'à chasque bout de champ ils sont prests; les aultres, plus tardifs, ne parlent iamais rien qu'elaboré et premedité..... Il semble que ce soit plus le propre de l'esprit d'avoir son operation prompte et soubdaine; et plus le propre du iugement, de l'avoir lente et posée.....

On recite de Severus Cassius, qu'il disoit mieulx sans y avoir pensé; qu'il debvoit plus à la fortune qu'à sa diligence; qu'il luy venoit à proufit d'estre troublé en parlant; et que ses adversaires craignoyent de le picquer, de peur que la cholere ne luy feist redoubler son eloquence.

Nos orateurs parlementaires nous offrent quelques exemples, assez rares du reste, de ces mouvements d'éloquence que provoquent les interruptions. Elles n'en sont pas moins un puissant moyen d'opposition dont on use trop souvent sans convenance et sans bonne foi, parce que, presque toujours, elles troublent

[1] Ce vers est de La Boétie. Montaigne n'a fait que des vers latins.

l'adversaire qui parle, rompent le fil de ses pensées, et l'empêchent de les exprimer nettement.

Ici Montaigne, en quelques traits fins et délicats, définit l'esprit de conversation, et fait bien voir le milieu dans lequel il a besoin de se mouvoir et de se pénétrer de cette chaleur douce et communicative sans laquelle il languit et se meurt.

Je cognoy par experience cette condition de nature, qui ne peult soustenir une vehemente premeditation et laborieuse : si elle ne va gayement et librement, elle ne va rien qui vaille..... Elle veult estre non pas secouee, mais solicitee; elle veult estre eschauffee et resveillee par les occasions estrangeres, presentes et fortuites : si elle va toute seule, elle ne faict que traisner et languir; l'agitation est sa vie et sa grace. Ie ne me tiens pas bien en ma possession et disposition; le hazard y a plus de droict que moy : l'occasion, la compaignie, le bransle mesme de ma voix, tire plus de mon esprit, que ie n'y treuve lorsque ie le sonde et employe à part moy. Ainsi les paroles en valent mieulx que les escripts, s'il y peult avoir chois où il n'y a point de prix. Cecy m'advient aussi, que ie ne me treuve pas où ie me cherche; et me treuve plus par rencontre que par inquisition de mon iugement.....

N'est-ce pas là, en effet, l'esprit de conversation qui a besoin d'être *sollicité, échauffé par les occasions étrangères, présentes et fortuites, qui ne se trouve pas où il se cherche et se trouve plus par rencontre?* Ainsi, en parlant de lui-même, Montaigne décrit à merveille le tempérament de ces brillants esprits qui donnèrent une juste renommée à nos salons, au temps où l'on y causait.

CHAPITRE XI.

DES PROGNOSTICATIONS.

Montaigne ne croit pas aux prognostications. Une pareille croyance ne pouvait être admise par cet esprit sage, modéré, plein de bon sens. Montaigne ne croit pas plus aux songes, aux astres, aux esprits, que le voisin de Sganarelle, le seigneur Géronimo. Montaigne et Molière, génies consanguins, nés pour guérir les hommes de leurs folies, de leurs idées fausses et superstitieuses, Montaigne disant aux hommes de son temps qu'ils ne doivent plus croire aux prognostications, Molière un siècle plus tard achevant l'œuvre de Montaigne, et portant dans sa comédie de *la Princesse d'Élide* le coup de grâce à l'astrologie : voilà d'incontestables bienfaiteurs de l'humanité. Que ne les écoute-t-on mieux !

Dans cette avide recherche de la connaissance de l'avenir, Montaigne voit *un notable exemple de la forcenee curiosité de nostre nature, s'amusant à pre-occuper les choses futures, comme si elle n'avoit pas assez à faire à digerer les presentes.*

Il cite Horace, qui pense comme lui :

Prudens futuri temporis exitum
Caliginosa nocte premit Deus;
Ridetque, si mortalis ultra
Fas trepidat.
.... Ille potens sui
Lætusque deget, cui licet in diem
Dixisse, vixi; cras vel atra
Nube polum pater occupato,
Vel sole puro[1].

Lætus in præsens animus, quod ultra est
Oderit curare[2].

Il cite Cicéron, qui ne croyait pas au langage des oiseaux :

Nam istis, qui linguam avium intelligunt,
Plusque ex alieno iecore sapiunt, quam ex suo,
Magis audiendum, quam auscultandum censeo[3].

[1] Un dieu prudent couvre d'une nuit épaisse la marche future des temps, et se rit de l'homme qui s'alarme au delà de ce qui lui est permis..... Il vit heureux et maître de lui-même, celui qui peut dire chaque jour : J'ai vécu; qu'importe que demain Jupiter couvre le ciel de nuages noirs, ou nous donne un jour serein? HORACE, *Odes*, 3.

[2] Un esprit satisfait du présent se gardera bien de s'inquiéter de l'avenir. HORACE, *Odes*.

[3] Quant à ceux qui entendent le langage des oiseaux, et qui con-

---

I'aimeroy bien mieulx regler mes affaires par le sort des dez que par ces songes.....

I'en veoy qui estudient et glosent leurs almanacs et nous en alleguent l'auctorité aux choses qui se passent. A tant dire, il fault qu'ils disent et la verité et le mensonge : *quis est enim, qui totum diem iaculans non aliquando collineet*[1]. Ie ne les estime de rien mieulx, pour les veoir tumber en quelque rencontre. Ce seroit plus de certitude, s'il y avoit regle et verité à mentir tousiours : ioinct que personne ne tient registre de leurs mescomptes, d'autant qu'ils sont ordinaires et infinis; et faict on valoir leurs divinations de ce qu'elles sont rares, incroiables, et prodigieuses. Ainsi respondit Diagoras, qui feut surnommé l'athee, estant en la Samothrace, à celuy qui, en luy monstrant au temple force vœux et tableaux de ceulx qui avoyent eschappé le naufrage, lui dict : Eh bien! vous qui pensez que les dieux mettent à nonchaloir les choses humaines, que dictes vous de tant d'hommes sauvez par leur grace? Il se faict ainsi, respondit-il; ceulx là ne sont pas peincts qui sont demourez noyez, en bien plus grand nombre.

Ce onzième chapitre se termine par une ingénieuse explication du démon de Socrate. Montaigne dit

sultent le foie d'un animal plutôt que leur propre raison, je pense qu'il vaut mieux les écouter que de les croire. CICÉRON, *De divinatione*.

[1] Quel est l'homme, en effet, qui passant tout un jour à lancer des flèches, ne touche quelquefois le but? CICÉRON, *De divinatione*.

spirituellement que chacun de nous a son démon en soi, démon impérieux, faisant le bien, faisant le mal, mais le plus souvent faisant ce qu'il veut : ce que dans les arts nous appelons l'inspiration n'est pas autre chose :

Le daimon de Socrates estoit à l'adventure certaine impulsion de volonté, qui se presentoit à luy sans le conseil de son discours[1] : en une ame bien espuree, comme la sienne, et preparee par continu exercice de sagesse et de vertu, il est vraysemblable que ces inclinations, quoyque temeraires et indigestes, estoient tousiours importantes et dignes d'estre suyvies. Chascun sent en soy quelque image de telles agitations d'une opinion prompte, vehemente et fortuite.....

CHAPITRE XII.

DE LA CONSTANCE.

La loi de la resolution et de la constance ne porte pas que nous ne nous debvions couvrir, autant qu'il est en nostre puissance, des maulx et inconvenients qui nous menacent, ny par consequent d'avoir peur qu'ils nous surprennent : au rebours, touts moyens honnestes de se

[1] Je ferai remarquer une fois pour toutes que le mot discours est fréquemment employé par Montaigne dans le sens de *raison, raisonnement.*

guarantir des maulx sont non seulement permis, mais louables; et le ieu de la constance se ioue principalement à porter de pied ferme ses inconvenients où il n'y a point de remede.....

Ce ne sont pas des vérités bien neuves que dit là Montaigne. Mais il est excellent, à mon avis, de se retremper aux sources pures, aux vieilles vérités. Lisons les livres nouveaux, lisons des journaux, on ne lit guère que cela aujourd'hui; faisons chaque jour bonne provision d'idées paradoxales, d'actualités passionnées, de traits spirituels et méchants, d'éphémères inanités; mais, pour Dieu! je m'adresse ici aux hommes qui pensent et qui réfléchissent, vous voyez bien que l'esprit est malade dans le temps où nous sommes; prenons-en donc un peu soin, comme après tout nous prenons soin du corps; donnons-lui de temps en temps une nourriture saine qui le remette en équilibre, et lui ôte la fièvre et l'irritation. Pour cela je ne vois pas de meilleur moyen que de revenir quelquefois aux vieux chefs-d'œuvre, c'est-à-dire aux vieilles et éternelles vérités.

La fin de ce chapitre est une traduction d'Aulu-Gelle, et pose exactement la limite de la résistance qu'une âme ferme peut opposer aux maux et aux passions :

N'y n'entendent les stoïciens que l'ame de leur sage puisse resister aux premieres visions et fantasies qui luy surviennent; ains, comme à subiection naturelle, consentent qu'il cede au grand bruit du ciel ou d'une ruyne, pour exemple, iusques à la pasleur et contraction, ainsin aux aultres passions, pourveu que son opinion demeure saulve et entiere, et que l'assiette de son discours n'en souffre atteinte ny alteration quelconque, et qu'il ne preste nul consentement à son effroy et souffrance. De celuy qui n'est pas sage, il en va de mesme en la premiere partie; mais tout aultrement en la seconde; car l'impression des passions ne demeure pas en luy superficielle, ains va penetrant iusques au siege de sa raison, l'infectant et la corrompant; il iuge selon icelles, et s'y conforme. Veoyez bien disertement et plainement l'estat du sage stoïque :

Mens immota manet; lacrymæ volvuntur inanes [1].

Le sage peripateticien ne s'exempte pas des perturbations, mais il les modère.

CHAPITRE XIII.

CERIMONIE DE L'ENTREVEUE DES ROYS.

Montaigne fait voir ici son esprit libre et peu courtisan, eu égard au temps où il vivait. Il met peu

[1] Son cœur reste inébranlable, et c'est en vain qu'il pleure. VIRGILE, *Énéide*, IV.

d'importance à tout ce qui est cérémonie. Il lui suffit d'être un homme de bonne compagnie et de se montrer poli sans exagération : « I'ay veu souvent, dit-» il, des hommes incivils par trop de civilité, et im-» portuns de courtoisie. »

Montaigne reçut plusieurs fois la cour. Henri IV logea chez lui.

..... A nos regles communes, ce seroit une notable discourtoisie, et à l'endroict d'un pareil, et plus à l'endroict d'un grand, de faillir à vous trouver chez vous quand il vous auroit adverty d'y debvoir venir : voire, adioustoit la royne de Navarre Marguerite à ce propos, que c'estoit incivilité à un gentilhomme de partir de sa maison, comme il se faict le plus souvent, pour aller au devant de celuy qui le vient trouver, pour grand qu'il soit; et qu'il est plus respectueux et civil de l'attendre pour le recevoir, ne feust que de peur de faillir sa route; et qu'il suffit de l'accompaigner à son partement. Pour moy, i'oublie souvent l'un et l'aultre de ces vains offices; comme ie retranche en ma maison autant que ie puis de la cerimonie. Quelqu'un s'en offense, qu'y feroy ie? Il vault mieulx que ie l'offense pour une fois, que moy touts les iours; ce seroit une subiection continuelle. A quoy faire fuit on la servitude des courts, si on l'entraisne iusques en sa tanière?.....

Non seulement chasque païs, mais chasque cité, et chasque vacation, a sa civilité particuliere. I'y ay esté assez soigneusement dressé en mon enfance, et ay vescu en assez bonne compaignie, pour n'ignorer pas les loix de la nostre françoise, et en tiendrois eschole. I'ayme à les ensuivre, mais pas si couardement que ma vie en demeure contraincte : elles ont quelques formes penibles, lesquelles pourveu qu'on oublie par discretion, non par erreur, on n'en a pas moins de grace. I'ay veu souvent des hommes incivils par trop de civilité, et importuns de courtoisie.

Montaigne termine en parlant excellemment de la grande utilité de l'entregent dans les relations sociales :

C'est au demourant une tresutile science que la science de l'entregent. Elle est, comme la grace et la beaulté, conciliatrice des premiers abords de la societé et familiarité; et par consequent nous ouvre la porte à nous instruire par les exemples d'aultruy, et à exploicter et produire nostre exemple, s'il a quelque chose d'instruisant et communicable.

Je trouve admirable cette définition de l'esprit d'entregent. Elle n'a pas vieilli ; elle est tout actuelle, et jamais rien n'a été dit de mieux sur ce sujet.

CHAPITRE XIV.

ON EST PUNY POUR S'OPINIASTRER A UNE PLACE SANS RAISON.

Il s'agit de la défense des places de guerre. Rien à dire et rien à citer de ce chapitre, dont le sujet n'a que faire avec notre temps, où l'on s'opiniâtre bien aux places, mais pas aux places de guerre.

CHAPITRE XV.

DE LA PUNITION DE LA COUARDISE.

I'ouy aultrefois tenir à un prince et tresgrand capitaine, que pour lascheté de cœur un soldat ne pouvoit estre condamné à mort..... A la verité c'est raison qu'on face grande difference entre les faultes qui viennent de nostre foiblesse, et celles qui viennent de nostre malice..... De maniere que prou de gents ont pensé qu'on ne se pouvoit prendre à nous que de ce que nous faisons contre nostre conscience; et sur cette regle est en partie fondée l'opinion de ceulx qui condemnent les punitions capitales aux heretiques et aux mecreants.....

Montaigne tenait là un langage hardi pour son temps. Il aurait certainement voulu en dire plus encore. Mais rien que ce blâme infligé aux cruautés commises au nom de la religion était, en même temps qu'un acte de courage, un service rendu à l'humanité qui s'acheminait, guidée par le génie d'un grand homme comme par un flambeau, vers un avenir meilleur et plus conforme à la raison.

CHAPITRE XVI.

UN TRAICT DE QUELQUES AMBASSADEURS.

I'observe en mes voyages cette practique, pour apprendre tousiours quelque chose par la communication d'aultruy (qui est une des plus belles escholes qui puisse estre), de ramener tousiours ceulx avecques qui ie confère, aux propos des choses qu'ils sçavent le mieulx.

Rien de plus vrai, et dans ces quelques lignes tout est enseignement et tous les mots portent. Les voyages sont un puissant moyen de développement pour l'intelligence. Eh bien, quand nous voyageons, suivons l'avis de Montaigne. Tout ce monde avec lequel la vie de voyage nous met nécessairement en rapport, faisons-le parler pour notre profit, faisons causer chacun de ce qu'il sait, et nous apprendrons ainsi facilement, sans peine aucune, beaucoup de choses que nous ne savons pas.

Il y a toujours à gagner à lire Montaigne, et je considère le livre des *Essais* comme un excellent vademecum de tout esprit bien réglé qui désire s'éloigner le moins possible de la ligne droite, en suivant le chemin difficile de la vie. Molière, la Fontaine, la Bruyère, madame de Sévigné, Montesquieu,

Jean-Jacques Rousseau, admirèrent ce livre, et je ne doute pas que sa connaissance étudiée, approfondie, ne leur ait été d'une grande utilité. « Mon Dieu ! que ce livre est plein de sens ! » disait madame de Sévigné. Balzac, né deux ans après la mort de Montaigne, dit de lui qu'il a porté la raison humaine aussi loin qu'elle peut s'élever.

Ce n'est que dans la seconde moitié de ce chapitre que Montaigne s'occupe du titre qu'il lui a donné et blâme les ambassadeurs qui, dans la crainte de déplaire aux souverains qu'ils représentent, altèrent la vérité et ne mettent pas dans leurs dépêches ce qui peut justement blesser leur susceptibilité.

. ... A cette cause, ce que i'eusse passé à un aultre sans m'y arrester, ie l'ay poisé et remarqué en l'histoire du seigneur de Langey : c'est qu'aprez avoir conté ces belles remontrances de l'empereur Charles cinquiesme, faictes au consistoire à Rome, presents l'evesque de Mascon et le seigneur du Velly, nos ambassadeurs, où il avoit meslé plusieurs paroles oultrageuses contre nous, et, entre aultres, que si ses capitaines et soldats n'estoient d'aultre fidelité et suffisance en l'art militaire que ceulx du roy, tout sur l'heure, il s'attacheroit la chorde au col pour luy aller demander misericorde (et de cecy il semble qu'il en creust quelque chose, car deux ou trois fois en sa vie, depuis, il luy advint de redire ces mesmes mots); aussi qu'il desfia le roy de le combattre en chemise, avecques l'espee et le poignard, dans un batteau : le dict seigneur de Langey, suyvant son histoire, adiouste que lesdicts ambassadeurs faisants une despeche au roy de ces choses, luy en dissimulerent la plus grande partie, mesme luy celerent les deux articles precedents. Or i'ay trouvé bien estrange qu'il feust en la puissance d'un ambassadeur de dispenser sur les advertissements qu'il doibt faire à son maistre, mesme de telle consequence, venants de telle personne, et dicts en si grand'assemblee : et m'eust semblé l'office du serviteur estre de fidelement representer les choses en leur entier, comme elles sont advenues, à fin que la liberté d'ordonner, iuger et choisir, demeurast au maistre; car de luy alterer ou cacher la verité, de peur qu'il ne la preigne aultrement qu'il ne doibt et que cela ne le poulse à quelque mauvais party, et cependant le laisser ignorant de ses affaires, cela m'eust semblé appartenir à celuy qui donne la loy, non à celuy qui la receoit; au curateur et maistre d'eschole, non à celuy qui se doibt penser inferieur, non en auctorité seulement, mais aussi en prudence et bon conseil. Quoy qu'il en soit, ie ne vouldrois pas estre servy de cette façon en mon petit faict.

CHAPITRE XVII.

DE LA PEUR.

Obstupui, steteruntque comæ, et vox faucibus hæsit[1].

Ie ne suis pas bon naturaliste (qu'ils disent), et ne sçais gueres par quels ressorts la peur agit en nous; mais tant y a que c'est une estrange passion : et disent les medecins qu'il n'en est aulcune qui emporte plustost nostre iugement hors de sa deue assiette. De vray, i'ay veu beaucoup de gents devenus insensez de peur; et, au plus rassis, il est certain, pendant que son accez dure, qu'elle engendre de terribles esblouïssements. Ie laisse à part le vulgaire, à qui elle represente tantost les bisayeuls sortis du tumbeau enveloppez en leur suaire, tantost des loups-garous, des lutins et des chimeres.....

Tantost elle nous donne des ailes aux talons; tantost elle nous cloue les pieds et les entrave, comme on lit de l'empereur Theophile, lequel, en une battaille qu'il perdit contre les Agarenes, deveint si estonné et si transi qu'il ne pouvoit prendre party de s'enfuyr, *adeo pavor etiam auxilia formidat* [2], iusques à ce que Manuel, l'un des principaulx chefs de son armee, l'ayant tirassé et secoué, comme pour l'esveiller d'un profond somme, luy dict : « Si vous ne me suyvez, ie vous tueray; car il vault

[1] Je restai stupéfié; mes cheveux se dressèrent; ma voix s'arrêta dans mon gosier. VIRGILE, *Énéide*.

[2] Tant la peur s'effraye du secours même. QUINTE-CURCE.

mieulx que vous perdiez la vie, que si, estant prisonnier, vous veniez à perdre l'empire. »

Vers la fin de ce chapitre, Montaigne retrace en quelques lignes d'un puissant relief ces terribles effets de la peur auxquels les puissants et les riches sont exposés, tandis que ceux qui n'ont ni fortune ni place en sont exempts. C'est vrai ; mais on peut le dire, cette exemption n'est pas recherchée et n'empêchera jamais, dans aucun temps et dans aucun pays, de préférer les frayeurs qui naissent de la richesse à la tranquillité d'esprit que donne la pauvreté.

Ceulx qui sont en pressante crainte de perdre leur bien, d'estre exilez, d'estre subiuguez, vivent en continuelles angoisses, en perdant le boire, le manger, et le repos : là où les pauvres, les bannis, les serfs, vivent souvent aussi ioyeusement que les aultres. Et tant de gents qui, de l'impatience des poinctures de la peur, se sont pendus, noyez et precipitez, nous ont bien apprins qu'elle est encores plus importune et plus insupportable que la mort.

CHAPITRE XVIII.

QU'IL NE FAULT IUGER DE NOSTRE HEUR QU'APREZ LA MORT.

La première moitié de ce chapitre est très-belle, et je ne puis faire mieux que de la citer :

Scilicet ultima semper
Exspectanda dies homini est; dicique beatus
Ante obitum nemo supremaque funera debet [1].

Les enfants sçavent le conte du roy Crœsus à ce propos : lequel ayant esté prins par Cyrus et condemné à la mort, sur le poinct de l'execution il s'escria : « O Solon ! ô Solon ! » Cela rapporté à Cyrus, et s'estant enquis que c'estoit à dire, il luy feit entendre qu'il verifioit lors à ses despens l'advertissement qu'aultrefois luy avoit donné Solon : « Que les hommes, quelque beau visage que fortune leur face, ne se peuvent appeler heureux iusques à ce qu'on leur ayt veu passer le dernier iour de leur vie, » pour l'incertitude et la varieté des choses humaines, qui, d'un bien legier mouvement, se changent d'un estat en aultre tout divers. Et pourtant Agesilaus, à quelqu'un qui disoit heureux le roy de Perse, de ce qu'il estoit venu fort ieune à un si puissant estat : « Ouy; mais, dit-il, Priam en tel aage ne feut pas malheu-

[1] On doit sans cesse attendre son dernier jour; et il n'est pas un seul homme dont on puisse dire qu'il est heureux avant qu'il soit mort et qu'il ait reçu les honneurs suprêmes des funérailles. Ovide.

reux. » Tantost, des roys de Macedoine, successeurs de ce grand Alexandre, il s'en faict des menuisiers et greffiers à Rome; des tyrans de Sicile, des pedantes à Corinthe; d'un conquerant de la moitié du monde, et empereur de tant d'armees, il s'en faict un miserable suppliant des belitres officiers d'un roy d'Aegypte : tant cousta à ce grand Pompeius la prolongation de cinq ou six mois de vie! Et du temps de nos peres, ce Ludovic Sforce, dixiesme duc de Milan, soubs qui avoit si longtemps branslé toute l'Italie, on l'a veu mourir prisonnier à Loches, mais aprez y avoir vescu dix ans, qui est le pis de son marché. La plus belle royne [1], veufve du plus grand roy de la chrestienté, vient elle pas de mourir par la main d'un bourreau? indigne et barbare cruauté! Et mille tels exemples : car il semble que, comme les orages et les tempestes se picquent contre l'orgueil et haultaineté de nos bastiments, il y ayt aussi là hault des esprits envieux des grandeurs de çà bas;

> Usque adeo res humanas vis abdita quædam
> Obterit, et pulchros fasces, sævasque secures
> Proculcare, ac ludibrio sibi habere videtur [2]!

et semble que la fortune quelquesfois guette à poinct nommé le dernier iour de nostre vie, pour montrer sa puissance de renverser en un moment ce qu'elle avoit basty en longues annees; et nous faict crier, aprez Laberius,

[1] Marie Stuart.

[2] Tant il est vrai qu'une certaine force occulte renverse les choses humaines, brise les faisceaux brillants, les haches cruelles, et semble s'en faire un jouet! LUCRÈCE.

Nimirum hac die
Una plus vixi mihi, quam vivendum fuit[1] !

Ces dernières phrases sont éloquentes et d'un beau mouvement. Cela fait penser à Bossuet.

CHAPITRE XIX.

QUE PHILOSOPHER C'EST APPRENDRE A MOURIR.

Cicero dict que philosopher ce n'est aultre chose que s'apprester à la mort.....

Philosopher veut dire ici *se conduire en véritable ami de la sagesse*, et en effet le meilleur moyen d'être bien préparé pour la mort, quoi qu'il arrive au delà, c'est de vivre avec honneur, sans faire le mal, sans mériter le blâme. En agissant ainsi, on est toujours prêt pour ce coup imprévu qui peut nous frapper d'une heure à l'autre. Maintenant faut-il toujours penser à la mort? Faut-il, au contraire, y penser le moins possible? Il me semble qu'en plaçant chaque jour devant nos yeux ce déplaisant squelette, en le faisant en quelque sorte notre compagnon de route

[1] J'ai vécu dans ce jour beaucoup plus que je n'aurais dû vivre.
MACROBE.

dans la vie, nous assombrissons à plaisir et fort inutilement les quelques jours heureux qu'elle nous donne.

« Les hommes, dit Pascal, n'ayant pu guérir la » mort, la misère, l'ignorance, se sont avisés, pour » se rendre heureux, de n'y point penser : c'est tout » ce qu'ils ont pu inventer pour se consoler de tant » de maux. »

Les hommes, il me semble, n'ont pas tout à fait tort. Cependant ce n'est pas l'avis de Montaigne : voici ce qu'il dit :

..... N'ayons rien si souvent en la teste que la mort, à touts instants representons la à nostre imagination et en touts visages : au broncher d'un cheval, à la cheute d'une tuile, à la moindre picqueure d'espingle, remaschons soubdain : « Eh bien! quand ce seroit la mort mesme! » et là dessus, roidissons nous, et nous efforceons. Parmy les festes et la ioye, ayons tousiours ce refrain de souvenance de nostre condition..... » Il est incertain où la mort nous attende : attendons la partout..... Le sçavoir mourir nous affranchit de toute subiection et contraincte..... Nostre religion n'a point eu de plus asseuré fondement que le mepris de la vie..... Quelle sottise de nous peiner, sur le poinct du passage à l'exemption de toute peine!

Cette sottise, il y a, je crois, bien peu de philosophes qui ne la commettent.

Puis Montaigne fait parler la nature dans un langage noble et grave :

Sortez, dict elle, de ce monde, comme vous y estes entrez. Le mesme passage que vous feistes de la mort à la vie, sans passion et sans frayeur, refaictes le de la vie à la mort. Vostre mort est une des pieces de l'ordre de l'univers.....

La vie n'est de soy ny bien, ny mal; c'est la place du bien et du mal, selon que vous la leur faictes. Et si vous avez vescu un iour, vous avez tout veu : un iour est egal à touts iours. Il n'y a point d'aultre lumière, ni d'aultre nuict.....

Faictes place aux aultres, comme d'aultres vous l'ont faicte. L'equalité est la premiere piece de l'equité. Qui se peult plaindre d'estre comprins où touts sont comprins?.....

Tout ne bransle il pas vostre bransle? Y a il chose qui ne vieillisse quant et vous? Mille hommes, mille animaulx et mille aultres creatures meurent en ce mesme instant que vous mourez.....

Pourquoy te plains tu de moy et de la destinee?..... Imaginez, de vray, combien seroit une vie perdurable moins supportable à l'homme, et plus penible que la vie que ie luy ay donnee. Si vous n'aviez la mort, vous me mauldiriez sans cesse de vous en avoir privé : i'y ay à escient meslé quelque peu d'amertume, pour vous empescher, veoyant la commodité de son usage, de l'embrasser trop avidement et indiscrettement.....

Cette dernière attention de dame Nature est très-délicate, et nous ne saurions lui en être trop reconnaissants. Mais elle pouvait s'en dispenser en nous faisant la vie meilleure, moins misérable qu'elle n'est. Il me semble que c'était facile et que cela valait mieux. Aucun de nous alors n'eût désiré la mort, que du reste nous ne désirons guère. même dans l'état peu satisfaisant où nous sommes, et la nature pouvait sans le moindre inconvénient la dégager de toute amertume, la rendre douce, sans souffrance aucune, à tenter enfin même les heureux de notre monde tel qu'il est. Nous nous serions bien gardés d'aller au-devant d'elle. Ainsi tout se passait à merveille. Nous vivions également heureux, attendant notre fin sans impatience. Pour nous tous c'eût été *le soir d'un beau jour* de notre grand poëte La Fontaine.

Ce dix-neuvième chapitre du premier livre des *Essais* contient près de trente pages et se fait remarquer par de grandes beautés de pensées et de style. Et pourtant, sur le sujet qu'il traite, il est impossible de penser comme tout le monde et comme Montaigne. Or tout le monde craint la mort, la considère comme un mal, tâche d'y songer le moins possible, et, au contraire de Montaigne, tout le monde a raison. Rien ne le prouve mieux que cette excellente définition de Servan : « La mort est le dernier événement, le » dernier acte de notre carrière, mais elle n'en est » pas le but. Notre but véritable, c'est de bien vivre

» et de nous rendre heureux. Voilà l'instinct de la » nature, et même une partie de cet instinct consiste » à nous empêcher de penser à la mort. A chaque » instant la nature nous fournit des distractions par » les plaisirs ou par les peines, et souvent la pensée » trop fréquente de la mort n'est qu'un abus de la » raison, tandis que son oubli est un bienfait de la » nature. » Servan est, je crois, dans le vrai de cette grave question. Il ne faut pas trop exiger de notre faible raison, et c'est en abuser que de lui faire promettre plus qu'elle ne pourra tenir. La mort se présente sous mille aspects, et, à son approche, toujours plus ou moins surpris, nous ne trouvons plus rien de cette fermeté d'âme dont, en pleine santé, nous avions fait si ample provision.

CHAPITRE XX.

DE LA FORCE DE L'IMAGINATION.

..... Ie suis de ceulx qui sentent tresgrand effort de l'imagination : chacun en est heurté, mais aulcuns en sont renversez. Son impression me perce; et mon art est de luy eschapper, par faulte de force à luy resister. Ie vivroy de la seule assistance de personnes saines et gayes : la veue des angoisses d'aultruy m'angoisse materiellement, et a mon sentiment souvent usurpé le sentiment d'un tiers; un tousseur continuel irrite mon poulmon et mon gosier; je visite plus mal volontiers les malades ausquels le debvoir m'interesse, que ceulx ausquels ie m'attends moins et que ie considere moins : ie saisis le mal que i'estudie, et le couche en moy. Ie ne treuve pas estrange qu'elle donne et les fiebvres et la mort à ceulx qui la laissent faire et qui luy applaudissent.....

Gallus Vibius banda si bien son ame à comprendre l'essence et les mouvements de la folie qu'il emporta son iugement hors de son siege, si qu'oncques puis il ne l'y peut remettre, et se pouvoit vanter d'estre devenu fol par sagesse. Il y en a qui de frayeur anticipent la main du bourreau; et celuy qu'on desbandoit pour luy lire sa grace, se trouve roide mort sur l'eschaffaud, du seul coup de son imagination. Nous tressuons, nous tremblons, nous paslissons et rougissons, aux secousses de nos imaginations.....

Il est vraysemblable que le principal credit des visions, des enchantements et de tels effects extraordinaires, vienne de la puissance de l'imagination, agissant principalement contre les ames vulgaires, plus molles; on leur a si fort saisi la creance, qu'ils pensent veoir ce qu'ils ne veoyent pas.....

Voilà la meilleure explication que l'on puisse donner des miracles ; je ne parle que des miracles d'où la bonne foi n'est pas exclue. L'imagination est saisie, et l'on croit voir ce qu'on ne voit pas.

Ici Montaigne m'embarrasse un peu avec sa franchise toute gauloise et rend les citations difficiles : à propos de la force de l'imagination et de certains phénomènes physiologiques qu'elle produit, il raconte des effets singuliers, mais déplorablement vrais, et ne se gêne pas pour appeler les choses par leur nom. On sait que la délicatesse du langage n'était nullement de rigueur au temps de Montaigne.

Amasis, roi d'Aegypte, espousa Laodice, tresbelle fille grecque : et luy, qui se monstroit gentil compagnon partout ailleurs, se trouva court à iouïr d'elle, et menaça de la tuer, estimant que ce feust quelque sorciere. Comme ez choses qui consistent en fantasie, elle le reiecta à la devotion : et ayant faict ses vœus et promesses à Venus, il se trouva divinement remis dez la premiere nuict, d'aprez ses oblations et sacrifices. Or elles ont tort de nous recueillir de ces contenances mineuses, querelleuses et fuyardes, qui nous esteignent en nous allumant. La bru de Pythagoras disoit que la femme qui se couche avecques un homme, doibt, avecques sa cotte, laisser quand et quand la honte, et la reprendre avecques sa cotte. L'ame de l'assaillant, troublee de plusieurs diverses alarmes, se perd ayseement; et à qui l'imagination a faict une fois souffrir cette honte (et elle ne la faict souffrir qu'aux premieres accointances, d'autant qu'elles sont plus ardentes et aspres, et aussi qu'en cette premiere cognoissance qu'on donne de soy, on craint beaucoup plus de faillir), ayant mal commencé, il entre en fiebvre et despit de cet accident, qui luy dure aux occasions suivantes.

Montaigne donne ensuite quelques bons conseils aux jeunes mariés, et les engage à ne pas se montrer trop impatients et à prendre leur temps, si tout d'abord quelque mésaventure de ce genre leur arrive.

Il y a dans les histoires que raconte Montaigne des faits d'une authenticité douteuse et parfois même des contes de bonne femme. Il le sait parfaitement; mais tenant à en amuser son lecteur, il prend toutes les précautions convenables, et lui dit dans ce vingtième chapitre :

> Les histoires que i'emprunte, ie les renvoye sur la conscience de ceulx de qui ie les prens.

C'est très-commode; on cite comme cela tout ce qui a chance d'amuser, et je ne doute pas que le livre des *Essais* ne se soit bien trouvé de cette méthode d'emprunt à responsabilité si prudemment limitée.

CHAPITRE XXI.

LE PROUFIT DE L'UN EST DOMMAGE DE L'AULTRE.

Une page seulement. J'aime assez les premières lignes :

Demades, Athenien, condemna un homme de la ville qui faisoit mestier de vendre les choses necessaires aux enterrements, soubs tiltre de ce qu'il en demandoit trop de proufit.

Je ne réclame aucune condamnation; mais que dirait aujourd'hui l'Athénien Démade? Il est évident qu'il en coûte affreusement cher pour se faire enterrer. Tout le monde le reconnaît, et l'on crierait bien plus si l'on n'héritait pas.

..... Il ne se faict aulcun proufit qu'au dommage d'aultruy... Le marchand ne faict bien ses affaires qu'à la desbauche de la ieunesse; le laboureur, à la cherté des vivres; l'architecte, à la ruine des maisons; les officiers de la iustice, aux procez et querelles des hommes; l'honneur mesme et practique des ministres de la religion se tire de nostre mort et de nos vices; nul medecin ne prend plaisir à la santé de ses amis mesmes, dit l'ancien comique grec; ny soldat, à la paix de sa ville : ainsi du reste. Et qui pis est, que chascun se sonde au dedans, il trouvera que nos souhaits interieurs, pour la pluspart, naissent et se nourrissent aux despens d'aultruy. Ce que considerant, il m'est venu en fantasie comme nature ne se desment point en cela de sa generale police; car les physiciens tiennent que la naissance, nourrissement et augmentation de chasque chose, est l'alteration et corruption d'une aultre.....

Montaigne a tort de s'en prendre aux laboureurs, aux marchands, aux architectes, dont les bénéfices sont le plus souvent la légitime rémunération du travail, de l'habileté et du talent. De plus, loin de nous porter préjudice, ils nous sont très-utiles et nous avons besoin d'eux. L'économie sociale a fait de grands progrès, surtout depuis le commencement de notre siècle. Elle explique cette loi des échanges qui profite à tous, et qui est aujourd'hui la richesse des nations.

Sur quelques autres points, Montaigne est bien dans le vrai, et c'est encore maintenant comme de son temps. Par exemple, quand il parle des officiers de justice, nous avons aujourd'hui les avoués, et n'est-il pas vrai que les procès sont ruineux? Et les médecins! Oh! ici, j'accepte franchement le titre de ce vingt et unième chapitre : *le proufit de l'un est dommage de l'aultre.* Le médecin gagne toujours, que le malade guérisse ou non ; or, ce dont je suis convaincu, et en cela je suis de l'école de Molière qui a presque toujours raison, c'est que le plus souvent le malade guérit, sans que le médecin y soit pour rien, et dans ce cas ce que coûte le médecin représente un dommage, une dépense inutile et mal faite. Il faut être juste; il arrive parfois aux médecins de nous rendre la santé, et, comme on l'a souvent dit, ceux qu'ils tuent ne se sont jamais plaints : c'est là certainement le plus beau côté de leur profession.

En résumé, il me paraît incontestable que Montaigne était de mauvaise humeur quand il a écrit ce chapitre-là.

CHAPITRE XXII.

DE LA COUSTUME, ET DE NE CHANGER AYSEEMENT UNE LOY RECEUE.

Montaigne dans la première partie de ce chapitre cite de très-nombreux exemples de la force de l'habitude, et dans la seconde s'élève à des considérations sociales et politiques avec ce grand bon sens, cet esprit de modération et de justice, où l'on reconnaît l'heureuse influence du livre des *Essais* sur le progrès des idées et ce que lui doivent légitimement les civilisations modernes.

Celuy me semble avoir tresbien conceu la force de la coustume, qui premier forgea ce conte, qu'une femme de village, ayant apprins de caresser et porter entre ses bras un veau dez l'heure de sa naissance, et continuant tousiours à ce faire, gaigna cela par l'accoustumance, que, tout grand bœuf qu'il estoit, elle le portoit encores : car c'est, à la verité, une violente et traistresse maistresse d'eschole que la coustume. Elle establit en nous, peu à peu, à la desrobee, le pied de son auctorité; mais par ce doulx et humble commencement, l'ayant rassis et planté avec l'aide du temps, elle nous descouvre tantost un furieux et tyrannique visage, contre lequel nous n'avons plus la liberté de haulser seulement les yeulx..... Les mareschaux, meulniers, armuriers, ne sçauroient demeurer au bruit qui les frappe, s'il les perceoit comme nous.

Mon collet de fleurs[1] sert à mon nez : mais, aprez que ie m'en suis vestu trois iours de suite, il ne sert qu'aux nez assistants..... Ie loge chez moy en une tour, où, à la diane et à la retraicte, une fort grosse cloche sonne touts les iours l'*Ave Maria*. Ce tintamarre estonne ma tour mesme : et aux premiers iours me semblant insupportable, en peu de temps m'apprivoise de manière que ie l'oy sans offense, et souvent sans m'en esveiller.

Montaigne fait ici d'excellentes remarques sur l'éducation des enfants :

Je treuve que nos plus grands vices prennent leur ply dez notre plus tendre enfance, et que nostre principal gouvernement est entre les mains des nourrices. C'est passetemps aux meres de veoir un enfant tordre le cou à un poulet, et s'esbattre à blecer un chien et un chat; et tel père est si sot, de prendre à un bon augure d'une âme martiale, quand il veoid son fils gourmer iniurieusement un païsan ou un laquay qui ne se deffend point, et à gentillesse, quand il le veoid affiner son compaignon par quelque malicieuse desloyauté et tromperie. Ce sont pourtant les vraies semences et racines de la cruauté, de la tyrannie, de la trahison : elles se germent là ; et s'eslevent aprez gaillardement, et proufitent à force entre les

[1] Espèce de pourpoint de peau parfumée, à petites basques et sans manches.

mains de la coustume. Et est une tresdangereuse institution, d'excuser ces vilaines inclinations par la foiblesse de l'aage et la legiereté du subiect : premierement, c'est nature qui parle, de qui la voix est lors plus pure et plus naïfve qu'elle est plus graile et plus neufve : secondement, la laideur de la piperie ne despend pas de la difference des escus aux espingles ; elle despend de soy. Ie treuve bien plus juste de conclure ainsi : « Pourquoy ne tromperoit-il aux escus, puisqu'il trompe aux espingles? » que comme ils font : « Ce n'est qu'aux espingles ; il n'auroit garde de le faire aux escus. » Il fault apprendre soigneusement aux enfants de haïr les vices de leur propre contexture, et leur en fault apprendre la naturelle difformité, à ce qu'ils les fuyent non en leur action seulement, mais surtout en leur cœur ; que la pensee mesme leur en soit odieuse, quelque masque qu'ils portent.

Nous avons vu que Montaigne prend soin de laisser la responsabilité des histoires qu'il raconte sur la conscience de ceux à qui il les emprunte. La précaution n'est pas inutile ; car nous trouvons ici des exemples qui ne sont pas sérieux et que la vraisemblance la plus indulgente ne saurait admettre. Évidemment Montaigne a voulu divertir le lecteur et lui raconter des contes plus ou moins amusants, quand il parle de grands peuples qui s'étaient accoutumés à vivre d'araignées, de sauterelles, de fourmis, de lézards et de chauves-souris. « *Ils les cuisent et les apprestent à diverses sauces,* » ajoute-t-il. Les araignées, n'importe à quelle sauce, ça doit être mauvais. J'ai aussi de la peine à croire Montaigne quand il nous dit que dans certains pays, *si c'est un marchand qui se marie, touts les marchands conviez à la nopce couchent avecques l'espousee avant luy;* qu'ailleurs on fait cuire les corps des trépassés pour en faire une bouillie que l'on mêle au vin. Avec un vin de choix, cela doit faire une boisson délicieuse et va à merveille avec un plat d'araignées. Ces faits-là, bien entendu, sont censés se passer chez les sauvages. Ce sont des récits de voyageurs à qui le proverbe : *A beau mentir qui vient de loin,* était familier. Montaigne fait de tout cela un pêle-mêle où le vrai et le faux se confondent d'une façon étrange, mais assez divertissante. Par exemple l'invraisemblance dépasse toutes les limites quand il nous parle d'un pays *où la richesse estoit en tel mepris, que le plus chestif citoyen de la ville n'eust daigné baisser le bras pour amasser une bourse d'escus.* Ce pays-là n'a jamais existé, et j'aime mieux croire, non pourtant sans un peu de peine, qu'*en Cio il s'y passa sept cents ans sans memoire que femme ny fille y eust faict faulte à son honneur.*

Mais revenons aux choses sérieuses. J'admire trop Montaigne pour lui manquer de respect en donnant souvent à cette étude le ton de la plaisanterie.

Est-il rien de plus vrai et de plus profondément observé que les réflexions suivantes sur la puissance de la coutume?

Le principal effect de sa puissance, c'est de nous saisir et empieter de telle sorte, qu'à peine soit il en nous de nous ravoir de sa prinse et de r'entrer en nous, pour discourir et raisonner de ses ordonnances. De vray, parce que nous les humons avec le laict de nostre naissance, et que le visage du monde se presente en cet estat à nostre premiere veue, il semble que nous soyons nayz à la condition de suyvre ce train; et les communes imaginations que nous trouvons en credit autour de nous, et infuses en nostre ame par la semence de nos peres, il semble que ce soyent les generales et naturelles : par où il advient que ce qui est hors les gonds de la coustume, on le croit hors les gonds de la raison : Dieu sçait combien desraisonnablement le plus souvent!

Et plus loin :

Les peuples nourris à la liberté, et à se commander eulx mesmes, estiment toute aultre forme de police monstrueuse et contre nature : ceulx qui sont duicts à la monarchie, en font de mesmes; et, quelque facilité que leur preste fortune au changement, lors mesmes qu'ils se sont, avecques grandes difficultez, desfaicts de l'importunité d'un maistre, ils courent à en replanter un nouveau avecques pareilles difficultez, pour ne se pouvoir resouldre de prendre en haine la maistrise. C'est par l'entremise de la coustume que chascun est content du lieu où nature l'a planté; et les sauvages d'Escosse n'ont que faire de la Touraine, ny les Scythes, de la Thessalie.

Qui vouldra se desfaire de ce violent preiudice de la coustume, il trouvera plusieurs choses receues d'une resolution indubitable, qui n'ont appuy qu'en la barbe chenue et rides de l'usage qui les accompaigne : mais ce masque arraché, rapportant les choses à la verité et à la raison, il sentira son iugement comme tout bouleversé, et remis pourtant en bien plus seur estat. Pour exemple, ie luy demanderay lors, quelle chose peult estre plus estrange, que de veoir un peuple obligé à suyvre les lois qu'il n'entendit oncques; attaché en touts ses affaires domestiques, mariages, donations, testaments, ventes et achapts, à des regles qu'il ne peult sçavoir, n'estants escriptes, ny publiees en sa langue, et desquelles, par necessité, il luy faille acheter l'interpretation et l'usage?....

Qu'est-il plus farouche que de veoir une nation où, par legitime coustume, la charge de juger se vende, et les iugements soyent payez à purs deniers comptants, et où legitimement la iustice soit refusee à qui n'a de quoy la payer; et ayt cette marchandise si grand credit, qu'il se face en une police un quatriesme estat de gents maniants les procez, pour le ioindre aux trois anciens, de l'Église, de la noblesse, et du peuple; lequel estat, ayant la charge des loix et souveraine autorité des biens et des vies, face un corps à part de celuy de la noblesse : d'où il advienne qu'il y ayt doubles loix, celles de l'honneur et celles de la justice, en plusieurs choses fort contraires; aussi rigoureusement condemnent celles là un dementi souffert, comme celles icy un dementi revenché; par le debvoir des armes, celuy là soit degradé d'honneur et de noblesse, qui souffre une iniure, et par le debvoir civil, celuy qui s'en venge encoure une peine capitale; qui s'adresse aux loix pour avoir raison d'une offense faicte à son honneur, il se deshonnore, et qui ne s'y adresse, il en est puni et chastié par les loix : et de ces deux pieces si diverses, se rapportants toutesfois à un seul chef, ceulx là ayent la paix, ceulx cy la guerre, en charge; ceulx là ayent le gaing, ceulx cy l'honneur; ceulx là le sçavoir, ceulx cy la vertu; ceulx là la parole, ceulx cy l'action; ceulx là la justice, ceulx cy la vaillance; ceulx là la raison, ceulx cy la force; ceulx là la robe longue, ceulx cy la courte, en partage?

Aujourd'hui encore, les lois de l'honneur et celles de la justice, pour me servir des expressions de Montaigne, sont quelquefois en désaccord, et il se produit dans ce cas un fait contraire à une bonne législation; c'est que les juges font passer les mœurs avant la loi. On en voit de fréquents exemples dans les questions de duel.

Dans le *Mariage de Figaro* de Beaumarchais, à propos de la vénalité des charges, Figaro dit à Brid'oison : « C'est un bien grand abus de les vendre! — Oui, répond Brid'oison, on ferait mieux de les donner pour rien. »

Avec quelle verve entraînante, avec quelle vigueur de coloris Montaigne ici représente à grands traits la noblesse d'épée et la noblesse de robe! Comme il fait bien voir la distance qui les sépare et les causes du peu d'estime du noble d'épée pour l'homme de robe anobli! Cette description fait tableau, et ces deux nobles, d'aspect si différent, sont deux portraits admirablement peints.

« Je ne sais, dit La Bruyère, où la robe et l'épée » ont puisé de quoi se mépriser. »

..... Ceux qui donnent le bransle a un Estat sont volontiers les premiers absorbez en sa ruyne : le fruict du trouble ne demeure gueres à celui qui l'a esmeu; il bat et brouille l'eau pour d'aultres pescheurs.....

..... Si me semble il, à le dire franchement, qu'il y a grand amour de soy et presumption, d'estimer ses opinions iusques là que, pour les establir, il faille renverser une paix publicque, et introduire tant de maulx inevitables, et une si horrible corruption de mœurs que les guerres civiles apportent..... Il y a grand à dire entre la cause de celuy qui suyt les formes et les loix de son païs, et celui qui entreprend de les regenter et changer; celuy là allegue pour son excuse la simplicité, l'obeissance et l'exemple; quoy qu'il face, ce ne peult estre malice; c'est, pour le plus, malheur..... L'aultre est en plus rude party; car qui se mesle de choisir et de changer, usurpe l'auctorité de iuger et se doibt faire fort de veoir la faulte de ce qu'il chasse, et le bien de ce qu'il introduict.

Dans le choix des citations que je fais, je prends volontiers ce qui se rapporte au temps où nous sommes ; c'est bien facile avec Montaigne. Les œuvres des grands peintres du caractère humain laissent passer les siècles sans perdre le bénéfice de l'actualité. Ainsi dans les lignes que je viens de citer on reconnaît sans peine nos politiques ardents, toujours prêts à renverser tout pouvoir établi, quel qu'il soit, et d'autant plus dangereux pour la paix publique que leur violence intimide ceux qu'elle n'entraîne pas.

Cette si vulgaire consideration m'a fermy en mon siege, et tenu ma ieunesse mesme, plus temeraire, en bride, de ne charger mes espaules d'un si lourd faix, que de me rendre respondant d'une science de telle importance, et oser en cette cy ce qu'en sain iugement ie ne pourrois oser en la plus facile de celles ausquelles on m'avoit instruict, et ausquelles la temerité de iuger est de nul preiudice.....

Montaigne donne là un bon conseil à nos jeunes gens; conseil qu'ils se garderaient bien d'écouter. Nous les voyons s'occuper beaucoup de politique, et cependant rien ne convient moins à la jeunesse. Outre l'étude et l'expérience qui lui manquent, elle est, de sa nature, hostile au sentiment de l'autorité, sans lequel il n'y a pas de gouvernement possible.

Un peu plus loin, ce que dit Montaigne à propos de religion peut très-bien s'appliquer à la politique d'aujourd'hui et aux problèmes sociaux qui agitent les esprits :

..... Dieu le sçache, en nostre presente querelle, où il y a cent articles à oster et remettre, grands et profonds articles, combien ils sont qui se puissent vanter d'avoir exactement recogneu les raisons et fondements de l'un et l'autre party : c'est un nombre, si c'est nombre, qui n'auroit pas grand moyen de nous troubler.

Non certes, ils ne sont pas nombreux ceux qui ont l'aptitude et les connaissances nécessaires pour traiter les questions politiques. Au contraire, on compte par milliers ceux qui, le journal à la main, ont la prétention mal fondée de diriger le pays et de dire au gouvernement ce qu'il a de mieux à faire. Le gouvernement ne les écoute pas toujours. On s'irrite, on s'exalte, les répressions redoublent les colères, et cela, comme on sait, finit quelquefois très-mal. La France serait une fois plus prospère, si l'on s'y occupait moitié moins de politique. Mais il n'y a rien à faire, et c'est inévitable : on ne touche pas aux choses qui sont entrées dans les mœurs.

CHAPITRE XXIII.

DIVERS EVENEMENTS DE MESME CONSEILS.

Montaigne commence par raconter un beau trait du duc de Guise, qui, averti qu'un gentilhomme angevin voulait attenter à sa vie, le fit appeler et lui dit, après quelques mots de généreux pardon :

Ie vous veulx montrer combien la religion que ie tiens est plus doulce que celle de quoy vous faictes profession. La vostre vous conseille de me tuer, sans m'ouïr, n'ayant receu de moy aulcune offense; et la mienne me commande que ie vous pardonne, tout convaincu que vous estes de m'avoir voulu tuer sans raison.

Voltaire, dans *Alzire,* s'est servi de ces belles paroles :

Des dieux que nous servons connais la différence :
Les tiens t'ont commandé le meurtre et la vengeance,
Et le mien, quand ton bras vient de m'assassiner,
M'ordonne de te plaindre et de te pardonner.

Vient ensuite la clémence d'Auguste. Montaigne a traduit Sénèque mot pour mot, et Corneille a mis en vers ce que Sénèque fait dire à Auguste, pour faire sa grande scène du deuxième acte de *Cinna.*

Je serais tenté de croire que Molière s'est appuyé sur l'autorité de Montaigne pour penser si mal des médecins. Ils sont merveilleusement d'accord, et Béralde parlant à Argan dans *le Malade imaginaire* reproduit à peu de chose près les idées et le langage de Montaigne. Écoutons d'abord Montaigne :

..... Ie suis au rebours des aultres; car ie meprise leur art bien tousiours..... Quand ie suis malade, au lieu d'entrer en composition, je commence encore à la haïr et à la craindre; et responds à ceulx qui me pressent de prendre medecine, qu'ils attendent au moins que ie sois rendu à mes forces et à ma santé, pour avoir plus de moyen de soustenir l'effort et le hazard de leur bruvage. Ie laisse faire nature et presuppose qu'elle se soit pourveue de dents et de griffes, pour se deffendre des assaults qui luy viennent, et pour maintenir cette contexture dequoy elle fuit la dissolution. Ie crains, au lieu de l'aller secourir, ainsi comme elle est aux prinses bien estroictes et bien ioinctes avecques la maladie, qu'on secoure son adversaire au lieu d'elle, et qu'on la recharge de nouveaux affaires.

C'est bien, à peu près, ce que dit Béralde à Argan : « Une grande marque, mon frère, que vous vous » portez bien et que vous avez un corps parfaitement » composé, c'est qu'avec tous les soins que vous » avez pris, vous n'avez pu parvenir à gâter la bonté » de votre tempérament, et que vous n'êtes point » crevé de toutes les médecines qu'on vous fait

» prendre. » Et plus loin : « Je ne vois rien de plus » ridicule qu'un homme qui veut se mêler d'en » guérir un autre. Les ressorts de notre machine » sont des mystères, jusqu'ici, où les hommes ne » voient goutte, et la nature nous a mis au-devant » des yeux des voiles trop épais pour y connoître » quelque chose. — Que faire donc quand on est » malade? reprend Argan. — Rien, mon frère. — » Rien! — Rien : il ne faut que demeurer en repos. » La nature d'elle-même, quand nous la laissons faire » se tire doucement du désordre où elle est tombée : » c'est notre inquiétude, c'est notre impatience qui » gâte tout; presque tous les hommes meurent de » leurs remèdes, et non pas de leurs maladies. »

Cette opinion, qui, bien à tort, fait hausser les épaules à nos médecins, et pour cela on ne saurait leur en vouloir, nous la retrouvons exprimée avec l'accent du meilleur comique dans *l'Amour médecin*, acte second, scène première :

SGANARELLE.

Est-ce que les médecins font mourir?

LISETTE.

Sans doute, et j'ai connu un homme qui prouvoit, par bonnes raisons, qu'il ne faut jamais dire : Une telle personne est morte d'une fièvre, ou d'une fluxion de poitrine; mais elle est morte de quatre médecins et de deux apothicaires.

Molière a voulu faire rire; mais n'oublions pas qu'il y a toujours quelque chose de sérieux dans un éclat de rire de Molière.

Vous voyez que Montaigne pense exactement de même : qu'il faut laisser faire la nature et qu'on doit craindre que le médecin ne donne aide à la maladie plus qu'au malade. Et maintenant accordons une légère part à l'exagération dans cette négation absolue d'un art qui a toujours eu et qui aura toujours une grande autorité sur notre pauvre espèce humaine, et, restant sur la limite prudente du doute, vivons le plus longtemps possible, dans la crainte de Dieu... et des médecins.

Madame de Sévigné n'aimait pas non plus les médecins : « Il n'y a qu'à voir ces messieurs, écrivait » elle en 1676, pour ne vouloir jamais les mettre en » possession de son corps. »

CHAPITRE XXIV.

DU PEDANTISME.

Les savants du temps de Montaigne étaient pédants pour la plupart. Tout bouffis de grec et de latin, ils se fêlaient la cervelle dans d'interminables

4.

disputes de philosophie scolastique. Ce type a disparu. De nos jours l'importance a remplacé le pédantisme. Cela se voit à vous sauter aux yeux chez certains savants haut placés.

Montaigne parle très-spirituellement des philosophes qui planent sans cesse dans les hautes régions de la pensée, et de là contemplent les choses de ce monde avec un profond mépris :

..... Et quant aux philosophes, retirez de toute occupation publicque, ils ont esté aussi quelquesfois, à la verité, mesprisez par la liberté comique de leur temps ; leurs opinions et façons les rendants ridicules. Les voulez vous faire iuges des droicts d'un procez, des actions d'un homme? ils en sont bien prests. Ils cherchent encores s'il y a vie, s'il y a mouvement, si l'homme est aultre chose qu'un bœuf; que c'est qu'agir et souffrir; quelles bestes ce sont que loix et iustice. Parlent ils du magistrat, ou parlent ils à luy? c'est d'une liberté irreverente et incivile. Oyent ils louer leur prince ou un roy? c'est un pastre pour eulx, oisif comme un pastre, occupé à pressurer et tondre ses bestes, mais bien plus rudement qu'un pastre. En estimez vous quelqu'un plus grand pour posseder deux mille arpents de terre? Eulx s'en mocquent, accoutumez d'embrasser tout le monde comme leur possession. Vous vantez vous de vostre noblesse, pour compter sept ayeulx riches? ils vous estiment de peu, ne concevant l'image universelle de nature, et combien chascun de nous a eu de predecesseurs, riches, pauvres, roys, valets, grecs, barbares; et quand vous seriez cinquantieme descendant des Hercules, ils vous trouvent vain de faire valoir ce present de la fortune. Ainsi les desdaignoit le vulgaire, comme ignorants les premieres choses et communes, et comme presumptueux et insolents.

C'est bien peint et c'est en même temps bien vieux. Car tout ce passage est assez fidèlement traduit de Platon. Eh bien, ce philosophe dont Platon a fait le portrait il y a deux mille trois centsans, il me semble le voir encore parmi nous : il n'est guère changé; il ne se passe pas de jour que je ne le rencontre, et je ne lui donne pas tort sur tous les points. On peut aussi ajouter cette remarque, que de même qu'au temps de Platon, le vulgaire aujourd'hui estime celui qui possède mille hectares de terre plus que le philosophe qui n'a rien.

Je crains d'exprimer une vérité trop banale en disant que de tout temps l'homme reste le même au moral; seule, sa vie extérieure se modifie. Je le dis pour répondre aux utopistes qui, dans nos sociétés modernes, rêvent le progrès continu, indéfini. Cela n'est pas possible. Les siècles, en se succédant, présentent les choses de ce monde sous des aspects variés; mais ces changements, progrès ou décadence, sont soumis à des lois supérieures qui les limitent et qui refusent l'étendue à notre volonté. C'est ainsi que la nature humaine accomplit ses évolutions dans un cycle éternel qu'elle ne franchira jamais.

Le seigneur de Montaigne n'est pas galant. Il paraît peu se soucier que les femmes soient instruites :

..... A l'adventure est ce la cause que et nous et la theologie ne requerons pas beaucoup de science aux femmes, et que François, duc de Bretaigne, fils de Jean V, comme on luy parla de son mariage avec Isabeau, fille d'Escosse, et qu'on luy adiousta qu'elle avoit esté nourrie simplement et sans aulcune instruction de lettres, respondit : « qu'il l'en aymoit mieulx ; et qu'une femme estoit assez sçavante quand elle sçavoit mettre difference entre la chemise et le pourpoint de son mary. »

C'est ce que Molière fait dire à Chrysale dans *les Femmes savantes* :

Nos pères sur ce point étoient bien gens sensés,
Qui disoient qu'une femme en sait toujours assez,
Quand la capacité de son esprit se hausse
A connoître un pourpoint d'avec un haut-de-chausse.

Chrysale exagère ; Molière le sait bien et nous le prouve, quand il nous fait voir dans *la Critique de l'École des femmes* deux charmantes personnes causant à merveille de choses littéraires, Élise et Uranie.

La fin de ce chapitre contient un grand éloge de

cette *excellente police de Lycurgue* dans laquelle les sciences et les arts n'avaient pas la plus petite place :

..... On alloit, dict on, aux aultres villes de la Grece chercher des rhetoriciens, des peintres et des musiciens; mais en Lacedemone, des legislateurs, des magistrats et empereurs d'armee : à Athenes, on apprenoit à bien dire; et icy à bien faire : là, à se desmesler d'un argument sophistique, et à rabattre l'imposture des mots captieusement entrelacez; icy à se desmesler des appasts de la volupté, et à rabattre, d'un grand courage, les menaces de la fortune et de la mort; ceulx là s'embesoingnoient aprez les paroles; ceulx cy aprez les choses : là, c'estoit une continuelle exercitation de la langue; icy, une continuelle exercitation de l'ame.....

Quand Agesilaus convie Xenophon d'envoyer nourrir ses enfants à Sparte, ce n'est pas pour y apprendre la rhetorique et la dialectique; mais « pour apprendre (ce dict il) la plus belle science qui soit, à sçavoir la science d'obeir et de commander..... »

Il est tresplaisant de veoir Socrates, à sa mode, se mocquant de Hippias, qui luy recite comment il a gaigné, specialement en certaines petites villettes de la Sicile, bonne somme d'argent à regenter; et qu'à Sparte, il n'a pas gagné un sol; que ce sont gens idiots, qui ne sçavent ny mesurer, ny compter, ne font estat ny de grammaire, ny de rhythme, s'amusant seulement à sçavoir la suitte des roys, establissements et decadences des estats, et tel fatras de contes; et au bout de cela, Socrates luy faisant advouer par le menu l'excellence de leur forme de gouvernement public, l'heur et vertu de leur vie privee, luy laisse deviner la conclusion de l'inutilité des arts.....

J. J. Rousseau, dans son discours à l'Académie de Dijon, a fait plusieurs emprunts à Montaigne ; mais en voulant l'imiter il le dépasse et se fait plus paradoxal que lui : « Il est de la dernière évidence, dit-il, qu'il » y a plus d'erreurs dans l'Académie des sciences » que dans tout un peuple de Hurons. » Il faut convenir que les imitateurs sont des amis dangereux ; par exemple, quand ils imitent nos défauts et les font mieux voir en les exagérant.

Sparte et son législateur Lycurgue occupent une belle place dans le passé. On n'en parle plus guère maintenant qu'au collége. Une fois nos classes terminées, nous les oublions vite. Remarquons même que nos orateurs politiques, toujours à la recherche de l'effet, ont depuis longtemps renoncé à Sparte et à Lycurgue et craindraient, en les citant, d'être ridicules. J'en demande pardon à Montaigne ; mais les institutions de Sparte ne me semblent guère meilleures que son brouet noir (*jus nigrum*) dont Denys le Tyran ne put manger, bien qu'en gourmet qui ne regarde pas à la dépense, il eût fait venir de Lacédémone un cuisinier pour le préparer. Et en effet, qu'est-ce que la défense de s'adonner à la culture des lettres et des arts, de représenter des pièces de théâtre, de posséder de l'or ou de l'argent? On ne pouvait avoir que de la monnaie de fer dans sa poche. Qu'est-ce que les peines édictées contre les célibataires et même contre ceux qui se mariaient trop tard pour avoir des enfants? Quant aux maris qui n'en avaient pas, il leur était permis de prêter leurs femmes à des jeunes gens. Aujourd'hui ce n'est pas permis, même aux vieux maris. Mais les femmes n'y perdent rien. Qu'est-ce que les repas pris en commun? Un brouet monstre! Et les enfants n'appartenant pas à leurs parents et fustigés chaque année devant l'autel de Diane avec tant de violence que quelques-uns mouraient sous les coups? Il est vrai que l'enfant qui mourait sans exprimer une plainte dans cette cruelle épreuve était honoré d'une statue.

Les institutions de Lycurgue ont été l'objet d'autant de blâme que d'éloge. Platon, Aristote, Thucydide les ont blâmées. Plutarque les admire, et Montaigne, qui accepte tout de Plutarque, même ce qu'il raconte de plus invraisemblable, ne pouvait manquer de les admirer. Les temps modernes n'ont pas un seul emprunt à faire à ces lois établies uniquement pour la guerre et le développement des forces physiques. En les vantant avec une sorte d'enthousiasme, Montaigne, pour l'amour du grec, a été trop loin.

Citons la dernière page de ce vingt-quatrième chapitre. C'est toujours la même pensée, et je me permets de ne pas la trouver tout à fait juste.

Les exemples nous apprennent que l'estude des sciences amollit et effemine les courages plus qu'il ne les fermit et aguerrit..... Ie treuve Rome plus vaillante avant qu'elle feust sçavante. Les plus belliqueuses nations, en nos iours, sont les plus grossieres et ignorantes : les Scythes, les Parthes, Tamburlan, nous servent à cette preuve. Quand les Gots ravagerent la Grece, ce qui sauva toutes librairies d'estre passees au feu, ce feut un d'entre eulx qui sema cette opinion, qu'il falloit laisser ce meuble entier aux ennemis, propre à les destourner de l'exercice militaire, et amuser à des occupations sedentaires et oysifves. Quand nostre roy Charles huictieme, quasi sans tirer l'espee du fourreau, se veit maistre du royaume de Naples et d'une bonne partie de la Toscane, les seigneurs de sa suitte attribuerent cette inesperee facilité de conqueste, à ce que les princes et la noblesse d'Italie s'amusoient plus à se rendre ingenieux et sçavants, que vigoreux et guerriers.

Est-il vrai que les nations soient nécessairement amollies par la culture des arts et le progrès des sciences? Je ne le crois pas. Sous ces influences bienfaisantes et civilisatrices, deviennent-elles moins guerrières? Malheureusement non, et depuis la fin du dernier siècle, l'Europe presque entière, nous a donné de terribles exemples du contraire. Les guerres de l'Empire, magnifique épopée, je le veux bien, malgré ce que toute cette gloire a de funeste, les guerres de l'Empire valent ce qu'ont fait de mieux en ce genre les Grecs et les Romains. Quant à la facile conquête du royaume de Naples par Charles VIII, *quasi sans tirer l'espee du fourreau*, le fait n'a rien qui doive surprendre. Je ne sais pas si les Napolitains sont plus ingénieux et plus savants que nous. Mais personne n'ignore qu'il a toujours été facile de conquérir le royaume de Naples. On en a encore eu la preuve il y a peu de temps.

CHAPITRE XXV.

DE L'INSTITUTION DES ENFANTS.

A MADAME DIANE DE FOIX, COMTESSE DE CURSON.

Ce chapitre, qui n'a pas moins de cinquante pages, est très-remarquable. J. J. Rousseau s'en est utilement servi pour son *Émile*.

J'aurai le regret d'abréger les citations. Je ne puis faire autrement. Si je leur donnais toute la place qu'elles méritent, deux gros volumes ne me suffiraient pas. Je renvoie au livre entier pour ce que je ne cite pas, et le lecteur ne saurait s'en plaindre. Car on doit lire les *Essais* sans en passer une page, et ne pas s'en tenir à des morceaux choisis.

Montaigne, selon son habitude, ne se presse pas d'entrer dans le sujet indiqué par le titre de ce vingt-cinquième chapitre. Il commence par nous parler de lui. Il est vrai que Montaigne excelle à parler de lui. Parler de soi, c'est dangereux ; mais où d'autres rencontrent un écueil et déplaisent, Montaigne sait être charmant et sérieux à la fois en présentant une étude complète de l'homme dans ces mille portraits de lui-même qu'il peint avec un inimitable talent.

Ie ne veis iamais pere, pour bossé ou teigneux que feust son fils, qui laissast de l'advouer; non pourtant, s'il n'est du tout enyvré de cette affection, qu'il ne s'apperçoive de sa defaillance; mais tant y a qu'il est sien : aussi moy, ie veoy mieulx que tout aultre que ce ne sont icy que resveries d'homme qui n'a gousté des sciences que la crouste premiere dans son enfance, et n'en a retenu qu'un general et informe visage; un peu de chasque chose, et rien du tout, à la françoise. Car, en somme, ie sçay qu'il y a une medecine, une iurisprudence, quatre parties en la mathematique, et grossierement ce à quoy elles visent; et à l'adventure encores sçay ie la pretention des sciences en general au service de nostre vie; mais d'y enfoncer plus avant, de m'estre rongé les ongles à l'estude d'Aristote, monarque de la doctrine moderne, ou opiniastré aprez quelque science, ie ne l'ay iamais faict, ny n'est art dequoy ie sceusse peindre seulement les premiers lineaments; et n'est enfant des classes moyennes qui ne se puisse dire plus sçavant que moy, qui n'ay seulement pas de quoy l'examiner sur sa premiere leçon; et, si l'on m'y force, ie suis contrainct assez ineptement d'en tirer quelque matiere de propos universel, sur quoy i'examine son iugement naturel; leçon qui leur est autant incongneue, comme à moy la leur.

Ne sommes-nous pas, avec une instruction variée et des connaissances générales, dans la même situation que Montaigne? Pour la plupart, nous savons un peu de chaque chose et c'est tout, à la française. A la française! voilà un mot bien trouvé! Un préfet me disait il y a quelques années, après une visite d'école où il avait cru devoir adresser quelques questions aux élèves : « Mon cher ami, j'ai été humilié; ces bonshommes-là en savent plus que moi. »

Ie n'ay dressé commerce avecques aulcun livre solide, sinon Plutarque et Seneque, où ie puyse comme les Danaïdes, remplissant et versant sans cesse. I'en attache quelque chose à ce papier; à moy si peu que rien. L'histoire, c'est mon gibbier en matiere de livres, ou la poësie, que i'ayme d'une particuliere inclination.....

Quant aux facultez naturelles qui sont en moy, dequoy c'est icy l'essay, ie les sens flechir soubs la charge : mes conceptions et mon iugement ne marche qu'à tastons, chancelant, bronchant et chopant; et quand ie suis allé le plus avant que ie puis, si ne me suis ie aulcunement satisfaict; ie veois encores du païs au delà, mais d'une veue trouble et en nuage, que ie ne puis desmesler.....

Tout travail d'imagination ou d'observation psychologique place notre esprit dans cette situation parfois décourageante que Montaigne dépeint ici admirablement. *Je veois encore du païs au delà!* Oui, c'est bien cela! Pour le philosophe, ce sont les mille replis du cœur humain, les insolubles problèmes du perfectionnement social. Pour le poëte, c'est cette région céleste où règne le beau, où resplendit l'idéal. A peine l'entrevoit-il *d'une veue trouble et en nuage,* heureux encore s'il en approche, mais illustre à jamais quand il y pénètre et répand sur nous les clartés sublimes qu'il en reçoit!

Montaigne arrive enfin à son sujet :

..... La plus grande difficulté et importante de l'humaine science semble estre en cet endroict, où il se traicte de la nourriture et institution des enfants..... La montre de leurs inclinations est si tendre en ce bas aage et si obscure, les promesses si incertaines et faulses, qu'il est malaysé d'y establir aucun solide iugement. Veoyez Cimon, veoyez Themistocles, et mille aultres, combien ils se sont disconvenus à eulx mesmes. Les petits des ours et des chiens montrent leur inclination naturelle; mais les hommes, se iectants incontinent en des accoustumances, en des opinions, en des loys, se changent ou se desguisent facilement : si est il difficile de forcer les propensions naturelles. D'où il advient que par la faulte d'avoir bien choisi leur route, pour neant se travaille on souvent, et employe lon beaucoup d'aage, à dresser des enfants aux choses ausquelles il ne peuvent prendre pied. Toutesfois, en cette difficulté, mon opinion est de les acheminer tousiours aux meilleures choses et plus proufitables; et qu'on se doibt peu appliquer à ces legieres divinations et prognostiques que nous prenons des mouvements de leur enfance : Platon, en sa Republique, me semble leur donner trop d'auctorité.

Puis Montaigne donne à madame de Gurson d'excellents conseils sur le choix d'un gouverneur pour son fils :

La charge du gouverneur que vous luy donrez, du chois duquel despend tout l'effect de son institution, elle a plusieurs aultres grandes parties, mais ie n'y touche point, pour n'y sçavoir rien apporter qui vaille; et de cet article sur lequel ie me mesle de luy donner advis, il m'en croira autant qu'il y verra d'apparence. A un enfant de maison qui recherche les lettres non pour le gaing, ny tant pour les commoditez externes, que pour les siennes propres et pour s'en enrichir et parer au dedans, ayant plustost envie d'en reussir habile homme qu'homme sçavant, ie vouldrois aussi qu'on feust soingneux de luy choisir un conducteur qui eust plustost la teste bien faicte que bien pleine; et qu'on y requist touts les deux, mais plus les mœurs et l'entendement que la science; et qu'il se conduisist en sa charge d'une nouvelle maniere.

On ne cesse de criailler à nos aureilles, comme qui verseroit dans un entonnoir; et nostre charge, ce n'est que redire ce qu'on nous a dict : ie vouldrois qu'il corrigeast cette partie; et que de belle arrivee, selon la portee de l'ame qu'il a en main, il commenceast à la mettre sur la montre, luy faisant gouster les choses, les choisir et discerner d'elle mesme; quelquefois luy ouvrant chemin, quelquefois le luy laissant ouvrir. Ie ne veulx pas qu'il invente et parle seul; ie veulx qu'il escoute son disciple parler à son tour..... Il est bon qu'il le face trotter devant luy, pour iuger de son train, et iuger iusques à quel poinct il se doibt ravaller pour s'accommoder à sa force. A faulte de cette proportion, nous gastons tout; et de la sçavoir choisir et s'y conduire bien mesureement, c'est une des plus ardues besongnes que ie sçache; et est l'effect d'une haulte ame et bien forte, sçavoir condescendre à ces allures pueriles, et les guider. Ie marche plus seur et plus ferme à mont qu'à val.

Ceulx qui, comme nostre usage porte, entreprennent, d'une mesme leçon et pareille mesure de conduite, regenter plusieurs esprits de si diverses mesures et formes; ce n'est pas merveille, si en tout un peuple d'enfants ils en rencontrent à peine deux ou trois qui rapportent quelque iuste fruict de leur discipline. Qu'il ne luy demande pas seulement compte des mots de sa leçon, mais du sens et de la substance, et qu'il iuge du proufit qu'il aura faict, non par le tesmoignage de sa memoire, mais de sa vie. Que ce qu'il viendra d'apprendre, il le luy face mettre en cent visages, et accommoder à autant de subiects divers, pour veoir si l'a encores bien prins et bien faict sien.....

Qu'on luy face tout passer par l'estamine, et ne loge rien dans sa teste par simple auctorité et à credit. Les principes d'Aristote ne luy soient principes, non plus que ceulx des stoïciens ou epicuriens : qu'on luy propose cette diversité de iugements, il choisira, s'il peult; sinon il en demeurera en doubte :

Che non men che saper, dubbiar m' aggrata [1];

car s'il embrasse les opinions de Xenophon et de Platon par son propre discours, ce ne seront plus les leurs, c seront les siennes : qui suyt un aultre, il ne suyt rien, il ne treuve rien, voire il ne cherche rien..... Qu'il sçache qu'il sçait, au moins. Il fault qu'il imboive leurs humeurs, non qu'il apprenne leurs preceptes; et qu'il oublie hardiement, s'il veult, d'où il les tient, mais qu'il se les sçache approprier. La verité et la raison sont communes à un chascun, et ne sont non plus à qui les a dictes premierement, qu'à qui les dict aprez. Ce n'est non plus selon Platon que selon moy, puis que luy et moy l'entendons et veoyons de mesme. Les abeilles pillotent deçà delà les fleurs; mais elles en font aprez le miel, qui est tout leur; ce n'est plus thym, ny mariolaine : ainsi les pieces empruntees d'aultruy, il les transformera et confondra pour en faire un ouvrage tout sien, à sçavoir son iugement : son institution, son travail et estude ne vise qu'à le former. Qu'il cele tout ce de quoy il a esté secouru, et ne produise que ce qu'il en a faict.....

Le gaing de notre estude, c'est en estre devenu meil-

1 Aussi bien que savoir, douter a son mérite.

DANTE, *l'Enfer*, ch. XI.

leur et plus sage. C'est, disoit Epicharmus, l'entendement qui veoid et qui oyt; c'est l'entendement qui approfite tout, qui dispose tout, qui agit, qui domine et qui regne; toutes aultres choses sont aveugles, sourdes et sans ame. Certes nous le rendons servile et couard, pour ne luy laisser la liberté de rien faire de soy. Qui demanda iamais à son disciple ce qu'il luy semble de la rhétorique et de la grammaire, de telle ou telle sentence de Cicero? On nous les placque en la memoire toutes empennees, comme des oracles, où les lettres et les syllabes sont de la substance de la chose. Sçavoir par cœur n'est pas sçavoir; c'est tenir ce qu'on a donné en garde à sa memoire. Ce qu'on sçait droictement, on en dispose, sans regarder au patron, sans tourner les yeulx vers son livre. Fascheuse suffisance, qu'une suffisance pure livresque! Ie m'attends qu'elle serve d'ornement, non de fondement; suyvant l'advis de Platon qui dict : « La fermeté, la foy, la sincerité, estre la vraye philosophie; les aultres sciences, et qui visent ailleurs, n'estre que fard. »

Montaigne conseille les voyages. Rien ne vaut mieux en effet pour parfaire une éducation. Que de personnes regrettent, en vieillissant, de n'avoir pas voyagé, quand elles étaient jeunes! Seulement ce qu'elles regrettent, c'est plutôt d'avoir manqué, en temps bien choisi pour cela, l'occasion de s'amuser, que celle de s'instruire et d'orner leur esprit :

..... A cette cause le commerce des hommes y est merveilleusement propre, et la visite des païs estrangiers :

non pour en rapporter seulement, à la mode de nostre noblesse françoise, combien de pas à *Santa rotonda* [1], ou la richesse des calessons de la signora Livia; ou, comme d'aultres, combien le visage de Neron, de quelque vieille ruyne de là, est plus long ou plus large que celuy de quelque pareille medaille; mais pour en rapporter principalement les humeurs de ces nations et leurs façons, et pour frotter et limer nostre cervelle contre celle d'aultruy. Ie vouldrois qu'on commenceast à le promener dès sa tendre enfance; et premierement, pour faire d'une pierre deux coups, parmi les nations voysines où le langage est le plus esloingné du nostre, et auquel, si vous ne la formez de bonne heure, la langue ne se peult plier.

Aussi bien est ce une opinion receue d'un chascun, que ce n'est pas raison de nourrir un enfant au giron de ses parents : cette amour naturelle les attendrit trop et relasche, voire les plus sages; ils ne sont capables ny de chastier ses faultes, ny de le veoir nourry grossierement comme il fault, et hazardeusement; ils ne le sçauroient souffrir revenir suant et pouldreux de son exercice, boire chauld, boire froid, ny le veoir sur un cheval rebours, ny contre un rude tireur le floret au poing, ou la premiere harquebuse.....

Et puis, l'auctorité du gouverneur, qui doibt estre souveraine sur luy, s'interrompt et s'empesche par la presence des parents : ioinct que ce respect que la famille luy porte, la cognoissance des moyens et grandeurs de sa maison, ce ne sont pas, à mon opinion, legieres incommoditez en cet aage. En cette eschole du commerce des

[1] Le Panthéon d'Agrippa.

hommes, i'ay souvent remarqué ce vice, qu'au lieu de prendre cognoissance d'aultruy, nous ne travaillons qu'à la donner de nous; et sommes plus en peine de debiter nostre marchandise, que d'en acquerir de nouvelle : le silence et la modestie sont qualitez trescommodes à la conversation. On dressera cet enfant à estre espargnant et mesnagier de sa suffisance, quand il l'aura acquise; à ne se formalizer point des sottises et fables qui se diront en sa presence : car c'est une incivile importunité de chocquer tout ce qui n'est pas de nostre appetit.....

Si son gouverneur tient de mon humeur, il luy formera la volonté à estre tresloyal serviteur de son prince, et tresaffectionné et trescourageux; mais il luy refroidira l'envie de s'y attacher aultrement que par un debvoir publicque. Oultre plusieurs aultres inconvenients qui blecent nostre liberté par ces obligations particulieres, le iugement d'un homme gagé et achetté, ou il est moins entier et moins libre, ou il est taché et d'imprudence et d'ingratitude. Un pur courtisan ne peult avoir ny loy ny volonté de dire et penser que favorablement d'un maistre qui, parmi tant de milliers d'aultres subiects, l'a choisi pour le nourrir et eslever de sa main; cette faveur et utilité corrompent, non sans quelque raison, sa franchise et l'esblouïssent : pourtant veoid on coustumierement le langage de ces gents là divers à tout aultre langage dans un estat, et de peu de foy en telle matiere.

Ce que dit là Montaigne des cours et des courtisans est admirablement observé, et qu'on ne crie pas à l'exagération, les choses n'ont pas changé. Aujourd'hui comme alors, c'est toujours ce même langage apprêté, convenu, ne tenant aucun compte de la vérité; c'est toujours le masque, au sourire fixe, recouvrant le visage, c'est toujours enfin ce désir de plaire au *maistre,* comme dit Montaigne, désir incessant, jaloux, fiévreux, qui envahit l'esprit, fait taire le cœur, et, sans hésiter, ne reculerait devant rien, pour empêcher l'approche d'un ennemi terrible qui frappe mortellement, le chagrin d'avoir déplu.

Il se tire une merveilleuse clarté pour le iugement humain, de la frequentation du monde; nous sommes touts contraincts et amoncelez en nous, et avons la veue raccourcie a la longueur de nostre nez.....

Ce grand monde, que les uns multiplient encores comme especes soubs un genre, c'est le mirouer où il nous fault regarder, pour nous cognoistre de bon biais. Somme, ie veulx que ce soit le livre de mon escholier. Tant d'humeurs, de sectes, de iugements, d'opinions, de loix et de coustumes, nous apprennent à iuger sainement des nostres, et apprennent nostre iugement à recognoistre son imperfection et sa naturelle foiblesse; qui n'est pas un legier apprentissage; tant de remuements d'estat et changements de fortune publicque nous instruisent à ne faire pas grand miracle de la nostre; tant de noms, tant de victoires et conquestes ensepvelies sous l'oubliance, rendent ridicule l'esperance d'eterniser nostre nom par la prinse de dix argoulets et d'un pouiller qui n'est cogneu que de sa cheute : l'orgueil et la fierté de tant de pompes estrangieres, la maiesté si enflee de tant de courts et de grandeurs, nous fermit et asseure la veue à soustenir l'esclat des nostres, sans ciller les yeulx : tant de milliasses d'hommes enterrez avant nous, nous encouragent à ne craindre d'aller trouver si bonne compaignie en l'aultre monde; ainsi du reste.....

L'esprit modéré de Montaigne se fait voir de la manière la plus heureuse et la plus conforme au bon sens, à propos du travail, grave et difficile question qui est loin d'être résolue aujourd'hui. A mon avis, on travaille trop dans nos lycées. On surcharge l'intelligence des élèves, et il en résulte de nombreux inconvénients. Du reste, c'est là une opinion reconnue, et en attendant qu'une réforme ait lieu, on pourrait consulter, écouter Montaigne, comme un guide sûr qui signale le mal et indique le bien :

...... Pour tout cecy, ie ne veulx pas qu'on emprisonne ce garson; ie ne veulx pas qu'on l'abandonne à la cholere et humeur melancholique d'un furieux maistre d'eschole; ie ne veulx pas corrompre son esprit à le tenir à la gehenne et au travail, à la mode des aultres, quatorze ou quinze heures par iour, comme un portefaix; ny ne trouverois bon, quand, par quelque complexion solitaire et melancholique, on le verroit adonné d'une application trop indiscrette à l'estude des livres, qu'on la luy nourrist : cela les rend ineptes à la conversation civile, et les destourne de meilleures occupations. Et combien ay ie veu de mon temps d'hommes abestis par temeraire avidité de science?....

A nostre escholier, un cabinet, un iardin, la table et le lict, la solitude, la compaignie, le matin et le vespre, toutes heures luy seront unes, toutes places luy seront estude : car la philosophie, qui, comme formatrice des iugements et des mœurs, sera sa principale leçon, a ce privilege de se mesler par tout.....

Ainsi, sans doubte, il choumera moins que les aultres. Mais, comme les pas que nous employons à nous promener dans une galerie, quoiqu'il y en ayt trois fois autant, ne nous lassent pas comme ceulx que nous mettons à quelque chemin desseigné : aussi nostre leçon, se passant comme par rencontre, sans obligation de temps et de lieu, et se meslant à toutes nos actions, se coulera sans se faire sentir; les ieux mesmes et les exercices seront une bonne partie de l'estude; la course, la luicte, la musique, la danse, la chasse, le maniement des chevaulx et des armes. Ie veulx que la bienseance exterieure, et l'entregent, et la disposition de la personne, se façonne quand et quand l'ame. Ce n'est pas une ame, ce n'est pas un corps, qu'on dresse; c'est un homme : il n'en fault pas faire à deux; et, comme dict Platon, il ne fault pas les dresser l'un sans l'aultre, mais les conduire egalement, comme une couple de chevaulx attelez à mesme timon; et, à l'ouyr, semble il pas prester plus de temps et plus de solicitude aux exercices du corps, et estimer que l'esprit s'en exerce quand et quand, et non au contraire?

Nous voyons que Montaigne recommande les exercices du corps et qu'il y met une grande importance. Il serait satisfait de la part largement faite aujourd'hui à la gymnastique dans nos établissements universitaires. Il le serait aussi de la douce sévérité qui y règne; car il s'indigne avec l'éloquence du cœur et de la raison contre le régime cruel qui sévissait dans les colléges de son temps.

Au demourant, cette institution se doibt conduire par une severe doulceur, non comme il se faict : au lieu de convier les enfants aux lettres, on ne leur presente, à la verité, que horreur et cruauté. Ostez moy la violence et la force : il n'est rien, à mon advis, qui abastardisse et estourdisse si fort une nature bien nee. Si vous avez envie qu'il craigne la honte et le chastiement, ne l'y endurcissez pas : endurcissez le à la sueur et au froid, au vent, au soleil, et aux hazards qu'il luy fault mespriser; ostez luy toute mollesse et delicatesse au vestir et au coucher, au manger et au boire; accoustumez le à tout; que ce ne soit pas un beau garson et dameret, mais un garson vert et vigoreux. Enfant, homme, vieil, i'ay tousiours creu et iugé de mesme. Mais, entre aultres choses, cette police de la plus part de nos colleges m'a tousiours despleu : on eust failly, à l'adventure, moins dommageablement, s'inclinant vers l'indulgence. C'est une vraie geaule de ieunesse captive : on la rend desbauchee, l'en punissant avant qu'elle le soit. Arrivez y sur le point de leur office; vous n'oyez que cris, et d'enfants suppliciez, et de maistres enyvrez en leur cholere. Quelle maniere pour esveiller l'appetit envers leur leçon, à ces tendres ames et craintifves, de les y guider d'une trongne effroyable, les mains armees de fouets! Inique et pernicieuse forme!....

Quel tableau! quelle vigueur de coloris, et quel immense bienfait assuré immanquablement à l'avenir par ces éloquentes paroles ! Il ne nous suffit pas d'admirer. Remercions Montaigne d'avoir ainsi ouvert la voie à l'un des plus incontestables progrès des temps modernes. Et pourtant il ne fut pas tout d'abord écouté. Longtemps après, dans la célèbre maison de Port-Royal, les enfants étaient soumis aux plus durs traitements.

On pourrait ici placer cette remarque, que Montaigne ne fut pas apprécié à sa valeur par ses contemporains. Sa gloire grandit après lui. Mais c'est surtout au dix-huitième siècle qu'appartient l'honneur de l'avoir portée au degré élevé qu'elle mérite.

Pour les dernières pages de ce chapitre, je m'en tiens à regret à citer quelques lignes seulement :

Le monde n'est que babil; et ne veis iamais homme qui ne die plustost plus, que moins qu'il doibt.

Cela est vrai de tous les temps, et peut-être plus encore de notre temps.

C'est un bel et grand adgencement sans doubte que le grec et le latin, mais on l'achete trop cher.....

Tout le monde pense cela aujourd'hui; tout le monde dit qu'on donne trop de temps au grec et au latin. Mais la tradition est la plus forte, et les choses ont peu changé.

Voici comment Montaigne termine ce beau traité d'éducation :

Pour revenir à mon propos, il n'y a tel que d'alleicher l'appetit et l'affection; aultrement on ne faict que des asnes chargez de livres, on leur donne à coups de fouet en garde leur pochette pleine de science; laquelle, pour bien faire, il ne fault pas seulement loger chez soy, il la fault espouser.

CHAPITRE XXVI.

C'EST FOLIE DE RAPPORTER LE VRAY ET LE FAULX AU IUGEMENT DE NOSTRE SUFFISANCE.

Montaigne pense qu'il ne faut pas condamner résolûment une chose comme fausse et impossible, parce que nous ne la comprenons pas :

Ce n'est pas à l'adventure sans raison que nous attribuons à simplesse et ignorance la facilité de croire et de se laisser persuader; car il me semble avoir apprins aultrefois que la creance estoit comme une impression qui se faisoit en nostre ame; et à mesure qu'elle se trouvoit plus molle et de moindre resistance, il estoit plus aysé à y empreindre quelque chose..... D'autant que l'ame est plus vuide et sans contrepoids, elle se baisse plus facilement soubs la charge de la premiere persuasion : voylà pourquoy les enfants, le vulgaire, les femmes et les malades sont plus subiects à estre menez par les aureilles. Mais aussi, de l'aultre part, c'est une sotte presumption d'aller desdaignant et condamnant pour faulx ce qui ne nous semble pas vraysemblable : qui est un vice ordinaire de ceulx qui pensent avoir quelque suffisance oultre la commune..... La raison m'a instruict que, de condamner ainsi resolument une chose pour faulse et impossible, c'est se donner l'advantage d'avoir dans la teste les bornes et limites de la volonté de Dieu et de la puissance de nostre mere nature; et qu'il n'y a point de plus notable folie au monde, que de les ramener à la mesure de nostre capacité et suffisance..... Considerons au travers de quels nuages, et comme à tastons, on nous mene à la cognoissance de la pluspart des choses qui nous sont entre mains : certes nous trouverons que c'est plustot accoutumance que science qui nous en oste l'estrangeté, et que ces choses là, si elles nous estoyent presentees de nouveau, nous les trouverions autant ou plus incroyables qu'aulcunes aultres.....

..... Si l'on entendoit bien la difference qu'il y a entre l'impossible et l'inusité, et entre ce qui est contre l'ordre de la nature et contre la commune opinion des hommes, en ne croyant pas temerairement, ny aussi ne descroyant pas facilement, on observeroit la regle de *Rien trop*, commandee par Chilon.....

..... C'est une hardiesse dangereuse et de consequence, oultre l'absurde temerité qu'elle traisne quand et soy, de mespriser ce que nous ne concevons pas : car aprez que, selon vostre bel entendement, vous avez estably les limites de la verité et de la mensonge, et qu'il se treuve que vous avez necessairement à croire des choses où il y a encores plus d'estrangeté qu'en ce que vous niez, vous vous estes desia obligé de les abandonner.....

..... Que ne nous souvient il combien nous sentons de contradiction en nostre iugement mesme! Combien de choses nous servoient hier d'articles de foy, qui nous sont fables auiourd'hui! La gloire et la curiosité sont les fleaux de nostre ame : cette cy nous conduict à mettre le nez partout; et celle là nous deffend de rien laisser irresolu et indecis.

En quel bon langage est faite cette réponse aux opinions tranchées, au septicisme méprisant de certains de nos philosophes qui croient souvent, sans s'en rendre compte et *par accoustumance*, comme dit Montaigne, à des choses plus invraisemblables et plus étranges que celles qu'ils nient! Et en effet, l'inconnu, l'infini nous débordent. Qui oserait fixer certainement les limites de l'erreur et de la vérité?

CHAPITRE XXVII.

DE L'AMITIÉ.

Dans ce chapitre, Montaigne nous parle surtout d'Estienne de La Boétie. On sait quelle tendre amitié les unissait. Montaigne a choisi là une manière simple et touchante de traiter son sujet. Voulant parler de l'amitié, pouvait-il faire mieux que de s'adresser ainsi au lecteur : « J'avais un ami, je ne puis me consoler » de l'avoir perdu, et je vais vous dire combien je » l'aimais. » Ce n'est pas là tout le vingt-septième chapitre; c'est la partie principale, et Montaigne y fait voir de charmantes délicatesses de cœur.

Il fait d'abord l'éloge du beau livre de La Boétie, *la Servitude volontaire :*

..... C'est tout ce que i'ay peu recouvrer de ses reliques, moy qu'il laissa, d'une si amoureuse recommendation, la mort entre les dents, par son testament, heritier de sa bibliotheque et de ses papiers, oultre le livret de ses œuvres que i'ay faict mettre en lumiere. Et si suis obligé particulierement à cette piece, d'autant qu'elle a servy de moyen à nostre premiere accointance; car elle me feut montree longue espace avant que ie l'eusse veu, et me donna la premiere cognoissance de son nom, acheminant ainsi cette amitié que nous avons nourrie, tant que Dieu a voulu, entre nous, si entiere et si parfaicte, que certainement il ne s'en lit gueres de pareilles, et entre nos hommes il ne s'en veoid aulcune trace en usage. Il fault tant de rencontres à la bastir, que c'est beaucoup si la fortune y arrive une fois en trois siecles.....

..... Ce que nous appellons ordinairement amis et amitiez, ce ne sont qu'accointances et familiaritez nouees par quelque occasion ou commodité, par le moyen de laquelle nos ames s'entretiennent. En l'amitié de quoy ie parle, elles se meslent et confondent l'une en l'aultre d'un meslange si universel, qu'elles effacent et ne retrouvent plus la cousture qui les a ioinctes. Si on me presse de dire pourquoy ie l'aymoys, ie sens que cela ne se peult exprimer qu'en respondant, « Parce que c'estoit luy; parce que c'estoit moy. » Il y a, au delà de tout mon discours et de ce que i'en puis dire particulierement, ie ne sçais quelle force inexplicable et fatale, mediatrice de cette union. Nous nous cherchions avant que de nous estre veus, et par des rapports que nous oyions l'un de l'aultre, qui faisoient en nostre affection plus d'effort que ne le porte la raison des rapports; ie croys par quelque ordonnance du ciel. Nous nous embrassions par nos noms, et à nostre premiere rencontre, qui feut par hazard en une grande feste et compaignie de ville, nous nous trouvasmes si prins, si cogneus, si obligez entre nous, que rien dez lors ne nous feut si proche que l'un à l'aultre..... Ayant si peu à durer, et ayant si tard commencé (car nous estions touts deux hommes faicts, et luy plus de quelque annee), elle n'avoit point à perdre temps; et n'avoit à se regler au patron des amitiez molles et regulieres, ausquelles il fault tant de precautions de longue et prealable conversation. Cette cy n'a point d'aultre idée que d'elle mesme, et ne se peult rapporter qu'à soy : ce n'est pas une speciale consideration, ny deux, ny trois, ny quatre, ny mille; c'est ie ne sçay quelle quintessence de tout ce meslange, qui, ayant saisi toute ma volonté, l'amena se plonger et se perdre dans la sienne; qui, ayant saisi toute sa volonté, la mena se plonger et se perdre en la mienne, d'une faim, d'une concurrence pareille : ie dis perdre, à la verité, ne nous reservant rien qui nous feust propre, ny qui feust ou sien, ou mien.....

..... L'ancien Menander disoit celuy là heureux qui

avoit peu rencontrer seulement l'ombre d'un amy : il avoit certes raison de le dire, mesme s'il en avoit tasté. Car, à la verité, si ie compare tout le reste de ma vie, quoy qu'avecques la grace de Dieu ie l'aye passee doulce, aysee, et, sauf la perte d'un tel amy, exempte d'affliction poisante, pleine de tranquillité d'esprit, ayant prins en payement mes commoditez naturelles et originelles, sans en rechercher d'aultres; si ie la compare, dis ie, toute, aux quatre annees qu'il m'a esté donné de iouyr de la doulce compagnie et societé de ce personnage, ce n'est que fumee, ce n'est qu'une nuict obscure et ennuyeuse. Depuis le iour que ie le perdis, ie ne foys que traisner languissant, et les plaisirs mesmes qui s'offrent à moy, au lieu de me consoler, me redoublent le regret de sa perte : nous estions à moitié de tout; il me semble que ie luy desrobe sa part.

> Nec fas esse ulla me voluptate hic frui
> Decrevi, tantisper dum ille abest meus particeps [1].

I'estois desia si faict et accoustumé à estre deuxiesme partout, qu'il me semble n'estre plus qu'à demy.....

Tout cela est d'un sentiment exquis, et je n'ajoute plus rien à ces citations. Non pas qu'on ne trouve encore dans ce vingt-septième chapitre des observations très-justes sur l'amitié dans le mariage, entre père et fils, entre frères, et sur les obstacles nombreux qui en limitent l'expansion. Mais je m'arrête ici et ne

[1] Je me suis condamné à ne jouir d'aucun plaisir, aussi longtemps que je serai séparé de celui avec qui je partageais tout. Térence.

veux pas affaiblir l'impression délicieuse que les pages qui précèdent ont dû causer au lecteur.

CHAPITRE XXVIII.

VINGT ET NEUF SONNETS D'ESTIENNE DE LA BOÉTIE.

Vingt-neuf sonnets! à lire de suite! Montaigne a voulu faire passer à la postérité les vingt-neuf sonnets de son ami. Ce n'est pas tout à fait une raison pour qu'on les lise. Je m'imagine que les pages ont toujours été tournées très-rapidement à cet endroit des *Essais*. Pourtant Boileau a dit :

Un sonnet sans défaut vaut seul un long poëme.

C'est possible. D'abord le plus souvent un long poëme ne vaut rien. On fait encore des sonnets aujourd'hui. Les lit-on? Je ne crois pas, et comme ceux d'Estienne de La Boétie auraient certainement le même sort, si je m'avisais d'en citer, j'aime mieux passer au chapitre suivant.

CHAPITRE XXIX.

DE LA MODERATION.

Ce chapitre pourrait être intitulé : *De la modération dans les plaisirs du mariage,* et à ce propos Montaigne aborde bravement une série de ces détails très-risqués où, à vrai dire, il semble assez souvent se complaire. Je ne le suivrai pas dans cette voie, et me contenterai de citer quelques lignes parfaitement chastes de la première page.

..... On peult et trop aimer la vertu, et se porter excessivement en une action iuste. A ce biais s'accommode la voix divine, « Ne soyez pas plus sages qu'il ne fault; mais soyez sobrement sages. » I'ay veu tel grand blecer la reputation de sa religion, pour se montrer religieux oultre tout exemple des hommes de sa sorte.

Montaigne a voulu probablement parler de Henri III.

I'ayme des natures temperees et moyennes; l'immoderation vers le bien mesme, si elle ne m'offense, elle m'estonne, et me met en peine de la baptizer.....

Encore un mot pour recommander ce chapitre amusant aux lecteurs qui aiment le langage plus ou moins gaulois. Ils y trouveront bon nombre de citations historiques, ne manqueront pas de prendre en haute estime la vertu de la reine Zénobie, qui, une fois enceinte, *laissoit courir son mary tout le temps de sa conception,* et pourront enfin faire leur profit de la réponse de l'empereur Ælius Verus à sa femme, qui se plaignait *de quoy il se laissoit aller à l'amour d'aultres femmes :* « C'est par conscience, lui dit-il ; » *le mariage estant un nom d'honneur et de dignité,* » *non de folastre et lascive concupiscence.* »

Je soupçonne l'empereur Ælius Verus d'avoir été un franc hypocrite.

CHAPITRE XXX.

DES CANNIBALES.

Dans ce chapitre, Montaigne se prend d'une belle admiration pour les sauvages, et voit le bonheur de l'homme aussi parfait que possible dans la vie qui précède toute civilisation. La découverte de l'Amérique était alors récente. A ce sujet les têtes se montaient facilement. Il y a longtemps qu'on est revenu de ces idées-là, et sans parler des peuplades sauvages qui vivent aujourd'hui si misérablement sur le continent américain et qui sont destinées à disparaître, comme ces races d'animaux antédiluviens dont on ne retrouve plus que quelques ossements, il suffirait de montrer dans leur éclat glorieux et bienfaisant les découvertes modernes de la science pour gagner, s'il en était besoin, la cause de la civilisation. Et puis c'est, il me semble, méconnaître Dieu, que de prétendre qu'il nous a donné une intelligence dont nous n'avons que faire de nous servir. Comment! tout ce que l'esprit humain a su accomplir au profit de la civilisation, toutes les merveilles qu'il a réalisées ne seraient, en quelque sorte, que des piéges tendus, des moyens perfidement fournis à l'homme par le Créateur pour l'empêcher d'être heureux? Allons donc, cela n'est pas sérieux; mais cela n'empêche pas ce trentième chapitre d'être fort amusant à lire.

Montaigne y parle d'un homme qui avait demeuré dix ou douze ans au Brésil, où Villegaignon prit terre en 1557 :

Cet homme que i'avois, estoit homme simple et grossier; qui est une condition propre à rendre veritable tesmoignage; car les fines gents remarquent bien plus curieusement et plus de choses, mais ils les glosent; et, pour faire valoir leur interpretation, et la persuader, ils ne se peuvent garder d'alterer un peu l'histoire; ils ne vous representent iamais les choses pures, ils les inclinent et masquent selon le visage qu'ils leur ont veu; et, pour donner credit à leur iugement et vous y attirer, prestent volontiers de ce costé là à la matiere, l'allongent et l'amplifient.....

Quelle fine esquisse du conteur qui, si vous n'y prenez garde, même quand il est de bonne foi, vous en fera bien un peu accroire!

Et maintenant écoutez ce que Montaigne dit du Brésil vers 1580, et l'éloge magnifique qu'il en fait. Il faut convenir que Montaigne a singulièrement amplifié ce qu'un homme qu'il nous désigne comme simple et grossier a pu lui raconter. C'est un récit glosé; ce que Montaigne à la page précédente reprochait aux autres de faire, il le fait ici. Rien n'est plus naturel, et cela nous arrive à tous sans que nous nous en apercevions.

..... Les loix naturelles commandent encore à cette nation, fort peu abbastardies par les nostres; mais c'est en telle pureté, qu'il me prend quelquefois desplaisir de quoy la cognoissance n'en soit venue plus tost, du temps qu'il y avoit des hommes qui en eussent sceu mieulx iuger que nous : il me desplaist que Lycurgus et Platon ne l'ayent eue; car il me semble que ce que nous voyons par experience en ces nations là surpasse non seulement toutes les peinctures, de quoy la poësie a embelly l'aage doré, et toutes ses inventions à feindre une heureuse condition d'hommes, mais encore la conception et le desir mesme de la philosophie.... C'est une nation, diroy ie à Platon, en laquelle il n'y a aulcune espece de trafique, nulle cognoissance de lettres, nulle science de nombres, nul nom de magistrat ny de superiorité politique, nul usage de service, de richesse ou de pauvreté, nuls contracts, nulles successions, nuls partages, nulles occupations qu'oysifves, nul respect de parenté que commun, nuls vestements, nulle agriculture, nul metal, nul usage de vin ou de bled; les paroles mesmes qui signifient le mensonge, la trahison, la dissimulation, l'avarice, l'envie, la detraction, le pardon, inouyes. Combien trouveroit il la republique qu'il a imaginee, esloingnee de cette perfection!

Un peu plus loin, Montaigne ajoute un détail qui me semble éloigner ces bons sauvages du chemin de la perfection. Il nous dit tout tranquillement que ces hommes « *si fort voisins de leur naïfveté originelle* », rôtissent leurs prisonniers et les mangent, en prenant soin toutefois « *d'en envoyer des loppins* » *à leurs amis qui sont absents.* »

Ce n'est pas, comme on pense, pour s'en nourrir, ainsi que faisoient anciennement les Scythes; c'est pour representer une extreme vengeance.

Certes une pareille raison ne peut être présentée comme circonstance atténuante en fait d'anthropophagie. Mais ces actes dépassent-ils en férocité ceux que Montaigne a vus commettre au nom de la religion? Sauvage ou civilisé, l'homme ne se retrouve-t-il pas toujours le même, c'est-à-dire également cruel, qu'il soit dominé par la vengeance, l'ambition ou le fanatisme? Voici ce que je lis à la page suivante, et là je reconnais Montaigne le philosophe et l'éloquent écrivain :

..... Ie ne suis pas marry que nous remarqueons l'horreur barbaresque qu'il y a en une telle action; mais oui bien de quoy, iugeants à poinct de leurs faultes, nous soyons si aveuglez aux nostres. Ie pense qu'il y a plus de barbarie à manger un homme vivant, qu'à le manger mort; à deschirer par torments et par gehennes un corps plein de sentiment, le faire rostir par le menu, le faire mordre et meurtrir aux chiens et aux pourceaux (comme nous l'avons non seulement leu, mais veu de fresche memoire, non entre des ennemis anciens, mais entre des voisins et concitoyens, et qui pis est, soubs pretexte de pieté et de religion), que de le rostir et manger aprez qu'il est trespassé.

Toujours chez ces bienheureux sauvages les hommes ont plusieurs femmes, et en ont « *d'autant plus » grand nombre qu'ils sont en meilleure reputation de » vaillance.* » Aussi les femmes, loin d'être jalouses, « *cherchent et mettent leur solicitude à avoir le plus » de compaignes qu'elles peuvent, d'autant que c'est » un tesmoignage de la vertu du mary.* »

Les nostres crieront au miracle : ce ne l'est pas; c'est une vertu proprement matrimoniale, mais du plus hault estage. Et en la Bible, Lia, Rachel, Sara, et les femmes de Iacob, fournirent leurs belles servantes à leurs maris;

et Livia seconda les appetits d'Auguste, à son interest : et la femme du roy Deiotarus, Stratonique, presta non seulement à son mari une fort belle ieune femme de chambre qui la servoit, mais en nourrit soigneusement les enfants, et leur feit espaule à succeder aux estats de leur pere.

N'en déplaise à Montaigne, nous pensons tous que nos femmes ont mille fois raison de ne pas faire comme Lia, Rachel, Sara et la reine Stratonique, et même de se fâcher quand elles s'aperçoivent, ce qui n'est pas rare, que leurs femmes de chambre plaisent un peu trop à leurs maris.

A la fin de ce chapitre, Montaigne cite, sans les désapprouver, certaines opinions de ces bons sauvages qui ne déplairaient pas aux communistes de nos jours, mais avec lesquelles il me paraît difficile qu'une société quelconque puisse vivre :

Trois d'entre eulx, ignorants combien coustera un iour à leur repos et à leur bonheur la cognoissance des corruptions de deçà, feurent à Rouan du temps que le feu roy Charles neufviesme y estoit. Le roy parla à eulx longtemps. On leur feit veoir nostre façon, nostre pompe, la forme d'une belle ville. Aprez cela, quelqu'un en demanda leur advis, et voulut sçavoir d'eulx ce qu'ils y avoient trouvé de plus admirable. Ils respondirent trois choses, dont i'ay perdu la troisieme, et en suis bien marry; mais i'en ay encores deux en memoire. Ils dirent qu'ils trouvoient en premier lieu fort estrange que tant de grands hommes portants barbe, forts et armez, qui estoient autour du roy (il est vraysemblable qu'ils parloient des Souisses de sa garde), se soubmissent à obeïr à un enfant, et qu'on ne choisissoit pas plustost quelqu'un d'entre eulx pour commander. Secondement (ils ont une façon de langage telle, qu'ils nomment les hommes moitié les uns des aultres), qu'ils avoient apperceu qu'il y avoit parmy nous des hommes pleins et gorgez de toutes sortes de commoditez, et que leurs moitiez estoient mendiants à leurs portes, descharnez de faim et de pauvreté; et trouvoient estrange comme ces moitiez icy necessiteuses pouvoient souffrir une telle iniustice, qu'ils ne prinssent les aultres à la gorge, ou meissent le feu à leurs maisons. Ie parlay à l'un d'eulx fort longtemps; mais i'avois un truchement qui me suyvoit si mal et qui estoit si empesché à recevoir mes imaginations, par sa bestise, que ie n'en peus tirer rien qui vaille. Sur ce que ie luy demanday quel fruict il recevoit de la superiorité qu'il avoit parmy les siens (car c'estoit un capitaine, et nos matelots le nommoient roy), il me dict que c'estoit « Marcher le premier à la guerre » : De combien d'hommes il estoit suyvi? Il me montra une espace de lieu, pour signifier que c'estoit autant qu'il en pourroit en une telle espace; ce pouvoit estre quatre ou cinq mille hommes : Si hors la guerre toute son auctorité estoit expiree? il dict : « Qu'il luy en restoit cela, que, quand il visitoit les villages qui despendoient de luy, on luy dressoit des sentiers au travers des hayes de leurs bois, par où il peust passer bien à l'ayse. » Tout cela ne va pas trop mal : mais quoy! ils ne portent point de hault de chausses.

CHAPITRE XXXI.

QU'IL FAULT SOBREMENT SE MESLER DE IUGER DES ORDONNANCES DIVINES.

Je cite la première page et les six dernières lignes de ce chapitre, en ajoutant pour seul commentaire cette observation juste et profonde de M. Sainte-Beuve, que « Montaigne est moins la philosophie que » la nature ; c'est le moi, c'est la nature toute pure » qui se décrit et se raconte. »

Le vray champ et subiect de l'imposture sont les choses incogneues : d'autant que, en premier lieu, l'estrangeté mesme donne credit; et puis, n'estant point subiectes à nos discours ordinaires, elles nous ostent le moyen de les combattre. A cette cause, dict Platon, est il bien plus aysé de satisfaire, parlant de la nature des dieux, que de la nature des hommes, parce que l'ignorance des auditeurs preste une belle et large carriere, et toute liberté au maniement d'une matiere cachee. Il advient de là qu'il n'est rien creu si fermement que ce qu'on sçait le moins; ny gents si asseurez que ceulx qui nous content des fables, comme alchymistes, prognosticqueurs, iudiciaires, chiromantiens, medecins, *id genus omne*[1] : ausquels ie ioindrois volontiers, si i'osois, un tas de gents, interpretes et contreroolleurs ordinaires des desseings de Dieu, faisants estat

[1] Et tous les gens de cette espèce. HORACE, Satire I.

de trouver les causes de chasque accident, et de veoir dans les secrets de la volonté divine les motifs incomprehensibles de ses œuvres : et, quoy que la varieté et la discordance continuelle des evenements les reiecte de coing en coing, et d'orient en occident, ils ne laissent de suyvre pourtant leur esteuf, et de mesme creon peindre le blanc et le noir.

..... Il se fault contenter de la lumiere qu'il plaist au soleil nous communiquer par ses rayons; et qui eslevera ses yeulx pour en prendre une plus grande dans son corps mesme, qu'il ne treuve pas estrange, si, pour la peine de son oultrecuidance, il y perd la vue.

CHAPITRE XXXII.

DE FUIR LES VOLUPTEZ, AU PRIX DE LA VIE.

Voilà un titre qui exige beaucoup trop. Ce chapitre n'a que trois pages, et je ne vois aucune citation à faire.

CHAPITRE XXXIII.

LA FORTUNE SE RENCONTRE SOUVENT AU TRAIN DE LA RAISON.

Montaigne cite des faits nombreux qui justifient ce titre. J'en extrais cette anecdote connue, mais que Montaigne raconte bien :

Protogenes ayant parfaict l'image d'un chien las et recreu, à son contentement en toutes les aultres parties, mais ne pouvant representer à son gré l'escume et la bave, despité contre sa besongne, print son esponge, et, comme elle estoit abruvee de diverses peinctures, la iecta contre, pour tout effacer : la fortune porta tout à propos le coup à l'endroict de la bouche du chien, et y parfournit ce à quoy l'art n'avoit pu atteindre.

Protogènes était contemporain d'Apelles, et ses tableaux étaient tellement admirés que Démétrius de Phalère, assiégeant la ville de Rhodes, donna ordre qu'on épargnât le quartier où était l'atelier de ce grand peintre. Ce trait fait honneur à Démétrius de Phalère, et l'on ne ferait pas mieux les choses aujourd'hui. Il aimait les arts, et pendant les dix années qu'il administra la ville d'Athènes, il se fit aimer à ce point que les Athéniens lui élevèrent, dit-on, trois cent soixante statues, que du reste, suivant leur invariable habitude, ils ne tardèrent pas à renverser toutes.

CHAPITRE XXXIV.

D'UN DEFAULT DE NOS POLICES.

Feu mon pere, homme, pour n'estre aydé que de l'experience et du naturel, d'un iugement bien net, m'a dict aultrefois qu'il avoit desiré mettre en train qu'il y eust ez villes certain lieu designé, auquel ceulx qui auroient besoing de quelque chose se peussent rendre, et faire enregistrer leur affaire à un officier estably pour cet effect : comme, « Ie cherche à vendre des perles; Ie cherche des perles à vendre; Tel veut compaignie pour aller à Paris; Tel s'enquiert d'un serviteur de telle qualité; Tel d'un maistre; Tel demande un ouvrier; qui cecy, qui cela, selon son besoing. » Et semble que ce moyen de nous entr'advertir apporteroit non legiere commodité au commerce publicque; car à touts coups il y a des conditions qui s'entrecherchent, et, pour ne s'entr'entendre, laissent les hommes en extreme necessité.

Si je ne me trompe, c'est, sous une autre forme, l'ïdée de l'annonce. La quatrième page de nos journaux répond au désir exprimé par Montaigne, et même le dépasse de beaucoup. Peut-être dirait-il aujourd'hui que si l'idée est bonne, on l'a bien un peu gâtée par des exagérations de toutes sortes.

En la police œconomique, mon pere avoit cet ordre, que ie sçais louer, mais nullement ensuyvre : c'est qu'oultre le registre des negoces du mesnage où se logent les menus comptes, payements, marchés qui ne requierent la main du notaire, lequel registre un receveur a en charge; il ordonnoit à celuy de ses gents qui luy servoit à escrire, un papier iournal à inserer toutes les survenances de quelque remarque, et, iour par iour, les memoires de l'histoire de sa maison; tresplaisante à veoir, quand le temps commence à en effacer la souvenance, et trez à propos pour nous oster souvent de peine : « Quand feut entamée telle besongne, quand achevee; Quels trains y ont passé, combien arresté; Nos voyages, nos absences, mariages, morts; La réception des heureuses ou malencontreuses nouvelles; Changements des serviteurs principaulx; telles matieres. » Usage ancien que ie treuve bon à refreschir, chacun en sa chascuniere : et me treuve un sot d'y avoir failly.

Que tout cela est bien dit, bien ordonné, et comme on voit en pleine lumière, dans ce tableau d'intérieur d'une touche ferme et vraie, les façons de vivre d'une grande famille d'autrefois!

CHAPITRE XXXV.

DE L'USAGE DE SE VESTIR.

Montaigne prétend que l'usage de se vêtir n'est rien de plus qu'un usage et n'est pas un besoin. Comme nous voyons mille inconvénients, pour ne pas dire mille impossibilités, à ne pas se vêtir du tout, nous ne suivrons pas Montaigne dans les développements de cette idée paradoxale, dont la mise en pratique dans nos pays ferait par trop gémir les convenances.

CHAPITRE XXXVI.

DU IEUNE CATON.

Ie n'ay point cette erreur commune de iuger d'un aultre selon que ie suis : i'en crois ayseement des choses diverses à moi. Pour me sentir engagé à une forme, ie n'y oblige pas le monde, comme chascun faict; et crois et conçois mille contraires façons de vie; et, au rebours du commun, reçois plus facilement la difference que la ressemblance en nous. Ie descharge, tant qu'on veult, un aultre estre de mes conditions et principes, et le considere simplement en lui mesme, sans relation, l'estoffant sur son propre modele.....

Cela n'a aucun rapport avec Caton, non plus que les trois pages suivantes ; mais c'est excellent à lire, et, comme exemple, excellent à suivre. Il nous est en effet difficile de résister à cette tendance naturelle que nous avons à juger des autres par nous-mêmes. Et pourtant nous aurions, dans le courant de la vie, de grands avantages à recueillir, et nous éviterions bien des erreurs, bien des mécomptes, en imitant Montaigne sur ce point. Par malheur, il faut pour cela un esprit bien doué, et ces esprits-là ne sont pas moins rares aujourd'hui que du temps de Montaigne.

Il paraît que de son temps aussi le mot de vertu était déjà passé de mode. Le dix-neuvième siècle ne saurait se vanter de l'avoir à peu près supprimé, faute d'emploi. Consolons-nous en lisant ce qui suit, et en apprenant que nos ancêtres ne valaient pas mieux que nous :

Ce siecle auquel nous vivons, au moins pour nostre climat, est si plombé, que, ie ne dis pas l'execution, mais l'imagination mesme de la vertu en est à dire : et semble que ce ne soit aultre chose qu'un iargon de collège :

> Virtutem verba putant, ut
> Lucum ligna [1] :

c'est un affiquet à pendre en un cabinet, ou au bout de la langue, comme au bout de l'aureille, pour parement.....

[1] Ils croient que la vertu n'est qu'un mot, comme ils ne voient que du bois à brûler dans du bois sacré. HORACE.

A la quatrième page de ce chapitre, Montaigne dit seulement quelques mots de Caton, pour le défendre avec Plutarque contre ceux qui l'accusaient de s'être tué parce qu'il avait craint César, et d'avoir fait là un acte de faiblesse et de désespoir d'ambition déçue :

Sottes gents! dit Montaigne; ce personnage là feut veritablement un patron, que nature choisit pour montrer iusques où l'humaine vertu et fermeté pouvoit atteindre.

Je cite, d'après une note de l'excellente édition de M. Charles Louandre, l'opinion de Napoléon Ier sur la mort de Caton. Elle est tout à fait opposée à celle de Montaigne : « La conduite de Caton a été approuvée par ses contemporains et admirée par » l'histoire. Mais à qui sa mort fut-elle utile? à César. » A qui fit-elle plaisir? à César; et à qui fut-elle » funeste? à Rome, à son parti. Mais, dira-t-on, il » préféra se donner la mort à fléchir devant César; » mais qui l'obligeait à fléchir?... Il se donna la mort » pour échapper aux vicissitudes du sort. Mais lors» que son parti était triomphant, si le livre du destin » avait été présenté à Caton et qu'il y eût vu que » dans quatre ans César, percé de vingt-trois coups » de poignard, tomberait dans le sénat aux pieds de » la statue de Pompée, que Cicéron y occuperait

» encore la tribune aux harangues et y ferait retentir » les Philippiques contre Antoine, Caton se fût-il » percé le sein? Non; il se tua par dépit, par déses- » poir. Sa mort fut la faiblesse d'une grande âme, » l'erreur d'un stoïcien, une tache dans sa vie. »

CHAPITRE XXXVII.

COMME NOUS PLEURONS ET RIONS D'UNE MESME CHOSE.

Montaigne dans ce chapitre fait un grand nombre de citations historiques. Je leur préfère ces quelques lignes qui sont charmantes et qui, plus que le reste du chapitre, sont parfaitement dans le sujet :

..... Nous voyons non seulement les enfants, qui vont tout naïfvement aprez la nature, pleurer et rire souvent de mesme chose; mais nul d'entre nous ne se peult vanter, quelque voyage qu'il face à son souhait, qu'encores, au despartir de sa famille et de ses amis, il ne se sente frissonner le courage; et si les larmes ne luy en eschappent tout à faict, au moins met il le pied à l'estrier d'un visage morne et contristé. Et quelque gentille flamme qui eschauffe le cœur des filles bien nees, encores les despend on à force du col de leurs meres pour les rendre à leurs espoux, quoy que die ce bon compaignon :

Estne novis nuptis odio Venus? anne parentum
Frustrantur falsis gaudia lacrymulis,
Ubertim thalami quasi intra limina fundunt?
Non, ita me divi, vera gemunt, iuverint [1].

CHAPITRE XXXVIII.

DE LA SOLITUDE.

Ce chapitre commence bien :

Laissons à part cette longue comparaison de la vie solitaire à l'active; et quant à ce beau mot de quoy se couvre l'ambition et l'avarice, « Que nous ne sommes pas nayz pour nostre particulier, ains pour le public, » rapportons nous en hardiment à ceulx qui sont en la danse; et qu'ils se battent la conscience, si au contraire les estats, les charges et cette tracasserie du monde ne se recherche plustost pour tirer du public son proufit particulier.

Le reste est souvent diffus, et ce n'est que par fragments que nous y retrouvons Montaigne tel que nous aimons tant à le lire :

Souvent on pense avoir quitté les affaires, on ne les a que changez; il n'y a gueres moins de torment au gouvernement d'une famille, que d'un estat entier. Où que

1 Vénus est-elle odieuse aux nouvelles mariées, ou se jouent-elles de leurs parents par ces feintes larmes qu'elles versent en abondance à l'entrée de la chambre nuptiale? Que je meure, si ces larmes sont sincères ! CATULLE.

l'ame soit empeschee, elle y est toute : et pour estre les occupations domestiques moins importantes, elles n'en sont pas moins importunes. Davantage, pour nous estre desfaicts de la court et du marché, nous ne sommes pas desfaicts des principaulx torments de nostre vie..... l'ambition, l'avarice, l'irresolution, la peur et les concupiscences ne nous abandonnent point, pour changer de contree...., elles nous suyvent souvent iusques dans les cloistres et dans les escholes de philosophie : ny les deserts, ny les rochiers creusez, ny la haire, ni les ieunes, ne nous en desmeslent :

Hæret lateri lethalis arundo [1].

On disoit à Socrates que quelqu'un ne s'estoit aulcunement amendé en son voyage : « Ie crois bien, dict il ; il s'estoit emporté avecques soy ».

Mais Montaigne va trop loin quand il parle de la solitude dans laquelle il faut enfermer notre âme, triste solitude que celle-là, dont lui-même, tout le premier, n'aurait pas voulu. Aussi ne voit-on pas là de conviction, mais de la subtilité d'esprit. Cela n'est pas bon. J'en fais juge le lecteur :

..... Il fault avoir femme, enfants, biens, et surtout de la santé, qui peult ; mais non pas s'y attacher en maniere que nostre heur en despende : il se fault reserver une arriere boutique, toute nostre, toute franche, en laquelle nous establissions nostre vraye liberté et principale retraite et solitude. En cette cy fault il prendre nostre ordinaire entretien de nous à nous mesmes, et si privé, que nulle accointance ou

[1] Le trait mortel reste attaché au flanc. VIRGILE.

communication estrangiere y treuve place; discourir et y rire comme sans femme, sans enfants et sans biens, sans train et sans valets : à fin que quand l'occasion adviendra de leur perte, il ne nous soit pas nouveau de nous en passer.

Je n'aime pas du tout cette arrière-boutique. Elle me paraît un séjour peu plaisant. Encore un peu, cela me ferait penser à Orgon disant à son beau-frère Cléante :

Et je verrais mourir frère, enfants, mère et femme,
Que je m'en soucierois autant que de cela.

Cléante a bien raison de répondre :

Les sentiments humains, mon frère, que voilà !

C'est ainsi qu'en philosophie comme en religion les idées excessives conduisent aux mêmes erreurs. Cette retraite de l'âme en elle-même n'est pas autre chose qu'un parfait égoïsme, et il faudrait avoir le cœur figé pour se contenter de cette sorte de suffisance du moi.

Passe pour la vieillesse. La retraite lui convient, et même le respect qu'elle se doit l'y invite. On ne peut le décrire mieux que ne le fait Montaigne dans la page suivante :

La solitude me semble avoir plus d'apparence et de raison à ceulx qui ont donné au monde leur aage plus actif et fleurissant, suyvant l'exemple de Thales. C'est assez vescu pour aultruy; vivons pour nous, au moins ce bout de vie : ramenons à nous et à nostre ayse nos pensees et nos intentions..... Puisque Dieu nous donne loisir de disposer de nostre deslogement, preparons nous y; plions bagage, prenons de bonne heure congé de la compaignie; despestrons nous de ces violentes prinses qui nous engagent ailleurs et esloignent de nous.

Il fault desnouer ces obligations si fortes; et meshuy aymer cecy et cela, mais n'espouser rien que soy : c'est à dire, le reste soit à nous, mais non pas ioinct et collé en façon qu'on ne le puisse despendre sans nous escorcher, et arracher ensemble quelque piece du nostre. La plus grande chose du monde, c'est de sçavoir estre à soy. Il est temps de nous desnouer de la societé, puisque nous n'y pouvons rien apporter; et qui ne peult prester, qu'il se deffende d'emprunter. Nos forces nous faillent : retirons les et resserrons en nous. Qui peult renverser et confondre en soy les offices de l'amitié et de la compaignie, qu'il le face. En cette cheute qui le rend inutile, poisant et importun aux aultres, qu'il se garde d'estre importun à soy mesme, et poisant, et inutile. Qu'il se flatte et caresse, et surtout se regente, respectant et craignant sa raison et sa conscience, si bien qu'il ne puisse sans honte broncher en leur presence.....

Après avoir dit que c'est se retirer du monde à demi seulement que de s'adonner dans la retraite à l'étude des lettres, pour y chercher la réputation : *« d'une pareille humeur à celle de Cicero, qui dict » vouloir employer sa solitude à s'en acquerir par ses » escripts une vie immortelle »*, Montaigne donne une très-belle définition de la retraite dans la vie religieuse :

L'imagination de ceulx qui, par devotion, recherchent la solitude, remplissant leur courage de la certitude des promesses divines en l'aultre vie, est bien plus sainement assortie. Ils se proposent Dieu, obiect infini en bonté et en puissance; l'ame a de quoy y rassasier ses desirs en toute liberté : les afflictions, les douleurs leur viennent à proufit, employees à l'acquest d'une santé et resiouïssance eternelle : la mort, à souhait, passage à un si parfaict estat : l'aspreté de leurs regles est incontinent applanie par l'accoustumance; et les appetits charnels, rebutez et endormis par leur refus; car rien ne les entretient que l'usage et exercice. Cette seule fin d'une aultre vie heureusement immortelle, merite loyalement que nous abandonnions les commoditez et doulceurs de cette vie nostre; et qui peult embraser son ame de l'ardeur de cette vifve foy et esperance, reellement et constamment, il se bastit en la solitude une vie voluptueuse et delicieuse, au delà de toute aultre sorte de vie.

CHAPITRE XXXIX.

CONSIDERATION SUR CICERO.

Il est évident que Cicéron ne faisait pas preuve de modestie, quand il disait qu'il voulait employer sa solitude à s'acquérir une gloire immortelle par ses écrits. On ne parle pas ainsi de soi-même, et cette impertinente vanité du grand orateur romain devait déplaire à Montaigne, qui aimait tant la modération en toutes choses. Mais il blâme surtout Cicéron et Pline le Jeune d'avoir écrit à leurs amis des lettres qui ne leur parvenaient pas toujours et qu'ils n'en livraient pas moins à la publicité, *avecques cette digne excuse, qu'ils n'ont pas voulu perdre leur travail en veillees.*

Sied il pas bien à deux consuls romains, souverains magistrats de la chose publicque empericre du monde, d'employer leur loisir à ordonner et fagotter gentiement une belle missive, pour en tirer la reputation de bien entendre le langage de leur nourrice! Que feroit pis un simple maistre d'eschole qui en gaignast sa vie? Si les gestes de Xenophon et de Cæsar n'eussent de bien loing surpassé leur eloquence, ie ne crois pas qu'ils les eussent iamais escripts : ils ont cherché à recommender, non leur dire, mais leur faire.....

Montaigne oubliait-il que les lettres de Cicéron sont des mémoires historiques remplis d'intérêt, et que celles de Pline le Jeune contiennent de curieux détails sur les mœurs de son temps? La forme épistolaire s'adapte parfaitement à l'histoire, particulièrement quand il s'agit de faits contemporains, et, pour citer un exemple, on connaît mieux le siècle de Louis XIV, quand on a lu les lettres de madame de Sévigné.

Montaigne finit ce chapitre en nous parlant de lui. Ne nous en plaignons pas. Écoutons-le au contraire avec un plaisir qu'on éprouve très-rarement à entendre les gens parler d'eux-mêmes. Il est vrai que personne ne s'en acquitta jamais si bien que ce causeur charmant et tout à fait inimitable.

Sur ce subiect de lettres, ie veulx dire ce mot, que c'est un ouvrage auquel mes amis tiennent que ie puis quelque chose; et eusse prins plus volontiers cette forme à publier mes verves, si i'eusse eu à qui parler..... I'ay naturellément un style comique et privé, mais c'est d'une forme mienne, inepte aux negociations publicques.....; et ne m'entends pas en lettres cerimonieuses, qui n'ont aultre substance que d'une belle enfileure de paroles courtoises. Ie n'ay ny la faculté ny le goust de ces longues offres d'affection et de service : ie n'en crois pas tant, et me desplaist d'en dire gueres oultre ce que i'en crois. C'est bien loing de l'usage present; car il ne feut jamais si abiecte et servile prostitution de presentations.....

Ie hais à mort de sentir le flatteur..... A bienveigner, à prendre congé, à remercier, à saluer, à presenter mon service, et tels compliments verbeux des loix cerimonieuses de nostre civilité, ie ne cognois personne si sottement sterile de langage que moy; et n'ay iamais esté employé à faire des lettres de faveur et recommendation, que celuy pour qui c'estoit n'aye trouvees seches et lasches..... Si tout le papier que i'ay aultrefois barbouillé pour les dames estoit en nature, lorsque ma main estoit veritablement emportee par ma passion, il s'en trouveroit à l'adventure quelque page digne d'estre communiquee à la ieunesse oysifve, embabouinee de cette fureur. I'escris mes lettres tousiours en poste, et si precipiteusement, que, quoyque ie peigne insupportablement mal, i'aime mieulx escrire de ma main que d'y en employer une aultre; car ie n'en treuve poinct qui me puisse suyvre. I'ay accoustumé les grands qui me connoissent à y supporter des litures et des trasseures, et un papier sans plieure et sans marge. Celles qui me coustent le plus sont celles qui valent le moins; depuis que ie les traisne, c'est signe que ie n'y suis pas. Ie commence volontiers sans proiect; le premier traict produit le second. Les lettres de ce temps sont plus en bordures et prefaces qu'en matiere. Comme i'aime mieulx composer deux lettres que d'en clore et plier une, et resigne tousiours cette commission à quelque aultre : de mesme quand la matiere est achevee, ie donnerois volontiers à quelqu'un la charge d'y adiouster ces longues harangues, offres et prieres que nous logeons sur la fin; et desire que quelque nouvel usage nous en descharge, comme aussi de les inscrire d'une legende de qualitez et tiltres; pour ausquels ne bruncher i'ay maintes fois laissé d'escrire, et notamment à gents de iustice et de finance : tant d'innovations d'offices, une si difficile dispensation et ordonnance de divers noms d'honneur, lesquels, estants si cherement achetez, ne peuvent estre eschangez ou oubliez sans offense. Ie treuve pareillement de mauvaise grace d'en charger le front et inscription des livres que nous faisons imprimer.

CHAPITRE XL.

QUE LE GOUST DES BIENS ET DES MAULX DESPEND, EN GRANDE PARTIE, DE L'OPINION QUE NOUS EN AVONS.

Les hommes, dict une sentence grecque ancienne, sont tormentez par les opinions qu'ils ont des choses, non par les choses mesmes.

Montaigne développe cette pensée et ajoute :

..... Nous tenons la mort, la pauvreté et la douleur pour nos principales parties : or cette mort, que les uns appellent « des choses horribles, la plus horrible », qui ne sçait que d'aultres la nomment « l'unique port des tor- » ments de cette vie, le souverain bien de nature, seul » appuy de nostre liberté, et commune et prompte recepte » à touts maulx? »

Ceux qui craignent la mort et ne la considèrent nullement comme *le souverain bien de nature,* représentent l'immense majorité de notre pauvre espèce humaine. Aussi les anecdotes que cite Montaigne comme exemple du mépris de la mort me paraissent avoir été choisies pour l'amusement du lecteur, rien de plus :

Un tel qu'on menoit au gibet disoit « qu'on gardast de » passer par telle rue, car il y avoit dangier qu'un mar-

» chand lui feist mettre la main sur le collet, à cause d'un » vieux debte. » Un aultre disoit au bourreau, « qu'il ne » le touchast pas à la gorge, de peur de le faire tressaillir « de rire, tant il estoit chatouilleux. » Chascun a ouï faire le conte du Picard auquel, estant à l'eschelle, on presente une garse, et que (comme nostre iustice permet quelquesfois), s'il la vouloit espouser, on luy sauveroit la vie : luy, l'ayant un peu contemplee, et apperçeu qu'elle boittoit : « Attache! attache! dict il; elle cloche. » Et on dict de mesme qu'en Dannemarc, un homne condamné à avoir la teste trenchee estant sur l'eschaffaud, comme on luy presenta une pareille condition, la refusa, parce que la fille qu'on luy offrit avoit les ioues avallees, et le nez trop poinctu.....

Je voudrais dire, sans critiquer Montaigne, que ces anecdotes ne sont pas d'une gaieté folle. Le fond nuit trop à la forme, et le rire ne se donne pas franchement à des récits de pendaison et de têtes tranchées. On sait cela au théâtre. Là le public, juge plus difficile et surtout plus impatient que le lecteur, rira volontiers de la peur d'un homme à qui l'on fait croire qu'on va le pendre. Mais il est indispensable que cette peur ne soit pas fondée. Car du moment que le danger existe, que la mort est réellement près de là, le public ne rit plus, et les plaisanteries les plus fantaisistes n'ont aucune chance de succès.

Un peu plus loin Montaigne, reprenant le ton sérieux, raconte « *qu'en la ville de Castelnau Darry*

» *cinquante Albigeois heretiques souffrirent à la fois,*
» *d'un courage determiné, d'estre bruslez vifs en un*
» *feu, avant desadvouer leurs opinions* », et dit avec une grande vérité que « *toute opinion est assez forte* » *pour se faire espouser au mepris de la vie.* »

Mais s'il admet, en s'appuyant sur un nombre infini d'exemples, qu'on méprise et même qu'on recherche la mort, il ne pense pas ainsi de la douleur; et il a mille fois raison quand il répond à certains stoïciens (à quelle limite l'entêtement des hommes s'arrête-t-il?) qui nient que la douleur soit un mal :

Icy tout ne consiste pas en l'imagination : nous opinons du reste; c'est icy la certaine science qui ioue son roolle; nos sens mesmes en sont iuges.....; ferons nous accroire à nostre peau que les coups d'estriviere la chatouillent? et à nostre goust que l'aloé soit du vin de Graves?....

J'aime à voir ici le vin de Graves honorablement cité et ses titres de noblesse remonter au seizième siècle.

Forcerons nous la generale loy de nature, qui se veoid en tout ce qui est vivant soubs le ciel, de trembler soubs la douleur? Les arbres mesmes semblent gemir aux offenses.....

Les arbres mêmes semblent gemir aux offenses! Cette phrase est d'un beau sentiment poétique. Montaigne disait bien qu'il aimait la poésie *d'une particuliere inclination.*

Je passe quelques pages un peu longues, et j'arrive à la remarque suivante, qui, dans un ordre d'idées assez récréatif, prouve également que le mal dépend de l'opinion que nous en avons.

I'en sçais qui, à leur escient, ont tiré et proufit et advancement du cocuage, de quoy le seul nom effraye tant de gents.

On sait comment ce mal, ou plutôt ce malheur, a été apprécié par la Fontaine dans le conte de *la Coupe enchantée* :

Qu'est-ce enfin que ce mal dont tant de gens de bien
Se moquent avec juste cause?
Quand on l'ignore, ce n'est rien;
Quand on le sait, c'est peu de chose.

Chrysalde, dans *l'École des femmes,* pense :

Que des coups du hasard aucun n'étant garant,
Cet accident, de soi, doit être indifférent.
Et qu'enfin tout le mal, quoique le monde glose,
N'est que dans la façon de recevoir la chose.

Aujourd'hui la chose est généralement très-mal reçue. Ce n'est plus le cocuage, c'est l'adultère. Sur nos théâtres, les maris trompés ne font plus guère rire. En revanche, l'adultère fournit même à nos grandes scènes les situations les plus noires, les plus émouvantes, et, depuis longtemps déjà, est la source de leurs plus abondantes recettes.

Le passage qui suit n'a aucun rapport avec le titre de ce chapitre. Nous avons remarqué que c'est une condition dont Montaigne se soucie fort peu.

I'ay vescu en trois sortes de conditions depuis estre sorty de l'enfance. Le premier temps, qui a duré prez de vingt annees, ie le passay n'ayant aultres moyens que fortuits, et despendant de l'ordonnance et secours d'aultruy, sans estat certain et sans prescription. Ma despense se faisoit d'autant plus alaigrement et avecques moins de soing, qu'elle estoit toute en la temerité de la fortune. Ie ne feus iamais mieulx. Il ne m'est oncques advenu de trouver la bourse de mes amis close; m'estant enioinct, au delà de toute aultre necessité, la necessité de ne faillir au terme que i'avois prins à m'acquitter, lequel ils m'ont mille fois alongé, voyant l'effort que ie me faisois pour leur satisfaire : en maniere que i'en rendois ma loyauté mesnagiere, et aulcunement piperesse. Ie sens naturellement quelque volupté à payer; comme si ie deschargeois mes espaules d'un ennuyeux poids et de cette image de servitude; aussi qu'il y a quelque contentement qui me chatouille à faire une action iuste et contenter aultruy. I'excepte les payements où il fault venir à marchander et compter; car, si ie ne treuve à qui en commettre la charge, ie les esloingne honteusement et iniurieusement, tant que ie puis, de peur de cette altercation, à laquelle et mon humeur et ma forme de parler est du tout incompatible. Il n'est rien que ie haïsse comme à marchander; c'est un pur commerce de trichoterie et d'impudence; aprez une heure de debat et de barguignage, l'un et l'aultre abandonne sa parole et ses serments pour cinq souls d'amendement.

Voici une bonne leçon donnée à l'avare qui thésaurise :

Si i'amasse, ce n'est que pour l'esperance de quelque voisine emploite, non pour acheter des terres, de quoy ie n'ay que faire, mais pour acheter du plaisir..... Ie n'ay ny gueres peur que bien me faille, ny nul desir qu'il augmente..., et me gratifie singulierement que cette correction me soit arrivee en un aage naturellement enclin à l'avarice, et que ie me veoye desfaict de cette folie si commune aux vieux, et la plus ridicule de toutes les humaines folies.

Ici Montaigne rentre dans son sujet et ne le quitte plus jusqu'à la fin de ce chapitre, qui ne compte pas moins de trente pages :

..... L'aysance donc et l'indigence despendent de l'opinion d'un chascun; et non plus la richesse que la gloire, que la santé, n'ont qu'autant de beauté, et de plaisir, que leur en preste celuy qui les possede. Chascun est bien ou mal, selon qu'il s'en treuve : non de qui on le croid, mais qui le croid de soy, est content; et en cela seul la creance se donne essence et verité. La fortune ne nous faict ny bien ny mal; elle nous en offre seulement la matiere et la semence : laquelle nostre ame, plus puissante qu'elle, tourne et applique comme il luy plaist; seule cause et maistresse de sa condition heureuse ou malheureuse. Les accessions externes prennent saveur et couleur de l'interne constitution : comme les accoustrements eschauffent, non de leur chaleur, mais de la nostre.....

Or sus, pourquoy, de tant de discours qui persuadent diversement les hommes de mespriser la mort et de porter la douleur, n'en trouvons nous quelqu'un qui face pour nous? Et de tant d'especes d'imaginations qui l'ont persuadé à aultruy, que chascun n'en applique il à soy une, le plus selon son humeur? S'il ne peult digerer la drogue forte et abstersive pour desraciner le mal, au moins qu'il la prenne lenitive pour le soulager..... Au demourant, on n'eschappe pas à la philosophie, pour faire valoir oultre mesure l'aspreté des douleurs et l'humaine foiblesse; car on la contrainct de se reiecter à ses invincibles repliques : « S'il est » mauvais de vivre en necessité, au moins de vivre en ne- » cessité il n'est aulcune necessité. Nul n'est mal longtemps qu'à sa faulte. Qui n'a le cœur de souffrir ny la mort ny la vie; qui ne veult ny resister ny fuyr, à quoi est il bon?

Ce dernier paragraphe est traduit de Sénèque et porte en effet l'empreinte d'une morale quelque peu païenne. Les idées chrétiennes dirigent mieux notre âme, car elles nous conseillent aussi de résister. Mais elles nous défendent de fuir.

CHAPITRE XLI.

DE NE COMMUNIQUER SA GLOIRE.

Ce titre ne présente pas un sens assez clair. Montaigne veut dire qu'on voit peu d'hommes disposés à céder à autrui une part de la gloire qui leur est due. Cette pensée vraie, mais un peu abstraite, s'applique à des situations exceptionnelles. Les exemples d'une semblable abnégation sont très-rares, et, de plus, le nombre de ceux qui ont de la gloire à céder me paraît être infiniment petit.

Il y a dans ce chapitre plusieurs faits d'histoire racontés comme Montaigne sait si bien le faire. Mais ne voulant pas étendre les citations jusqu'au point de refaire en quelque sorte une édition des *Essais,* j'abrége la partie anecdotique pour laisser plus de place à tout ce qui est observation du caractère humain. Je cite donc une page, la première, qui répond à merveille à cette condition. C'est par ce côté que ce beau livre est le livre de tous les temps.

De toutes les resveries du monde, la plus receue et plus universelle est le soing de la reputation et de la gloire, que nous espousons iusques à quitter les richesses, le repos, la vie et la santé, qui sont biens effectuels et substantiaux, pour suyvre cette vaine image et cette simple voix qui n'a ny corps ny prinse :

> La fama, ch' invaghisce a un dolce suono
> Voi superbi mortali, e par sí bella,
> È un' eco, un sogno, anzi del sogno un' ombra
> Ch' ad ogni vento si dilegua e sgombra [1];

et des humeurs desraisonnables des hommes, il semble que les philosophes mesmes se desfacent plus tard et plus envy de cette cy que de nulle aultre : c'est la plus revesche et opiniastre.... Il n'en est gueres de laquelle la raison accuse si clairement la vanité; mais elle a ses racines si vifves en nous, que je ne sçais si jamais aulcun s'en est peu nettement descharger. Aprez que vous avez tout dict et tout creu pour la desadvouer, elle produict contre vostre discours une inclination si intestine, que vous avez peu que tenir à l'encontre : car, comme dict Cicero, ceulx mesmes qui la combattent, encores veulent ils que les livres qu'ils en escrivent portent au front leur nom, et se veulent rendre glorieux de ce qu'ils ont mesprisé la gloire. Toutes aultres choses tumbent en commerce; nous prestons nos biens et nos vies au besoing de nos amis; mais de communiquer son honneur, et d'estrener aultruy de sa gloire, il ne se veoid gueres.....

[1] La renommée, qui, par la douceur de sa voix, enchante les superbes mortels et parait si ravissante, n'est qu'un écho, un songe, ou plutôt l'ombre d'un songe qui se dissipe et s'évanouit en un moment. TASSO.

CHAPITRE XLII.

DE L'INEQUALITÉ QUI EST ENTRE NOUS.

Montaigne commence par dire *qu'il y a plus de distance de tel à tel homme, qu'il n'y a de tel homme à telle beste,* et cite ce fragment de vers de Térence :

Hem! vir viro quid præstat[1]!

C'est déplorablement vrai au point de vue des idées d'égalité qui fournissent de si absurdes utopies au temps où nous sommes, et Térence complète bien sa pensée en ajoutant :

Stulto intelligens
Quid interest[2]!

Combien de traits pleins de bon sens et de vérité dans Térence, et quelle gloire pour lui d'avoir beaucoup prêté à Molière!

Si Montaigne fait une large part à l'inégalité des intelligences, il trouve blâmable qu'on estime l'homme

[1] Quelle supériorité d'un homme sur un autre! TÉRENCE, *l'Eunuque*, act. II.

[2] Quelle distance entre les gens d'esprit et les sots! TÉRENCE, *l'Eunuque*, act. II.

haut placé en raison du rang qu'il occupe, et non pas en raison de ses propres qualités :

Il a un grand train, un beau palais, tant de credit, tant de renté : tout cela est autour de luy, non en luy..... Mesurez le sans ses eschasses qu'il mette à part ses richesses et honneurs; qu'il se presente en chemise. A il le corps propre à ses fonctions, sain et alaigre? Quelle ame a il? est elle belle, capable et heureusement pourveue de toutes ses pieces? est elle riche du sien, ou de l'aultruy? la fortune n'y a elle que veoir?.... Hermodorus le poëte avoit faict des vers en l'honneur d'Antigonus, où il l'appelloit fils du soleil : et luy, au contraire : « Celuy, dict il, qui » vuide ma chaize percee, sçait bien qu'il n'en est rien..... »

Puis Montaigne fait parler le roi Hiéron, qui se plaint surtout d'être *privé de toute amitié et societé mutuelle, en laquelle consiste le plus parfaict et doulx fruict de la vie humaine.*

Quel tesmoignage d'affection et de bonne volonté puis ie tirer de celuy qui me doibt, veuille il ou non, tout ce qu'il peult? Puis ie faire estat de son humble parler et courtoise reverence, veu qu'il n'est pas en luy de me la refuser? L'honneur que nous recevons de ceulx qui nous craignent, ce n'est pas honneur; ces respects se doibvent à la royauté, non à moy..... Veois ie pas le meschant, le bon roy, celuy qu'on hait, celuy qu'on aime, autant en a l'un que l'aultre? De mesmes apparences, de mesme cerimonie estoit servy mon predecesseur, et le sera mon successeur..... Nul ne me suyt pour l'amitié qui soit entre luy et moy ; car il ne s'y sçauroit couldre amitié où il y a si peu de relation et de correspondance : ma haulteur m'a mis hors du commerce des hommes; il y a trop de disparité et de disproportion. Ils me suyvent par contenance et par coustume, ou, plustost que moy, ma fortune, pour en accroistre la leur. Tout ce qu'ils me dient et font, ce n'est que fard, leur liberté estant bridee de toutes parts par la grande puissance que i'ay sur eulx : ie ne veois rien autour de moy, que couvert et masqué.

CHAPITRE XLIII.

DES LOIX SUMPTUAIRES.

Ce chapitre est très-court et n'offre qu'un faible intérêt. Montaigne blâme l'usage du velours et de la soie dans nos vêtements. Il veut que l'on porte simplement du drap.

Laissons les lois somptuaires à un passé qui ne peut revenir. Elles sont incompatibles avec les principes de liberté qui régissent les sociétés modernes.

CHAPITRE XLIV.

DU DORMIR.

La raison nous ordonne bien d'aller tousiours mesme chemin, mais non toutesfois mesme train : et, ores que le sage ne doibve donner aux passions humaines de se fourvoyer de la droicte carriere, il peult bien, sans interest de son debvoir, leur quitter aussi cela, d'en haster ou retarder son pas, et ne se planter comme un colosse immobile et impassible. Quand la vertu mesme seroit incarnee, ie crois que le pouls luy battroit plus fort, allant à l'assault qu'allant disner : voire il est necessaire qu'elle s'eschauffe et s'esmeuve. A cette cause, i'ay remarqué pour chose rare, de veoir quelquesfois les grands personnages, aux haultes entreprinses et importants affaires, se tenir si entiers en leur assiette, que de n'en accourcir pas seulement leur sommeil. Alexandre le Grand, le iour assigné à cette furieuse bataille contre Darius, dormit si profondement et si haulte matinee, que Parmenion feut contrainct d'entrer en sa chambre, et, approchant de son lict, l'appeller deux ou trois fois par son nom pour l'esveiller, le temps d'aller au combat le pressant. L'empereur Othon ayant resolu de se tuer, cette mesme nuict, aprez avoir mis ordre à ses affaires domestiques, partagé son argent à ses serviteurs, et affilé le tranchant d'une espee de quoy il se vouloit donner, n'attendant plus qu'à sçavoir si chascun de ses amis s'estoit retiré en seureté, se print si profondement à dormir, que ses valets de chambre l'entendoient ronfler.....

Montaigne raconte encore plusieurs faits où figurent Marius, Caton, Octave et *le roy Perseus de Macedoine qu'on feit mourir prisonnier à Rome, luy empeschant le sommeil.* Il finit en citant le merveilleux exemple d'un sommeil presque comparable à celui de *la Belle au bois dormant,* le sommeil du sage Épiménide, qui dormit cinquante-sept ans de suite. Prudemment Montaigne ajoute que ce sont ses biographes qui le disent.

CHAPITRE XLV.

DE LA BATTAILLE DE DREUX.

La bataille de Dreux se livra le 19 décembre 1562, entre les catholiques, commandés par le connétable de Montmorency et François de Guise, et les réformés, sous les ordres du prince de Condé. Les réformés se crurent d'abord vainqueurs. Mais le duc de Guise, avec des troupes d'arrière-garde, rétablit le combat, et, après une lutte sanglante, l'armée protestante se mit en retraite. Le prince de Condé fut fait prisonnier, et près de huit mille hommes périrent dans cette sanglante bataille.

Montaigne approuva ce que fit le duc de Guise, à

qui l'on reprocha d'avoir vu les troupes du connétable de Montmorency compromises et battues, sans se hâter de venir à leur secours. Il voulut attendre pour attaquer en queue les huguenots. Un de leurs chefs dit en le voyant paraître : « Voilà une queue que nous aurons de la peine à écorcher! » La victoire donna raison au duc de Guise, qui, deux mois après, mourut assassiné par un gentilhomme protestant.

Mais laissons parler Montaigne :

Il y eut tout plein de rares accidents en nostre battaille de Dreux; mais ceulx qui ne favorisent pas fort la reputation de M. de Guyse, mettent volontiers en avant, qu'il ne se peult excuser d'avoir faict alte et temporisé avecques les forces qu'il commandoit, ce pendant qu'on enfonçoit monsieur le connestable, chef de l'armee, avecques l'artillerie, et qu'il valoit mieulx se hazarder, prenant l'ennemy par flanc, que, attendant l'advantage de le veoir en queue, souffrir une si lourde perte. Mais, oultre ce que l'issue en tesmoigna, qui en debattra sans passion me confessera ayseement, à mon advis, que le but et la visee, non seulement d'un capitaine, mais de chasque soldat, doibt regarder la victoire en gros; et que nulles occurrences particulieres, quelque interest qu'il y ait, ne le doibvent divertir de ce poinct là.....

CHAPITRE XLVI.

DES NOMS.

Je passe la première moitié de ce chapitre, qui cependant mérite d'être lue, mais je ne puis tout citer, et je m'arrête à la quatrième page, où Montaigne fait la critique d'un ridicule qui existe encore aujourd'hui.

..... C'est un vilain usage, et de tresmauvaise consequence en nostre France, d'appeler chascun par le nom de sa terre et seigneurie, et la chose du monde qui faict plus mesler et mescognoistre les races. Un cadet de bonne maison, ayant eu pour son appanage une terre, sous le nom de laquelle il a esté cogneu et honnoré, ne peult honnestement l'abandonner : dix ans aprez sa mort, la terre s'en va à un estrangier qui en faict de mesme; devinez où nous sommes de la cognoissance de ces hommes..... Il y a tant de liberté en ces mutations, que de mon temps ie n'ay veu personne, eslevé par la fortune à quelque grandeur extraordinaire, à qui on n'ayt attaché incontinent des tiltres genealogiques nouveaux et ignorez à son pere, et qu'on n'ayt enté en quelque illustre tige : et, de bonne fortune, les plus obscures familles sont plus idoines à falsification. Combien avons nous de gentilshommes en France qui sont de royale race selon leurs comptes? plus, ce crois ie, que d'aultres..... Contentons nous, de par Dieu! de ce de quoy nos peres se sont contentez, et de ce que nous sommes; nous sommes assez, si nous le sçavons bien maintenir; ne desadvouons pas la fortune et condition de nos ayeuls, et ostons ces sottes imaginations, qui ne peuvent faillir à quiconque a l'impudence de les alleguer.

Cette vive critique, ces rudes coups portés à la vanité humaine, qui reçoit mille blessures sans jamais mourir, me font penser à Michel Cervantès et à Molière. J'entends, dans l'immortel *Don Quichotte,* Sancho causant avec le curé :

Le hic, donc, le véritable hic, c'est de bâcler au plus tôt le mariage de monseigneur de la Triste-Figure avec madame..... madame..... madame que voilà. Si je ne dis pas son nom, excusez-moi; c'est que je ne sais pas encore comment elle s'appelle.

LE CURÉ.

Madame la princesse Micomicone, du nom de son royaume, mon ami.

SANCHO.

Eh! pardi! c'est vrai, je n'y pensais plus, moi; tant de gens qui n'ont pas de nom, ou qui se dégoûtent de celui qu'ils ont hérité de leur père, se permettent de prendre celui de leur village, qu'au moins les reines ont bien le droit de prendre celui de leur royaume.

Et dans la première scène du premier acte de *l'École des femmes :*

CHRYSALDE.

Je me réjouis fort, seigneur Arnolphe.....

ARNOLPHE.

Bon!
Me voulez-vous toujours appeler de ce nom?

CHRYSALDE.

Ah! malgré que j'en aie, il me vient à la bouche,
Et jamais je ne songe à monsieur de la Souche.
Qui diable vous a fait ainsi vous aviser,
A quarante-deux ans, de vous débaptiser,
Et d'un vieux tronc pourri de votre métairie
Vous faire dans le monde un nom de seigneurie?

ARNOLPHE.

Outre que la maison par ce nom se connoît,
La Souche plus qu'Arnolphe à mes oreilles plaît.

CHRYSALDE.

Quel abus de quitter le vrai nom de ses pères,
Pour en vouloir prendre un bâti sur des chimères!
De la plupart des gens c'est la démangeaison;
Et sans vous embrasser dans la comparaison,
Je sais un paysan qu'on appeloit Gros-Pierre,
Qui, n'ayant pour tout bien qu'un seul quartier de terre,
Y fit tout à l'entour faire un fossé bourbeux,
Et de monsieur de l'Isle en prit le nom pompeux.

Un célèbre orateur a dit: « Le bon sens c'est le » génie de l'humanité! » Eh bien, Molière, Cervantès, Montaigne, ce bon sens resplendit à chaque page de vos œuvres. Les *Essais*, le *Don Quichotte* et les comédies de Molière fourniraient à un grand peuple de quoi se bien gouverner et être heureux.

CHAPITRE XLVII.

DE L'INCERTITUDE DE NOSTRE IUGEMENT.

Ce chapitre est tout rempli de faits de guerre parfaitement racontés. On aime à faire ce que l'on fait bien, et c'est pour cela que Montaigne, amoureux de la forme et de l'expression, racontait volontiers. Quant au titre, il me semble un peu de fantaisie. Peut-être veut-il dire que les hasards de la guerre rendent notre jugement incertain. Au reste, nous avons vu déjà qu'il arrive à Montaigne de mettre un titre, et puis de l'oublier pour parler d'autre chose.

CHAPITRE XLVIII.

DES DESTRIERS.

Me voicy devenu grammairien, moi qui n'apprins iamais langue que par routine, et qui ne sçais encores que c'est d'adiectif, coniunctif, et d'ablatif. Il me semble avoir ouï dire que les Romains avoient des chevaux qu'ils appeloient *funales*, ou *dextrarios*, qui se menoient à dextre, ou à relais, pour les prendre touts frais au besoing : et de là vient que nous appellons *destriers* les chevaux de service; et nos romans disent ordinairement, adestrer, pour *accompaigner*. Ils appelloient aussi *desultorios equos*, des chevaux qui estoient dressez de façon que, courants de toute leur roideur, accouplez coste à coste l'un de l'aultre, sans bride, sans selle, les gentilshommes romains, voire touts armez, au milieu de la course se iectoient et reiectoient de l'un à l'aultre. Les Numides gendarmes menoient en main un second cheval, pour changer au plus chauld de la meslee.....

Je transcris une note de l'excellente édition que que j'ai sous les yeux : « Le mot *dextrarios*, dont on » a fait *destriers*, est un mot du moyen âge. Nous » remarquerons, à propos de ce mot, que la distinc- » tion profonde qui séparait les hommes en deux » classes s'étendait jusqu'aux animaux. Il y avait des » chevaux nobles et des chevaux roturiers. Les pre- » miers, qui servaient à la guerre, à la chasse et aux » tournois, occupations exclusives des seigneurs, se » trouvaient, par cet exercice même, anoblis comme » eux. On les nommait *destriers, palefrois, haquenées*. » Les seconds, qui portaient le bât et tiraient la » charrue, se nommaient des *sommiers* ou des *ron-* » *sins*. Leur assimilation aux serfs était si complète, » qu'ils devaient comme eux le service féodal, le » service à *ronsin*. »

Il s'agit encore dans ce chapitre de guerre, de combats, et du noble rôle que le cheval y joue :

Il se treuve plusieurs chevaux dressez à secourir leur maistre, courir sus à qui leur presente une espee nue, se iecter, des pieds et des dents; sur ceulx qui les attaquent et affrontent.....

On lit en effet dans l'histoire de France qu'à la bataille de Fornoue le cheval de Charles VIII défendit des pieds et des dents son maître entouré d'ennemis de tous côtés.

Au collége, nous apprenions par cœur la belle description de Buffon :

« Aussi intrépide que son maître, le cheval voit le » péril et l'affronte; il se fait au bruit des armes, » il l'aime, il le cherche, il s'anime de la même » ardeur..... »

Il était impossible qu'à propos de la plus noble conquête de l'homme, comme dit encore Buffon, Montaigne oubliât Bucéphale, le cheval d'Alexandre, mais je crois qu'il lui attribue à tort une tête *retirant à celle d'un taureau*. Bucéphale devait être un très-beau cheval; on ne se le figure pas autrement, et cette tête de taureau aurait singulièrement nui à sa beauté. On a dit avec plus de vraisemblance qu'il avait une petite tête de bœuf gravée sur la cuisse. Cela était assez en usage chez les Grecs.

On dict de Cæsar, et aussi du grand Pompeius, que parmy leurs aultres excellentes qualitez, ils estoient fort bons hommes de cheval; et de Cæsar, qu'en sa ieunesse, monté à dos sur un cheval, et sans bride, il luy faisoit prendre carriere, les mains tournees derriere le dos.

Sans se comparer tout à fait à César, Montaigne nous dit qu'il est bon cavalier :

Ie ne desmonte pas volontiers quand ie suis à cheval; car c'est l'assiette en laquelle ie me treuve le mieulx, et sain, et malade. Platon la recommende pour la santé; aussi dict Pline qu'elle est salutaire à l'estomach et aux ioinctures.

On lit en Xenophon la loy deffendant de voyager à pied à homme qui eust cheval.

Cette loi était en vigueur environ cinq cents ans avant notre ère, et ne peut s'appliquer qu'à une haute antiquité, vu les changements notables qui ont eu lieu depuis.

Trogus et Iustinus disent que les Parthes avoient accoustumé de faire à cheval, non seulement la guerre, mais aussi touts leurs affaires publicques et privez, marchander, parlementer, s'entretenir et se promener; et que la plus notable difference des libres et des serfs, parmy eulx, c'est que les uns vont à cheval, les aultres à pied : institution nee du roy Cyrus.

Le grand Seigneur ne permet auiourd'huy, ny à un chrestien, ny à un iuif, d'avoir cheval à soy, soubs son empire.

Le Grand Seigneur est devenu plus accommodant; il permet maintenant le cheval et même la voiture.

Plus loin Montaigne dit qu'il espère qu'on renoncera à l'usage des armes à feu, parce qu'elles sont de trop peu d'effet :

..... Ie conseillerois de choisir les armes les plus courtes, et celles de quoy nous nous pouvons le mieulx respondre. Il est bien plus apparent de s'asseurer d'une espee que nous tenons au poing, que du boulet qui eschappe de nostre pistole, en laquelle il y a plusieurs pieces, la pouldre, la pierre, le rouet, desquelles la moindre qui vienne à faillir vous fera faillir vostre fortune. On assene peu seurement le coup que l'air vous conduict :

> Et, quo ferre velint, permittere vulnera ventis :
> Ensis habet vires : et gens quæcumque virorum est,
> Bella gerit gladiis [1].

Mais quant à cette arme là, i'en parleray plus amplement, où ie feray comparaison des armes anciennes aux nostres; et, sauf l'estonnement des aureilles, à quoy desormais chascun est apprivoisé, ie crois que c'est une arme de fort peu d'effect, et espere que nous en quitterons un iour l'usage.

[1] .... Lorsqu'on s'en rapporte aux vents du soin de porter les coups au hasard; l'épée est puissante, et toutes les nations valeureuses combattent avec le glaive. LUCAIN.

Il s'en faut que cette espérance se soit réalisée. C'est le contraire. Mais du moins Montaigne ne pourrait dire aujourd'hui que les armes à feu ne font point d'effet. Les perfectionnements réalisés de nos jours, il faut bien appeler cela des perfectionnements, les canons rayés, les fusils nouveaux, lui donneraient toutes les satisfactions possibles sur ce point.

Montaigne regarde les Français comme des premiers écuyers du monde. Je ne sais si nous avons conservé cette supériorité, et j'avoue que cela m'intéresse peu. Mais j'ai vu plus d'une fois, dans les cirques, faire des tours d'agilité assez semblables à ceux dont parle Montaigne à la fin de ce chapitre :

On a veu de mon temps, à Constantinople, deux hommes sur un cheval, lesquels, en sa plus roide course, se reiectoient, à tours, à terre, et puis sur la selle; et un qui. seulement des dents, bridoit et enharnachoit son cheval : un aultre qui, entre deux chevaux, un pied sur une selle, l'aultre sur l'aultre, portant un second sur ses bras, picquoit à toute bride; ce second, tout debout sur luy, tirant en la course, des coups bien certains de son arc : plusieurs qui, les iambes contremont, donnoient carriere, la teste plantee sur leurs selles entre les poinctes des cimeterres attachez au harnois. En mon enfance, le prince de Sulmone, à Naples, maniant un rude cheval de toute sorte de maniements, tenoit soubs ses genouils et soubs ses orteils, des reales, comme si elles y eussent esté clouees, pour montrer la fermeté de son assiette.

C'est là certainement un modèle du genre descriptif. Ce style, quoique d'une rare souplesse, sent le travail, mais un travail auquel Montaigne a dû se complaire. Je ne doute pas que ce quarante-huitième chapitre ne lui ait pris beaucoup de temps, et n'ait subi de nombreuses retouches avant d'être livré à l'impression.

CHAPITRE XLIX.

COUSTUMES ANCIENNES.

Coustumes anciennes, dit Montaigne ; mais ce sont les coutumes de son temps qui sont anciennes, et très-anciennes à présent, et les nôtres même ne tarderont pas à le devenir, tout en nous survivant. Tant est petite la place que nous occupons, pendant quelques instants à peine, sur cette vaste scène du monde où se joue toujours à peu près la même pièce, avec des décors et des acteurs sans cesse nouveaux !

A propos du vêtement, Montaigne se moque avec

esprit des caprices de la mode, et se plaint de ce qu'on change *d'opinion et d'advis touts les mois.*

Quand nostre peuple portoit le busc de son pourpoinct entre les mammelles, il maintenoit, par vifves raisons, qu'il estoit en son vray lieu : quelques annees aprez, le voylà avalé iusques entre les cuisses; il se mocque de son aultre usage, le treuve inepte et insupportable. La façon de se vestir presente luy faict incontinent condamner l'ancienne, d'une resolution si grande et d'un consentement si universel, que vous diriez que c'est quelque espece de manie qui luy tourneboule ainsi l'entendement. Parce que nostre changement est si subit et si prompt en cela, que l'invention de touts les tailleurs du monde ne sçauroit fournir assez de nouvelletez, il est force que bien souvent les formes mesprisees reviennent en credit, et celles là mesmes tumbent en mespris tantost aprez; et qu'un mesme iugement prenne, en l'espace de quinze ou vingt ans, deux ou trois, non diverses seulement, mais contraires opinions, d'une inconstance et legiereté incroyable. Il n'y a si fin entre nous, qui ne se laisse embabouiner de cette contradiction, et esblouïr tant les yeulx internes que les externes insensiblement.

Ce chapitre est une revue rapide d'anciens usages. Quelques-uns concernent les détails les plus intimes de la vie privée, et j'éprouve ici quelque embarras. Montaigne ne se gêne pas pour appeler les choses par leur nom. J'hésite; je citerai un peu trop, peut-être, et cependant je ne citerai pas tout.

Ie veulx ici entasser aulcunes façons anciennes que i'ay en memoire, les unes de mesme les nostres, les aultres differentes; à fin qu'ayant en l'imagination cette continuelle variation des choses humaines, nous en ayons le iugement plus esclaircy et plus ferme.....

Aux bains, que les anciens prenoient touts les iours avant le repas, et les prenoient aussi ordinairement que nous faisons de l'eau à laver les mains, ils ne se lavoient du commencement que les bras et les iambes; mais depuis, et d'une coustume qui a duré plusieurs siecles et en la pluspart des nations du monde, ils se lavoient tout nuds d'eau mixtionnee et parfumee, de maniere qu'ils employoient pour tesmoignage de grande simplicité, de se laver d'eau simple. Les plus affettez et delicats se parfumoient tout le corps bien trois ou quatre fois par iour. Ils se faisoient souvent pinceter tout le poil, comme les femmes françoises ont prins en usage, depuis quelque temps, de faire leur front..... Ils mangeoient couchez sur des licts, à peu prez en mesme assiette que les Turcs de nostre temps..... Ils baisoient les mains aux grands, pour les honnorer et caresser. Et entre les amis, ils s'entrebaisoient, en se saluant, comme font les Venitiens... et touchoient aux genouils pour requerir et saluer un grand..... Ils mangeoient, comme nous, le fruict à l'issue de la table. Ils se torchoient le cul (il faut laisser aux femmes cette vaine superstition des parolles) avecques une esponge; voylà pourquoy *spongia* est un mot obscœne en latin : et estoit cette esponge attachee au bout d'un baston.....

Voilà des *parolles* terriblement gauloises! Après tout, prenons cela comme un document historique. Il n'y avait pas de journaux dans ce temps-là. Comment faisait-on? Montaigne nous le dit. Il aime assez à dire de ces choses-là. On lui a vivement reproché *ses saletés*. Eh! mon Dieu! on a fait ce reproche à Molière, à mon avis, avec une injuste sévérité. Voltaire use largement *des saletés* dans *Candide*, et *Candide* n'en est pas moins un chef-d'œuvre. Et maintenant, j'en demande pardon aux délicats, mais si, dans cette étude, j'émonde les citations de tout gros mot, ce sera un faux Montaigne que je présenterai au lecteur, et je désire, au contraire, le présenter, le plus possible, tel qu'il est.

Revenons aux Romains :

Il y avoit aux carrefours à Rome des vaisseaux et demy-cuves pour y apprester à pisser aux passants :

> Pusi sæpe lacum propter, se, ac dolia curta,
> Somno devincti, credunt extollere vestem [1].

Ils faisoient collation entre les repas. Et y avoit en esté des vendeurs de neige pour refreschir le vin; et y en avoit qui se servoient de neige en hyver, ne trouvants pas le vin encore lors assez froid. Les grands avoient leurs eschansons et trenchants; et leurs fols pour leur donner du plaisir. On leur servoit en hyver la viande sur les fouyers qui se portoient sur la table; et avoient des cuisines portatives,

[1] Les petits enfants endormis croient souvent lever leur robe pour uriner dans les réservoirs publics destinés à cet usage. LUCRÈCE.

comme i'en ay veu, dans lesquelles tout leur service se traisnoit aprez eulx... Et en esté, ils faisoient souvent, en leurs salles basses, couler de l'eau fresche et claire dans des canaux au dessoubs d'eulx, où il y avoit force poisson en vie, que les assistants choisissoient et prenoient en la main, pour le faire apprester, chascun à son goust. Le poisson a tousiours eu ce privilege, comme il a encores, que les grands se meslent de le sçavoir apprester; aussi en est le goust beaucoup plus exquis que de la chair, au moins pour moy. Mais en toute sorte de magnificence, desbauche, et d'inventions voluptueuses, de mollesse et de sumptuosité, nous faisons à la verité ce que nous pouvons pour les egualer (car nostre volonté est bien aussi gastee que la leur); mais nostre suffisance n'y peult arriver : nos forces ne sont non plus capables de les ioindre en ces parties là vicieuses, qu'aux vertueuses; car les unes et les aultres partent d'une vigueur d'esprit qui estoit sans comparaison plus grande en eulx qu'en nous : et les ames, à mesure qu'elles sont moins fortes, elles ont d'autant moins de moyen de faire ny fort bien ny fort mal.

Nous retrouvons là Montaigne avec la profondeur de sa pensée.

..... Les dames, estant aux estuves, y recevoient quand et quand des hommes; et se servoient là mesme de leurs valets à les frotter et oindre.....

Les dames argiennes et romaines portoient le dueil blanc, comme les nostres avoient accoustumé, et debvoient continuer de faire, si i'en estois creu. Mais il y a des livres entiers faicts sur cet argument.

CHAPITRE L.

DE DEMOCRITUS ET HERACLITUS.

A la troisième page de ce chapitre, nous trouverons une sortie violente contre le jeu d'échecs. Montaigne, qui en vérité a parlé de tout, dit que ce jeu exige une application trop grande, une trop sérieuse attention. Il ne lui paraît pas raisonnable de faire un pareil emploi des forces de l'intelligence.

..... Quelle chorde de son esprit ne touche et n'employe ce niais et puerile ieu? Ie le hais et fuys de ce qu'il n'est pas assez ieu, et qu'il nous esbat trop serieusement, ayant honte d'y fournir l'attention qui suffiroit à quelque bonne chose..... Voyez combien nostre ame trouble cet amusement ridicule..... Ie ne me veois et retaste plus universellement en nulle aultre posture : quelle passion ne nous y exerce? la cholere, le despit, la hayne, l'impatience, et une vehemente ambition de vaincre en chose en laquelle il seroit plus excusable de se rendre ambitieux d'estre vaincu; car la precellence rare, et au dessus du commun, messied à un homme d'honneur en chose frivole.

Montaigne se fâche bien fort et prend la chose bien au sérieux! C'est une boutade, rien de plus, et le jeu d'échecs n'en est pas mort. Il me semble même que, sans fatiguer l'intelligence, qui se repose ainsi d'occupations plus sérieuses encore, il en use infiniment mieux avec elle que le lansquenet ou le baccarat.

Je ferai remarquer, en passant, le mot *précellence,* qui me plaît beaucoup.

A la quatrième page seulement, Montaigne dit quelques mots de Démocrite et d'Héraclite. Il donne toute préférence à Démocrite.

C'était aussi l'avis de Beaumarchais, esprit brillant et frondeur, qui est bien un peu de l'école de Montaigne : « Je m'empresse de rire de tout, de peur » d'être obligé d'en pleurer, » dit Figaro au comte Almaviva.

Democritus et Heraclitus ont esté deux philosophes, desquels le premier, trouvant vaine et ridicule l'humaine condition, ne sortoit en publicque qu'avecques un visage mocqueur et riant; Heraclitus, ayant pitié et compassion de cette mesme condition nostre, en portoit le visage continuellement triste, et les yeulx chargez de larmes. I'aime mieulx la premiere humeur; non parce qu'il est plus plaisant de rire que de plorer, mais parce qu'elle est plus desdaigneuse, et qu'elle nous condamne plus que l'aultre; et il me semble que nous ne pouvons iamais estre assez mesprisez selon nostre merite.

CHAPITRE LI.

DE LA VANITÉ DES PAROLLES.

Montaigne n'aime pas les orateurs politiques, et croit que pour être *en un estat bien réglé,* les nations n'ont rien de mieux à faire que de s'en passer. Il leur reproche assez justement de grossir sans cesse les proportions de toute chose, et de faire profession *d'un'art piperesse et mensongiere :*

Un rhetoricien du temps passé disoit que son mestier estoit, « De choses petites, les faire paroistre et trouver grandes..... »

Les republiques qui se sont maintenues en un estat réglé et bien policé, comme la cretense ou lacedemonienne, elles n'ont pas faict grand compte d'orateurs. Ariston definit sagement la rhetorique, « Science à persuader le peuple »; Socrates, Platon, « Art de tromper et de flatter..... »

C'est un util inventé pour manier et agiter une tourbe et une commune desreglee; et est util qui ne s'employe qu'aux estats malades, comme la medecine. En ceulx où le vulgaire, ou les ignorants, ou touts, ont tout peu, comme celuy d'Athenes, de Rhodes et de Rome, et où les choses ont esté en perpetuelle tempeste, là ont afflué les orateurs.....

L'eloquence a flori le plus à Rome lorsque les affaires ont esté en plus mauvais estat, et que l'orage des guerres civiles les agitoit : comme un champ libre et indompté porte les herbes plus gaillardes. Il semble par là que les polices qui despendent d'un monarque en ont moins besoing que les aultres : car la bestise et facilité qui se treuve en la commune, et qui la rend subiecte à estre maniee et contournee par les aureilles au doulx son de cette harmonie, sans venir à poiser et cognoistre la verité des choses par la force de raison; cette facilité, dis ie, ne se treuve pas si ayseement en un seul, et est plus aysé de le garantir, par bonne institution et bon conseil, de l'impression de cette poison.....

Je ne voudrais pas faire abus d'actualité en dirigeant presque constamment cette étude vers les choses qui se passent sous nos yeux. Mais je demande si Montaigne n'aurait pas encore plus raison aujourd'hui que de son temps, et si, pour me servir du rapprochement qu'il fait, les orateurs politiques s'entendent mieux à guérir les États malades que les médecins à guérir leurs clients. Je pencherais du côté des médecins; quoi qu'en dise Molière, nous ne mourons pas tous de leurs remèdes.

Montaigne, en finissant, reproche à son siècle l'abus des titres superbes et des surnoms glorieux. Nous en sommes encore là, et c'est exactement de même aujourd'hui. Qu'ai-je entendu un bon nombre de fois, non sans hausser légèrement les épaules, dans des sociétés plus ou moins savantes, plus ou moins bienfaisantes, plus ou moins moralisantes, toujours parfaites quant au but, souvent défectueuses quant aux moyens, qu'ai-je entendu dire à de jeunes orateurs qui venaient là s'essayer : *Quand notre éminent collègue, etc., etc... Après que notre illustre secrétaire, etc., etc... Lorsque notre célèbre président, etc., etc...* Le garçon tailleur qui appelle M. Jourdain *mon gentilhomme, monseigneur* et *Votre Grandeur* n'est pas plus poli.

Enfin Montaigne ne pardonne pas aux Italiens d'avoir *estrené l'Arétin* du surnom de *divin*. L'idée est drôle en effet. *Il divino Aretino !* Était-ce pour avoir fait des comédies et des satires parfaitement obscènes, ou bien pour avoir paraphrasé les sept psaumes de la pénitence? Car le divin Arétin faisait un peu de tout. Quelqu'un qui a dû être très-mécontent de cet hommage immérité rendu au poëte italien, c'est le divin Platon.

Voici la dernière phrase de ce chapitre :

Et le surnom de Grand, nous l'attachons à des princes qui n'ont rien au dessus de la grandeur populaire.

CHAPITRE LII.

DE LA PARCIMONIE DES ANCIENS.

Chapitre très-court. Une page et demie seulement :

Attilius Regulus, general de l'armee romaine en Afrique, au milieu de sa gloire et de ses victoires contre les Carthaginois, escrivit à la chose publicque qu'un valet de labourage, qu'il avoit laissé seul au gouvernement de son bien, qui estoit en tout sept arpents de terre, s'en estoit enfuy, ayant desrobé ses utils à labourer; et demandoit congé pour s'en retourner et y pourveoir, de peur que sa femme et ses enfants n'en eussent à souffrir. Le senat pourveut à commettre un aultre à la conduicte de ses biens, et lui feit restablir ce qui lui avoit esté desrobé, et ordonna que sa femme et enfants seroient nourris aux despens du publicque.

Le vieux Caton, revenant d'Espaigne consul, vendit son cheval de service pour espargner l'argent qu'il eust cousté à le ramener par mer en Italie; et, estant au gouvernement de Sardaigne, faisoit ses visitations à pied, n'ayant avecques luy aultre suitte qu'un officier de la chose publicque qui lui portoit sa robbe et un vase à faire des sacrifices; et le plus souvent il portoit sa male luy mesme. Il se vantoit de n'avoir iamais eu robbe qui eust cousté plus de dix escus, ny avoir envoyé au marché plus de dix sols pour un iour; et de ses maisons aux champs, qu'il n'en avoit aulcune qui feust crepie et enduite par dehors.....

CHAPITRE LIII.

D'UN MOT DE CÆSAR.

Il s'agit d'une phrase extraite des Commentaires sur la guerre civile et que Montaigne a traduite ainsi : « Il se faict, par un vice ordinaire de nature, que nous » ayons et plus de fiance et plus de crainte des choses » que nous n'avons pas veu, et qui sont cachees et » incognues. » Cette phrase est précédée des réflexions suivantes :

Si nous nous amusions par fois à nous considerer; et le temps que nous mettons à contrerooller aultruy, et à cognoistre les choses qui sont hors de nous, que nous l'employissions à nous sonder nous mesmes, nous sentirions ayseement combien toute cette nostre contexture est bastie de pieces foibles et desfaillantes. N'est ce pas un singulier tesmoignage d'imperfection, ne pouvoir r'asseoir nostre contentement en aulcune chose; et que, par desir mesme et imagination, il soit hors de nostre puissance de choisir ce qu'il nous fault.....

Nostre appetit est irresolu et incertain ; il ne sçait rien tenir ny rien iouïr de bonne façon. L'homme estimant que ce soit le vice de ces choses qu'il tient, se remplit et se paist d'aultres choses qu'il ne sçait point et qu'il ne cognoist point, où il applique ses desirs et ses esperances.....

Et cela sera toujours, parce que c'est inhérent à la nature humaine, à l'espèce. Or le progrès de l'espèce est une utopie, et la plus belle morale du monde n'y pourra jamais rien.

CHAPITRE LIV.

DES VAINES SUBTILITEZ.

Je passe ce que dit Montaigne des vaines subtilités, pour ne citer que deux courts fragments.

Le premier sur la poésie. C'est très-finement observé :

La poësie populaire et purement naturelle a des naïfvetez en graces, par où elle se compare à la principale beauté de la poësie parfaicte, selon l'art; comme il se veoid ez villanelles de Gascoigne, et aux chansons qu'on nous rapporte des nations qui n'ont cognoissance d'aulcune science, ny mesme d'escripture : la poësie mediocre, qui s'arreste entre deux, est desdaignee, sans honneur et sans prix.

C'était la première fois que ce mot de *poésie*

populaire paraissait dans notre langue. Le mot est heureux et fait honneur à Montaigne.

Le second fragment, six lignes seulement, qui termine le chapitre, présente un vif intérêt en nous donnant l'opinion de Montaigne sur son propre livre :

..... Que si ces Essais estoient dignes qu'on en iugeast, il en pourroit advenir, à mon advis, qu'ils ne plairoient gueres aux esprits communs et vulgaires, ny gueres aux singuliers et excellents; ceulx là n'y entendroient pas assez; ceulx cy y entendroient trop : ils pourroient vivoter en la moyenne region.

CHAPITRE LV.

DES SENTEURS.

Après avoir dit, d'après Plutarque, *qu'Alexandre le Grand espandoit une odeur suave, par quelque rare et extraordinaire complexion,* ce qui n'est, bien sûr, qu'une abominable flatterie, Montaigne pense que le mieux encore est d'être exempt de toute senteur, et fait cette citation de Plaute : *Mulier tum bene olet, ubi nihil.* « La plus exquise senteur d'une femme,

» c'est de ne sentir rien. » C'est très-vrai. Nous sommes tous d'accord avec Plaute et Montaigne sur ce point.

Et les bonnes senteurs estrangieres, on a raison de les tenir pour suspectes à ceulx qui s'en servent, et d'estimer qu'elles soyent employees pour couvrir quelque default naturel de ce costé là.....

Les medecins pourroient, ce crois ie, tirer des odeurs plus d'usage qu'ils ne font; car i'ay souvent apperceu qu'elles me changent, et agissent en mes esprits, selon qu'elles sont : qui me faict approuver ce qu'on dict, que l'invention des encens et parfums aux eglises, si ancienne et si espandue en toutes nations et religions, regarde à cela, de nous resiouïr, esveiller et purifier le sens, pour nous rendre plus propres à la contemplation.....

Montaigne ne pouvait supporter les mauvaises odeurs, qu'*il tiroit,* nous dit-il, *de plus loing que tout aultre :*

Le principal soing que i'aye à me loger, c'est de fuyr l'air puant et poisant. Ces belles villes, Venise et Paris, alterent la faveur que ie leur porte, par l'aigre senteur, l'une de son marais, l'aultre de sa boue.

CHAPITRE LVI.

DES PRIERES.

Montaigne parle avec un sentiment religieux, simple et vrai, de la plus belle prière qui existe au monde :

Ie ne sçais si ie me trompe; mais puisque, par une faveur particuliere de la bonté divine, certaine façon de priere nous a esté prescripte et dictee mot à mot par la bouche de Dieu, il m'a tousiours semblé que nous en debvions avoir l'usage plus ordinaire que nous n'avons; et, si i'en estois creu, à l'entree et à l'issue de nos tables, à nostre lever et coucher, et à toutes actions particulieres auxquelles on a accoustumé de mesler des prières, ie vouldrois que ce feust le Patenostre que les chretiens y employassent, sinon seulement, au moins tousiours. L'Eglise peult estendre et diversifier les prieres, selon le besoing de nostre instruction; car ie sçais bien que c'est tousiours mesme substance et mesme chose : mais on debvoit donner à celle là ce privilege, que le peuple l'eust continuellement en la bouche : car il est certain qu'elle dict tout ce qu'il fault, et qu'elle est trespropre à toutes occasions. C'est l'unique priere de quoy ie me sers partout, et la repete au lieu d'en changer : d'où il advient que ie n'en ay aussi bien en memoire que celle là.

Saint Augustin a dit, avec une raison profonde,

qu'il ne nous est pas permis de demander à Dieu autre chose que ce qui est écrit dans cette prière. Et, en effet, quel abus ne fait-on pas chaque jour et partout de demandes de toutes sortes adressées au Créateur ! Mais laissons parler Montaigne :

I'avois presentement en la pensee, d'où nous venoit cette erreur, de recourir à Dieu en touts nos desseings et entreprinses, et l'appeller à toute sorte de besoing, et en quelque lieu que nostre foiblesse veult de l'aide, sans considerer si l'occasion est iuste ou iniuste; et de escrier son nom et sa puissance, en quelque estat et action que nous soyons, pour vicieuse qu'elle soit. Il est bien nostre seul et unique protecteur, et peult toutes choses à nous ayder; mais encores qu'il daigne nous honnorer de cette doulce alliance paternelle, il est pourtant autant iuste, comme il est bon et comme il est puissant : mais il use bien plus souvent de sa iustice que de son pouvoir, et nous favorise selon la raison d'icelle, non selon nos demandes.....

Sa iustice et sa puissance sont inseparables : pour neant implorons nous sa force en une mauvaise cause. Il fault avoir l'ame nette, au moins en ce moment au quel nous le prions, et deschargee de passions vicieuses; aultrement nous luy presentons nous mesmes les verges de quoy nous chastier : au lieu de rabiller nostre faulte, nous la redoublons, presentants, à celuy à qui nous avons à demander pardon, une affection pleine d'irreverence et de haine. Voylà pourquoy ie ne loue pas volontiers ceulx que ie veois prier Dieu plus souvent et plus ordinairement, si les actions voisines de la priere ne me tesmoignent qeulque amendement et reformation..... Et l'assiette d'un homme meslant à une vie exsecrable la devotion, semble estre aulcunement plus condamnable que celle d'un homme conforme à soy, et dissolu partout.....

. .

Je ne sais trop dans quel sermon, parmi les plus remarquables, on trouverait mieux que les citations suivantes sur ce beau sujet de la prière :

Il y a, ce me semble en Xenophon, un tel discours où il montre que nous debvons plus rarement prier Dieu, d'autant qu'il n'est pas aysé que nous puissions si souvent remettre nostre ame en cette assiette reglee, reformee et devotieuse, où il fault qu'elle soit pour ce faire : aultrement nos prieres ne sont pas seulement vaines et inutiles, mais vicieuses. « Pardonne nous, disons nous, comme nous pardonnons à ceulx qui nous ont offensez » : que disons nous par là, sinon que nous luy offrons nostre ame exempte de vengeance et de rancune? Toutesfois nous invoquons Dieu et son ayde au complot de nos faultes et le convions à l'iniustice..... l'avaricieux le prie pour la conservation vaine et superflue de ses thresors; l'ambitieux, pour ses victoires et conduicte de sa fortune.....

Il est peu d'hommes qui osassent mettre en evidence les requestes secrettes qu'ils font à Dieu.....

..... Il n'est rien si aysé, si doulx et si favorable que la loy divine; elle nous appelle à soy, ainsi faultiers et detestables comme nous sommes; elle nous tend les bras, et nous reçoit en son giron pour vilains, ords et bourbeux que nous soyons et que nous ayons à estre à l'advenir : mais encores, en recompense, la fault il regarder de bon œil; encores fault il recevoir ce pardon avec action de graces; et au moins, pour cet instant que nous nous adressons à elle, avoir l'ame desplaisante de ses faultes et ennemie des passions qui nous ont poulsé à l'offenser.

Dans cette fin de chapitre, qui est comme une admirable péroraison, Montaigne n'est pas resté au-dessous des maîtres de l'éloquence sacrée. Certes ces belles pensées, ce langage si pur et si élevé, ne sont pas d'un homme irréligieux, ainsi que l'ont prétendu avec la rigueur la plus injuste les solitaires de Port-Royal. Il est à remarquer que Pascal, qui leur donne souvent raison contre Montaigne, n'en a pas moins trouvé bon de lui faire de nombreux emprunts. Du reste, s'il a dit beaucoup de mal des *Essais*, il en a dit aussi beaucoup de bien. Il y en a qui font pis : Voltaire, par exemple, s'est servi de Shakespeare et n'en a dit que du mal. Il est vrai que, dans ses ennuyeuses imitations, il a pris si peu à Shakespeare, qu'il n'avait que faire de lui en être reconnaissant.

CHAPITRE LVII.

DE L'AAGE.

On pourrait contester plusieurs des opinions émises dans ce chapitre. Mais la lecture en est très-agréable. Il est écrit dans ce langage expressif qui met toute la pensée dehors et où les choses sont plus entièrement dites qu'elles ne l'ont jamais été depuis. La langue du dix-septième siècle, la plus belle de notre littérature, la plus conforme aux lois éternelles du goût, devait nécessairement être limitée par ses qualités exquises d'harmonie, de pureté sévère et de concision. Aujourd'hui nous sommes diffus. Nos livres sont bavards; la phrase touffue les envahit, et nos seuls bons écrivains sont encore ceux qui, sans s'ingénier à chercher des formes nouvelles et à mettre vingt mots là où quatre suffiraient, suivent simplement les traditions des deux siècles derniers.

Montaigne fait l'éloge de la jeunesse, et il a bien raison. Il n'y a guère que cela de bon dans la vie. Mais n'est-ce pas aller trop loin que de prétendre que passé trente ans le déclin commence? C'est une erreur. Montaigne se prend pour exemple :

..... Quant à moy, ie tiens pour certain que, depuis cet aage, et mon esprit et mon corps ont plus diminué qu'augmenté, et plus reculé que advancé. Il est possible qu'à ceulx qui employent bien le temps, la science et l'experience croissent avecques la vie; mais la vivacité, la promptitude, la fermeté, et aultres parties bien plus nostres, plus importantes et essentielles, se fanissent et s'allanguissent.

Le corps, c'est possible ; mais l'esprit, incontestablement non. De plus, l'exemple est mal choisi. Montaigne avait plus de trente-cinq ans lorsqu'il commença ses *Essais*. Il y travaillait encore à cinquante-cinq ans, peu d'années avant sa mort, et ce livre a immortalisé son nom. Donc, il est permis de le croire, ce qu'il était avant trente ans ne vaut pas ce qu'il a été après.

FIN DU LIVRE PREMIER.

LIVRE SECOND.

CHAPITRE PREMIER.

DE L'INCONSTANCE DE NOS ACTIONS.

Il est vrai, comme le dit Montaigne au commencement de ce chapitre premier du livre second, que l'inconstance et l'irrésolution sont au nombre des défauts les plus communs et les plus apparents de notre nature. En ce moment j'ai peur, pour mon propre compte, que la constance ne me manque avant d'avoir achevé cette étude, que j'ai commencée avec une ardeur convaincue. Je suis incertain. A mesure que j'avance, je trouve la tâche plus difficile. Ce qui me déplaît surtout, c'est de placer à chaque instant ma faible prose près de celle d'un grand écrivain. Je serais tenté d'y renoncer, si je ne pensais rendre un léger service à quelques lecteurs peu familiarisés avec Montaigne, en les amenant ainsi à le connaître, d'une manière imparfaite sans doute, mais assez pour lui accorder leur juste et vive admiration.

Cette raison donnée, la seule qui me semble bonne, je reprends mes citations :

Il y a quelque apparence de faire iugement d'un homme par les plus communs traicts de sa vie; mais veu la naturelle instabilité de nos mœurs et opinions, il m'a semblé souvent que les bons aucteurs mesmes ont tort de s'opiniastrer à former de nous une constante et solide contexture : ils choisissent un air universel; et, suyvant cette image, vont rengeant et interpretant toutes les actions d'un personnage; et s'il ne les peuvent assez tordre, les renvoyent à la dissimulation.....

C'est là une observation très-juste. Mais l'auteur n'est pas seul blâmable; il cède au goût du lecteur à qui, même dans un récit historique, il faut présenter des personnages *d'une constante et solide contexture :* c'est un parti à prendre en commençant un portrait d'histoire. On fait choix du caractère, de la physionomie qu'on lui donnera, et, ce choix arrêté, il faut s'y tenir jusqu'à la fin. Au théâtre, cette condition s'impose impérieusement. Le public veut que dans une comédie, dans un drame, les personnages principaux soient, pour ainsi dire, tout d'une pièce. Bons ou méchants, il ne leur permet pas de changer. S'ils se démentent, il les siffle. Et pourtant le contraire se voit fréquemment dans la vie réelle, parce que Dieu n'a fait l'homme ni absolument bon, ni absolument méchant. Selon l'opinion de Montaigne, qui est la vraie, nous sommes un composé d'incessantes contradictions; et M. Prosper Mérimée a dit avec un parfait bon sens : « Rien n'est plus rare » qu'un caractère dont toutes les parties sont dans » un accord parfait. Tout est contradiction dans la » plupart des hommes, et il en est bien peu dont la » vie réponde aux projets qu'ils ont formés ou aux » espérances qu'ils ont fait concevoir. »

Nostre façon ordinaire, c'est d'aller aprez les inclinations de nostre appetit, à gauche, à dextre, contre mont, contre bas, selon que le vent des occasions nous emporte..... Ce que nous avons à cette heure proposé, nous le changeons tantost; et tantost encores retournons sur nos pas : ce n'est que bransle et inconstance :

> Ducimur, ut nervis alienis mobile lignum [1].

Nous n'allons pas; on nous emporte : comme les choses qui flottent, ores doulcement, ores avesques violence, selon que l'eau est ireuse ou bonasse..... Chasque iour, nouvelle fantaisie; et se meuvent nos humeurs avecques les mouvements du temps :

> Tales sunt hominum mentes, quali pater ipse
> Iuppiter auctiferas lustravit lumine terras [2].

[1] Nous nous laissons conduire comme l'automate qui suit la corde qui le dirige. HORACE.

[2] Les esprits des hommes sont tels qu'ils changent comme les jours que Jupiter envoie à la terre. CICÉRON, d'après Homère.

Nous flottons entre divers advis; nous ne voulons rien librement, rien absoluement, rien constamment.

Ce n'est pas merveille, dict un ancien, que le hazard puisse tant sur nous, puisque nous vivons par hazard. A qui n'a dressé en gros sa vie à une certaine fin, il est impossible de disposer les actions particulieres; il est impossible de renger les pièces, à qui n'a une forme du total en sa teste : à quoy faire la provision des couleurs, à qui ne sçait ce qu'il a à peindre? Aulcun ne faict certain desseing de sa vie, et n'en deliberons qu'à parcelles. L'archer doibt premierement savoir où il vise, et puis y accommoder la main, l'arc, la chorde, la flesche, et les mouvements : nos conseils fourvoyent, parce qu'ils n'ont pas d'adresse et de but : nul vent ne faict, pour celuy qui n'a point de port destiné.....

Nous sommes touts de lopins [1], et d'une contexture si informe et diverse, que chasque piece, chasque moment faict son ieu; et se treuve autant de difference de nous à nous mesmes, que de nous à aultruy.

CHAPITRE II.

DE L'YVROGNERIE.

Je citerai peu de chose de ce chapitre. Le sujet ne prête pas. Quand Montaigne nous dit que l'ivro-

[1] De morceaux.

gnerie est un vice grossier et brutal, et que « *le pire estat de l'homme, c'est où il perd la cognoissance et gouvernement de soy,* » il ne nous apprend rien et nous sommes un peu trop d'accord avec lui.

Toutefois l'antiquité avait beaucoup d'indulgence pour ce vice. Les exemples fameux ne manquent pas, et Montaigne en profite pour nous parler une fois de plus, comme il se complaît à le faire, des Grecs et des Romains :

Il est certain que l'antiquité n'a pas fort descrié ce vice : les escripts mesmes de plusieurs philosophes en parlent bien mollement; et, iusques aux stoïciens, il y en a qui conseillent de se dispenser quelquesfois à boire d'autant, et de s'enyvrer pour relascher l'ame..... Ce censeur et correcteur des aultres, Caton, a esté reproché de bien boire :

> Narratur et prisci Catonis
> Sæpe mero caluisse virtus [1].

Cyrus, roy tant renommé, allegue, entre ses aultres louanges pour se preferer à son frere Artaxerxes, qu'il sçavoit beaucoup mieulx boire que luy.....

Je retrouve ici ce qu'en d'autres termes me disait il y a longtemps un vieux médecin qui était plus

[1] On dit que la vertu du vieux Caton s'est quelquefois réchauffée dans le vin. HORACE.

encore mon ami que mon médecin. Et cette dernière condition est bonne. Qu'autant que possible votre médecin soit votre ami. Si par malheur vous en avez besoin, vous aurez moins de chance d'être traité comme un sujet n'inspirant, sauf quelques cas très-rares, qu'un bien faible intérêt :

I'ay ouï dire à Sylvius, excellent medecin de Paris, que, pour garder que les forces de nostre estomach ne s'apparessent, il est bon, une fois le mois, de les esveiller par cet excez et les picquer, pour les garder de s'engourdir.

Platon deffend aux enfants de boire vin avant dix huict ans, et avant quarante de s'enyvrer; mais, à ceulx qui ont passé les quarante, il pardonne de s'y plaire, et de mesler un peu largement en leurs convives l'influence de Dionysus, ce bon dieu qui redonne aux hommes la gayeté, et la ieunesse aux vieillards, qui adoucit et amollit les passions de l'ame, comme le fer s'amollit par le feu : et, en ses loix, trouve telles assemblees à boire utiles, pourveu qu'il y aye un chef de bande à les contenir et regler....; que le vin est capable de fournir à l'ame de la temperance, au corps de la santé. Toutesfois ces restrictions, en partie empruntees des Carthaginois, luy plaisent : Qu'on s'en espargne en expedition de guerre; Que tout magistrat et tout iuge s'en abstienne sur le poinct d'executer sa charge, et de consulter des affaires publicques; Qu'on n'y employe le iour, temps deu à d'aultres occupations, ny celle nuict qu'on destine à faire des enfants.

J'aime assez cette dernière recommandation du divin Platon.

Je voulais peu citer. Pourtant je ne puis omettre un admirable portrait du père de Montaigne. On croirait que Saint-Simon a puisé là. C'est la même manière, la même ordonnance de dessin. Il faut remarquer que dans les éditions que nous avons des Mémoires de Saint-Simon, l'orthographe et la ponctuation ont été corrigées, et que sous ce rapport Louis de Rouvray, duc de Saint-Simon, orthographiant comme ses aïeux pour ne pas déroger, se rapproche beaucoup de Montaigne. Enfin il avait dû lire les *Essais* avec une certaine préférence; car, très-froid pour les belles-lettres, il faisait ses lectures favorites des Mémoires particuliers sur l'histoire de France depuis le règne de François Ier. Mais cédons la place au portrait de Pierre Eyquem, écuyer, père de Michel Eyquem, seigneur de Montaigne.

C'est merveille des contes que i'ay ouï faire à mon père, de la chasteté de son siecle. C'estoit à luy d'en dire, estant tresadvenant, et par art et par nature, à l'usage des dames. Il parloit peu et bien; et si mesloit son langage de quelque ornement des livres vulgaires, sur tout espagnols; et entre les espagnols, luy estoit ordinaire celuy qu'ils nommoient *Marc Aurèle* [1]. Le port, il l'avoit d'une gra-

[1] *L'Horloge des Princes*, ou *le Marc Aurèle*, par Antoine Guevara.

vité doulce, humble et tresmodeste; singulier soing de l'honnesteté et decence de sa personne et de ses habits, soit à pied, soit à cheval : monstrueuse foy en ses paroles; et une conscience et religion, en general, penchant plustost vers la superstition que vers l'aultre bout : pour un homme de petite taille, plein de vigueur, et d'une stature droicte et bien proportionnee; d'un visage agreable, tirant sur le brun; adroict et exquis en touts nobles exercices..... Sur mon propos, il disoit qu'en toute une province, à peine y avoit il une femme de qualité, qui feust mal nommee; recitoit des estranges privautez, nommeement siennes, avec des honnestes femmes, sans souspeçon quelconque; et, de soy, iuroit sainctement estre venu vierge à son mariage; et si, c'estoit aprez avoir eu longue part aux guerres delà les monts, desquelles il nous a laissé un papier iournal de sa main, suyvant poinct par poinct ce qui s'y passa et pour le public, et pour son privé..... Revenons à nos bouteilles.....

Ce dernier trait, « *Revenons à nos bouteilles* », n'est-il pas d'une douce gaieté et d'une charmante bonhomie?

CHAPITRE III.

COUSTUME DE L'ISLE DE CEA.

Ce chapitre traite du suicide. Montaigne parle pour et contre; peut-être un peu plus pour que contre, et de vifs reproches lui ont été adressés à ce sujet. D'abord nous voyons que Montaigne ne fait guère autre chose sur toutes les questions. Puis, dans son esprit si souvent flottant, les sentiments chrétiens et sincèrement chrétiens, il est impossible d'en douter, se sont trouvés sur ce point en lutte avec une admiration excessive pour l'antiquité païenne, où le suicide était, dans beaucoup de cas, admis et même honoré. Les lois romaines reconnaissaient l'entière liberté de l'homme sur sa propre personne. C'est sous cette influence que Montaigne écrivait les lignes suivantes :

..... La mort est la recepte à touts maulx ; c'est un port tresasseuré, qui n'est iamais à craindre, et souvent à rechercher. Tout revient à un, que l'homme se donne sa fin, ou qu'il la souffre ; qu'il courre au devant de son iour, ou qu'il l'attende ; d'où qu'il vienne, c'est tousiours le sien : en quelque lieu que le filet se rompe, il y est tout ; c'est le bout de la fusee. La plus volontaire mort, c'est la plus belle. La vie despend de la volonté d'aultruy ; la mort, de la nostre. En aulcune chose nous ne debvons tant nous accommoder à nos humeurs qu'en celle-là. La reputation ne touche pas une telle entreprinse : c'est folie d'y avoir respect..... Aux plus fortes maladies, les plus forts remedes..... Dieu nous donne assez de congé, quand il nous met en tel estat, que le vivre est pire que le mourir.... . Comme ie n'offense les loix qui sont faictes contre les larrons, quand i'emporte le mien, et que ie coupe ma bourse ; ni des boutefeux, quand ie brusle mon bois :

aussi ne suis ie tenu aux loix faictes contre les meurtriers, pour m'estre osté ma vie.....

Mais à ces pensées évidemment empruntées au paganisme, voici ce que répond Montaigne, obéissant à la pensée bien plus élevée que le christianisme a fait dominer dans nos mœurs et dans nos lois :

..... Mais cecy ne s'en va pas sans contraste : car plusieurs tiennent, Que nous ne pouvons abandonner cette garnison du monde, sans le commandement exprez de celuy qui nous y a mis, et Que c'est à Dieu, qui nous a icy envoyez, non pour nous seulement, ouy bien pour sa gloire, et service d'aultruy, de nous donner congé quand il luy plaira, non à nous de le prendre : Que nous ne sommes pas nays pour nous, ains aussi pour nostre païs..... Il y a bien plus de constance à user la chaisne qui nous tient, qu'à la rompre, et plus d'espreuve de fermeté en Regulus qu'en Caton.....

Enfin Montaigne présente contre le suicide l'argument suivant qui est sans réplique et qui aurait dû, à mon avis, adoucir la sévérité avec laquelle certains passages de ce chapitre ont été jugés :

..... Touts les inconvenients ne valent pas qu'on veuille mourir pour les eviter : et puis, y ayant tant de soubdains changements aux choses humaines, il est malaysé à iuger à quel poinct nous sommes iustement au bout de nostre esperance.....

« Voilà sans contredit la plus forte raison contre

» le suicide, dit Servan; l'inconstance des choses » et l'inconstance humaine; car il peut arriver, ou » que les choses changent par rapport à l'homme, » ou que l'homme change par rapport aux choses, » et, dans les deux cas, le suicide est hors-d'œuvre. »

Je ne puis suivre Montaigne dans les nombreux exemples qu'il cite de cette sortie violente de la vie. J'en compte plus de trente; Cléomènes, Agis, Régulus, Caton, Cassius et Brutus; Sextilia, Sophronie et bien d'autres encore! Quel infatigable conteur que Montaigne! Et comme il faut toujours que le Gascon d'humeur gauloise montre le bout de l'oreille, il mêle à cette liste funèbre un épisode terriblement risqué. J'hésite un peu à le citer. Après tout, c'est de Montaigne, et le mot de la fin est tout à fait gai :

L'histoire ecclesiastique a en reverence plusieurs tels exemples de personnes devotes, qui appelerent la mort à garant contre les oultrages que les tyrans preparoient à leur religion et conscience. Pelagia et Sophronia, toutes deux canonisees, celle là se precipita dans la riviere avecques sa mère et ses sœurs, pour eviter la force de quelques soldats; et cette cy se tua aussi, pour eviter la force de Maxentius l'empereur.

Il nous sera à l'adventure honnorable aux siecles advenir, qu'un sçavant aucteur de ce temps, et notamment parisien, se mette en peine de persuader aux dames de nostre siecle de prendre plustost tout aultre party, que d'entrer en l'horrible conseil d'un tel desespoir. Ie suis marry qu'il n'a sceu, pour mesler à ses contes, le bon mot que i'apprins à Toulouse, d'une femme passee par les mains de quelques soldats : « Dieu soit loué! disoit elle, qu'au moins » une fois en ma vie ie m'en sois saoulee sans peché! »

CHAPITRE IV.

A DEMAIN LES AFFAIRES.

Montaigne, qui n'est jamais pressé et remet volontiers son sujet à demain, commence par faire l'éloge de Jacques Amyot, à qui il donne la palme *sur touts nos escrivains françois*. Ensuite il se sert, comme transition, d'une anecdote que lui fournit son grand pourvoyeur Plutarque pour en venir au titre de son chapitre.

Montaigne, tout en faisant l'aveu de sa nonchalance, ne veut pas qu'on remette les affaires à demain, surtout quand on occupe des fonctions publiques : *pour ne rompre son disner, voire ny son sommeil, il est inexcusable de le faire.*

Le vice contraire à la curiosité, c'est la nonchalance, vers laquelle ie penche evidemment de ma complexion, et en laquelle i'ay veu plusieurs hommes si extremes, que, trois ou quatre iours aprez, on retrouvoit encores en leur pochette les lettres toutes closes qu'on leur avoit envoyees. Ie n'en ouvris iamais, non seulement de celles qu'on m'eust commises, mais de celles mesmes que la fortune m'eust faict passer par les mains; et foys conscience si mes yeulx desrobbent, par mesgarde, quelque cognoissance des lettres d'importance qu'il lit quand ie suis à costé d'un grand. Iamais homme ne s'enquit moins et ne fureta moins ez affaires d'aultruy.

Pourquoi Montaigne nous dit-il qu'il n'ouvrit jamais une lettre qui n'était pas à son adresse? On était donc bien curieux de son temps! Peut-on se vanter de n'avoir jamais fait une chose qui est très-blâmable?

Du temps de nos peres, monsieur de Boutieres cuida perdre Turin pour, estant en bonne compaignie à souper, avoir remis à lire un advertissement qu'on luy donnoit des trahisons qui se dressoient contre cette ville, où il commandoit. Et ce mesme Plutarque m'a apprins que Iulius Cæsar se feust sauvé, si, allant au senat le iour qu'il y feut tué par les coniurez, il eust leu un memoire qu'on luy presenta : et faict aussi le conte d'Archias, tyran de Thebes, que, le soir, avant l'execution de l'entreprinse que Pelopidas avoit faicte de le tuer pour remettre son païs en liberté, il luy feut escript par un aultre Archias, Athenien, de poinct en poinct, ce qu'on luy preparoit; et que ce pacquet lui ayant esté rendu pendant son souper, il remeit à l'ouvrir, disant ce mot, qui depuis passa en proverbe en Grece : « A demain les affaires. »

CHAPITRE V.

DE LA CONSCIENCE.

La conscience est au-dessus de la volonté humaine. Personne n'en doute. Mais il y a une foule de gens qui l'ont mauvaise et qui n'en sont nullement troublés. La conscience! Le remords! Je ne voudrais pas me poser en philosophe morose qui ne voit partout que du mal; mais il me semble que ce sont là de vieux mots qui sont bons pour les livres de morale et n'ont presque plus d'emploi dans la vie pratique. Aussi ce cinquième chapitre est-il beaucoup trop classique pour notre temps. Il n'en commence pas moins par un récit excellemment fait :

Voyageant un iour, mon frere sieur de La Brousse et moy, durant nos guerres civiles, nous rencontrasmes un gentilhomme de bonne façon. Il estoit du party contraire au nostre; mais ie n'en sçavois rien, car il se contrefaisoit aultre : et le pis de ces guerres, c'est que les chartes sont si meslees, vostre ennemy n'estant distingué d'avecques vous d'aulcune marque apparente, ny de langage, ny de port, nourry en mesmes loix, mœurs et mesme air, qu'il est malaysé d'y eviter confusion et desordre. Cela me faisoit craindre à moy mesme de rencontrer nos troupes en lieu où ie ne feusse cogneu, pour n'estre en peine de dire mon nom, et de pis, à l'adventure, comme il m'estoit aultrefois advenu; car en un tel mescompte ie perdis et hommes et chevaux, et m'y tua lon miserablement, entre aultres, un page, gentilhomme italien, que ie nourrissois soigneusement, et feut esteincte en luy une tresbelle enfance et pleine de grande esperance. Mais cettuy cy en avoit une frayeur si esperdue, et ie le veoyois si mort, à chasque rencontre d'hommes à cheval et passage de villes qui tenoient pour le roy, que ie devinay enfin que c'estoient alarmes que sa conscience luy donnoit. Il sembloit à ce pauvre homme qu'au travers de son masque, et des croix de sa casaque, on iroit lire iusques dans son cœur ses secrettes intentions : tant est merveilleux l'effort de la conscience! Elle nous faict trahir, accuser et combattre nous mesmes, et, à faulte de tesmoing estrangier, elle nous produict contre nous.....

Plus loin Montaigne parle avec sa haute raison et son cœur plein d'humanité contre la torture, cette atrocité absurde qui ne disparut tout à fait de nos lois que sous le règne de Louis XVI.

C'est une dangereuse invention que celle des gehennes, et semble que ce soit plustost un essay de patience que de verité. Et celuy qui les peult souffrir cache la verité, et celuy qui ne les peult souffrir : car, pourquoy la douleur me fera elle plustost confesser ce qui en est, qu'elle ne me forcera de dire ce qui n'est pas? Et, au rebours, si celuy qui n'a pas faict ce de quoy on l'accuse, est assez patient pour supporter ces torments, pourquoy ne le sera celuy qui l'a faict, un si beau guerdon[1] que de la vie luy estant proposé? Ie pense que le fondement de cette invention vient de la consideration de l'effort de la conscience : car, au coupable, il semble qu'elle ayde à la torture pour luy faire confesser sa faulte, et qu'elle l'affoiblisse; et de l'aultre part, qu'elle fortifie l'innocent contre la torture. Pour dire vray, c'est un moyen plein d'incertitude et de dangier.....

Plusieurs nations, moins barbares en cela que la grecque et la romaine, qui les appellent ainsi, estiment horrible et cruel de tormenter et desrompre un homme, de la faulte duquel vous estes encores en doubte.

CHAPITRE VI.

DE L'EXERCITATION.

Le mot *exercitation* veut dire ici s'exercer à se familiariser avec la mort, « s'apprivoiser à elle ».

Nous en pouvons avoir experience, sinon entiere et parfaicte, au moins telle qu'elle ne soit pas inutile, et qui nous rende plus fortifiez et asseurez : si nous ne la pouvons ioindre, nous la pouvons approcher, nous la pouvons recognoistre, et si nous ne donnons iusques à son fort, au moins verrons nous et en practiquerons les advenues.

[1] Une si belle récompense....

Dans une des meilleures comédies de notre temps, un père qui marie sa fille s'écrie en lisant le contrat : « Mais on ne parle que de ma mort là dedans! » C'est un peu ce que je dirais en lisant ce sixième chapitre : « Mais on ne parle que de la mort là dedans! » Non pas que ce chapitre, qui a plus de vingt pages, ne contienne des parties très-remarquables, des traits excellents, comme celui-ci :

> Si ie me semblois bon et sage tout à fait, ie l'entonnerois à pleine teste; de dire moins de soy qu'il n'y en a, c'est sottise, non modestie.

Mais si je commence à citer, il me faudra citer beaucoup, et je préfère passer au chapitre suivant.

CHAPITRE VII.

DES RÉCOMPENSES D'HONNEUR.

Ceulx qui escrivent la vie d'Auguste Cæsar remarquent cecy, en sa discipline militaire, que des dons il estoit merveilleusement liberal envers ceulx qui le meritoient; mais que des pures recompenses d'honneur, il en estoit bien autant espargnant : si est ce qu'il avoit esté luy mesme gratifié par son oncle de toutes les recompenses militaires avant qu'il eust iamais esté à la guerre. Ç'a esté une belle invention, et receue en la pluspart des polices du monde, d'establir certaines marques vaines et sans prix pour en honorer et recompenser la vertu, comme sont les couronnes de laurier, de chesne, de meurte[1], la forme de certain vestement, le privilege d'aller en coche par ville, ou de nuict avecques flambeau, quelque assiette particuliere aux assemblees publicques, la prerogative d'aulcuns surnoms et tiltres, certaines marques aux armoiries, et choses semblables, de quoy l'usage a esté diversement receu selon l'opinion des nations, et dure encores.

Nous avons pour nostre part, et plusieurs de nos voisins, les ordres de chevalerie, qui ne sont establis qu'à cette fin. C'est, à la verité, une bien bonne et proufitable coustume de trouver moyen de recognoistre la valeur des hommes rares et excellents, et de les contenter et satisfaire par des payements qui ne chargent aulcunement le publicque, et qui ne coustent rien au prince. Et ce qui a esté tousiours cogneu par experience ancienne, et que nous avons aultrefois aussi peu veoir entre nous, que les gents de qualité avoient plus de ialousie de telles recompenses, que de celles où il y avoit du gaing et du proufit, cela n'est pas sans raison et grande apparence.

Il y a toujours eu, il y aura toujours des récompenses honorifiques, et dans leur distribution la part de la faveur sera toujours trop grande. Je ne veux pas dire que le vrai mérite soit oublié. Il a seulement l'ennui de n'être ni mieux ni moins bien traité qu'un grand nombre d'insignes nullités, et pis encore.

[1] De myrte.

CHAPITRE VIII.

DE L'AFFECTION DES PERES AUX ENFANTS.

..... S'il y a quelque loy vrayement naturelle, c'est à dire quelque instinct qui se veoye universellement et perpetuellement empreint aux bestes et en nous (ce qui n'est pas sans controverse), ie puis dire, à mon advis, qu'aprez le soing que chasque animal a de sa conservation et de fuyr ce qui nuit, l'affection que l'engendrant porte à son engeance tient le second lieu en ce reng. Et parce que nature semble nous l'avoir recommendee, regardant à estendre et faire aller avant les pieces successives de cette sienne machine, ce n'est pas merveille, si, à reculons, des enfants aux peres, elle n'est pas si grande : ioinct cette aultre consideration aristotelique, que celuy qui bien faict à quelqu'un l'aime mieulx, qu'il n'en est aimé; et celuy à qui il est deu aime mieulx, que celuy qui doibt.....

Dans cette considération aristotélique se trouve l'idée de l'une des plus jolies comédies de notre temps, *le Voyage de M. Perrichon :* « Retenez bien » ceci, dit l'un des personnages de la pièce à son » ami, les hommes ne s'attachent point à nous en » raison des services que nous leur rendons, mais » en raison de ceux qu'ils nous rendent. » Et cependant il est bien possible que l'auteur du *Voyage de M. Perrichon* n'ait pris l'idée de sa pièce ni dans les *Essais* de Montaigne ni dans la *Morale* d'Aristote, et qu'il fût lui-même tout surpris de l'y trouver. Cela arrive tous les jours, particulièrement au théâtre, où les idées générales sont les seules qu'on puisse traiter avec succès. Or les idées générales sont du domaine commun. Le grand art, celui de Molière, est de dire mieux que tout le monde ce que tout le monde pense:

Montaigne désire que tout en nous prêtant un peu *à la simple auctorité de nature,* nous ne nous laissions pas tyranniser par elle :

..... Ie ne puis recevoir cette passion de quoy on embrasse les enfants à peine encore nays, n'ayants ny mouvement en l'ame, ny forme recognoissable au corps, par où ils se puissent rendre aimables, et ne les ay pas souffert volontiers nourrir prez de moy. Une vraye affection et bien reglee debvroit naistre et s'augmenter avecques la cognoissance qu'ils nous donnent d'eulx; et lors, s'ils le valent, la propension naturelle marchant quand et quand la raison, les cherir d'une amitié vrayement paternelle : et en iuger de mesme, s'ils sont aultres : nous rendants tousiours à la raison, nonobstant la force naturelle.

C'est trop raisonner. Faut-il donc attendre pour aimer ses enfants? Est-il donc *nécessaire* de soumettre à l'examen de la froide raison les expansions plus ou moins hâtives de l'affection paternelle? Le philosophe prend là mal à propos la place du père; il nous fait froid au cœur, et je répondrai à ce passage de Montaigne par les beaux vers bien connus de Victor Hugo :

Il est si beau l'enfant avec son doux sourire,
Sa douce bonne foi, sa voix qui veut tout dire,
Ses pleurs vite apaisés,
Laissant errer sa vue étonnée et ravie,
Offrant de toutes parts sa jeune âme à la vie
Et sa bouche aux baisers.
Seigneur, préservez-moi, préservez ceux que j'aime;
Frères, parents, amis, et mes ennemis même,
Dans le mal triomphants,
De jamais voir, Seigneur, l'été sans fleurs vermeilles,
La cage sans oiseaux, la ruche sans abeilles,
La maison sans enfants!

Ce qui suit nous présente d'excellentes observations :

..... Quant à moy, ie treuve que c'est cruauté et iniustice de ne les recevoir au partage et société de nos biens, et compaignons en l'intelligence de nos affaires domestiques, quand ils en sont capables, et de ne retrencher et resserrer nos commoditez pour prouveoir aux leurs, puisque nous les avons engendrez à cet effect. C'est iniustice de veoir qu'un pere vieil, cassé et demy mort, iouïsse seul, à un coing du foyer, des biens qui suffiroient à l'advancement et entretien de plusieurs enfants, et qu'il les laisse ce pendant, par faulte de moyens, perdre leurs meilleures annees sans se poulser au service publicque et cognoissance des hommes. On les iecte au desespoir de chercher par quelque voye, pour iniuste qu'elle soit, à prouveoir à leur besoing.....

« Il y a d'étranges pères, a dit la Bruyère, dont » toute la vie ne semble occupée qu'à préparer à » leurs enfants des raisons de se consoler de leur » mort. »

Relisez les premières scènes de l'*Avare*, et, si vous le faites, il est probable que vous relirez la pièce entière. Combien cet intérieur de famille est triste et, pour ainsi dire, glacé par l'avarice d'Harpagon!

« Peut-on rien voir de plus cruel, dit Cléante à sa » sœur Élise, que cette rigoureuse épargne qu'on » exerce sur nous? que cette sécheresse étrange où » l'on nous fait languir? Hé! que nous servira d'avoir » du bien, s'il ne nous vient que dans le temps que » nous ne serons plus dans le bel âge d'en jouir; et » si, pour m'entretenir même, il faut que mainte» nant je m'engage de tous côtés; si je suis réduit, » avec vous, à chercher tous les jours le secours des » marchands pour avoir moyen de porter des habits » raisonnables... »

Nous avons vu tout à l'heure le sage Montaigne

s'envelopper dans certaines subtilités de moraliste en nous parlant de la première enfance. Mais on ne saurait douter de son cœur plein de bonté, et c'est avec un sentiment de douce sympathie qu'on l'écoute s'exprimer ainsi :

I'accuse toute violence en l'education d'une ame tendre, qu'on dresse pour l'honneur et la liberté. Il y a ie ne sçais quoy de servile en la rigueur et en la contraincte; et tiens que ce qui ne se peult faire par la raison, et par prudence et addresse, ne se faict iamais par la force. On m'a ainsin eslevé : ils disent qu'en tout mon premier aage, ie n'ay tasté des verges qu'à deux coups, et bien mollement. I'ay deu la pareille aux enfants que i'ay eu : ils me meurent touts en nourrice; mais Leonor, une seule fille qui est eschappee à cette infortune, a attainct six ans et plus, sans qu'on ayt employé à sa conduicte, et pour le chastiement de ses faultes pueriles (l'indulgence de sa mere s'y appliquant ayseement), aultre chose que parolles, et bien doulces.....

Montaigne veut que l'on se marie tard :

Ie me mariay à trente trois ans, et loue l'opinion de trente cinq, qu'on dict estre d'Aristote. Platon ne veult pas qu'on se marie avant les trente; mais il a raison de se mocquer de ceulx qui font les œuvres de mariage aprez cinquante cinq, et condamne leur engeance indigne d'aliment et de vie. Thales y donna les plus vrayes bornes; qui, ieune, respondit à sa mere, le pressant de se marier, « qu'il n'estoit pas temps: » et devenu sur l'aage, « qu'il n'estoit plus temps ». Il fault refuser l'opportunité à toute action importune.....

Montaigne veut aussi qu'une douce familiarité existe entre les pères et les enfants :

Ie veulx mal à cette coustume, d'interdire aux enfants l'appellation paternelle, et leur en enioindre une estrangiere, comme plus reverentiale, nature n'ayant volontiers pas suffisamment pourveu à nostre auctorité. Nous appellons Dieu tout puissant, Pere; et desdaignons que nos enfants nous en appellent : i'ay reformé cett' erreur en ma famille. C'est aussi folie et iniustice de priver les enfants, qui sont en aage, de la familiarité des peres, et vouloir maintenir en leur endroict une morgue austere et desdaigneuse, esperant par là les tenir en crainte et obeïssance : car c'est une farce tresinutile, qui rend les peres ennuyeux aux enfants, et, qui pis est, ridicules. Ils ont la ieunesse et les forces en la main, et par consequent le vent et la faveur du monde; et receoivent avec mocquerie ces mines fieres et tyranniques d'un homme qui n'a plus de sang ny au cœur ny aux veines; vrais espovantails de cheneviere. Quand ie pourrois me faire craindre, i'aimerois encores mieulx me faire aimer : il y a tant de sortes de defaults en la vieillesse, tant d'impuissance, elle est si propre au mespris, que le meilleur acquest qu'elle puisse faire, c'est l'affection et l'amour des siens; le commandement et la crainte, ce ne sont plus ses armes.....

Ici nous trouvons une peinture de maître. Il s'agit d'un vieillard colère qui croit être le maître dans sa maison et dont se moque tout ce qui l'entoure :

I'en ay veu quelqu'un, duquel la ieunesse avoit esté tresimperieuse; quand c'est venu sur l'aage, quoyqu'il le passe sainement ce qui se peult, il frappe, il mord, il iure, le plus tempestatif maistre de France; il se ronge de soing et de vigilance. Tout cela n'est qu'un bastelage, auquel la famille mesme complotte : du grenier, du cellier, voire et de sa bource, d'aultres ont la meilleure part de l'usage, ce pendant qu'il en a les clefs en sa gibbeciere, plus cherement que ses yeulx. Ce pendant qu'il se contente de l'espargne et chicheté de sa table, tout est en desbauche en divers reduicts de sa maison, en ieu, et en despense, et en l'entretien des contes de sa vaine cholere et pourvoyance. Chascun est en sentinelle contre luy. Si, par fortune, quelque chestif serviteur s'y addonne[1], soubdain il luy est mis en souspeçon, qualité à laquelle la vieillesse mord si volontiers de soy mesme. Quantes fois s'est il vanté à moy de la bride qu'il donnoit aux siens, et exacte obeïssance et reverence qu'il en recevoit; combien il veoyoit clair en ses affaires!

Ille solus nescit omnia[2].

Ie ne sçache homme qui peust apporter plus de parties, et naturelles et acquises, propres à conserver la maistrise, qu'il faict, et si en est descheu comme un enfant : partant l'ay ie choisy, parmy plusieurs telles conditions que ie cognois, comme plus exemplaire. Ce seroit matiere à une question scholastique, « s'il est ainsi mieulx, ou aultrement. » En presence, toutes choses luy cedent; et laisse lon ce vain cours à son auctorité, qu'on ne luy resiste iamais. On le croit, on le craint, on le respecte, tout son

[1] S'attache à lui.

[2] Il ignore, seul, tout ce qu'on a fait chez lui. TÉRENCE.

saoul. Donne il congé à un valet? il plie son paquet, le voylà party; mais hors de devant luy seulement : les pas de la vieillesse sont si lents, les sens si troublés, qu'il vivra et fera son office en mesme maison, un an, sans estre apperceu. Et quand la saison en est, on faict venir des lettres loingtaines, piteuses, suppliantes, pleines de promesses de mieulx faire : par où on le remet en grace. Monsieur faict il quelque marché ou quelque despesche qui desplaise? on la supprime, forgeant tantost aprez assez de causes pour excuser la faulte d'execution ou de response. Nulles lettres estrangieres ne luy estants premierement apportees, il ne veoid que celles qui semblent commodes à sa science. Si, par cas d'adventure, il les saisit, ayant en coustume de se reposer sur certaine personne de les luy lire, on y treuve sur le champ ce qu'on veult : et faict on, à touts coups, que tel luy demande pardon, qui l'iniurie par sa lettre. Il ne veoid enfin ses affaires que par une image disposee et desseignee et satisfactoire le plus qu'on peult, pour n'esveiller son chagrin et son courroux. I'ay veu, soubs des figures differentes, assez d'œconomies longues, constantes, de tout pareil effect.

Feu monsieur le mareschal de Montluc ayant perdu son fils, qui mourut en l'isle de Maderes, brave gentilhomme, à la verité, et de grande esperance, me faisoit fort valoir, entre ses aultres regrets, le desplaisir et crevecœur qu'il sentoit, de ne s'estre iamais communiqué à luy; et, sur cette humeur d'une gravité et grimace paternelle, avoir perdu la commodité de gouster et bien cognoistre son fils, et aussi de luy declarer l'extreme amitié qu'il luy portoit, et le digne iugement qu'il faisoit de sa vertu. « Et ce pau- » vre garson, disoit il, n'a rien veu de moy qu'une con-

» tenance renfrongnee et pleine de mespris; et a emporté » cette creance, que ie n'ay sçeu ny l'aimer ny l'estimer » selon son merite. A qui gardois ie à descouvrir cette sin- » guliere affection que ie luy portois dans mon ame? estoit » ce pas luy qui en debvoit avoir tout le plaisir et toute » l'obligation? Ie me suis contrainct et gehenné pour main- » tenir ce vain masque; et y ay perdu le plaisir de sa con- » versation, et sa volonté quand et quand, qu'il ne me peult » avoir portee aultre que bien froide, n'ayant iamais receu » de moy que rudesse, ny senty qu'une façon tyranni- » que. » Ie treuve que cette plaincte estoit bien prinse et raisonnable : car, comme ie sçais par une trop certaine experience, il n'est aulcune si doulce consolation en la perte de nos amis, que celle que nous apporte la science de n'avoir rien oublié à leur dire, et d'avoir eu avecques eulx une parfaicte et entiere communication.

« Je ne puis lire qu'avec les larmes aux yeux, a » dit madame de Sévigné, ce que le maréchal de » Montluc dit du regret qu'il a de ne s'être pas com- » muniqué à son fils, et de lui avoir laissé ignorer la » tendresse qu'il avoit pour lui. »

A propos de testament, Montaigne pense que pour *la plus saine distribution de nos biens,* le mieux est de se conformer à l'usage, et de ne pas donner dans les exceptions :

Les loix y ont mieulx pensé que nous; et vault mieulx les laisser faillir en leur eslection, que de nous hazarder de faillir temerairement en la nostre.

Le plaisant dialogue du legislateur de Platon avecques ses citoyens fera honneur à ce passage. « Comment doncques, disent ils, sentants leur fin prochaine, ne pourrons nous point disposer de ce qui est à nous à qui il nous plaira? O dieux! quelle cruauté, qu'il ne nous soit loisible, selon que les nostres nous auront servi en nos maladies, en nostre vieillesse, en nos affaires, de leur donner plus et moins, selon nos fantasies! » A quoy le legislateur respond en cette maniere : « Mes amis, qui avez sans doubte bientost à mourir, il est malaysé et que vous vous cognoissiez, et que vous cognoissiez ce qui est à vous, suyvant l'inscription delphique. Moi, qui foys les loix, tiens que ny vous n'estes à vous, ny n'est à vous ce que vous iouïssez. Et vos biens et vous estes à vostre famille, tant passee que future; mais encores plus sont au publicque et vostre famille et vos biens. Parquoy, de peur que quelque flatteur en vostre vieillesse ou en vostre maladie, ou quelque passion, vous solicite mal à propos de faire testament iniuste, ie vous en garderay : mais, ayant respect et à l'interest universel de la cité et à celuy de vostre maison, i'establiray des loix, et feray sentir, comme de raison, que la commodité particuliere doibt ceder à la commune. Allez vous en ioyeusement où la necessité humaine vous appelle. C'est à moy, qui ne regarde pas l'une chose plus que l'autre, qui, autant que ie puis, me soigne du general, d'avoir soucy de ce que vous laissez. »

Voilà un excellent morceau sur l'une des questions les plus importantes d'une bonne économie sociale, le droit de tester plus ou moins librement. Il me paraît juste que nous ne soyons pas les maîtres absolus de notre bien, et que la loi détermine, non-seulement la part des enfants et de la famille, mais aussi celle de l'État, qui représente l'intérêt commun. La commune, l'État, c'est la grande famille qui nous impose des devoirs de toutes sortes et dans laquelle l'intérêt particulier doit toujours céder à l'intérêt général.

J'aime beaucoup cette traduction de Platon. Est-elle fidèle? Par exemple, dans cette phrase : « *Allez* » *vous en joyeusement où la nécessité humaine vous* » *appelle* », ce mot *joyeusement* est-il de Montaigne ou de Platon? Joyeusement, c'est facile à dire! Je ne veux pas chercher; mais ce mot-là doit être de Montaigne.

A la fin de ce chapitre, Montaigne essaye de démontrer que les auteurs aiment leurs livres plus encore que les pères n'aiment leurs enfants. A l'appui de cette opinion, il cite de nombreux exemples d'une incontestable solidité, mais qui me semblent surtout prouver combien notre amour-propre est vaste et envahissant :

Or, à considerer cette simple occasion d'aimer nos enfants pour les avoir engendrez, pour laquelle nous les appellons aultres nous mesmes, il semble qu'il y ayt bien une aultre production venant de nous qui ne soit pas de moindre recommendation : car ce que nous engendrons par l'ame, les enfantements de nostre esprit, de nostre courage et suffisance, sont produicts par une plus noble partie que la corporelle, et sont plus nostres; nous sommes pere et mere ensemble en cette generation. Ceulx cy nous coustent bien plus cher, et nous apportent plus d'honneur, s'ils ont quelque chose de bon : car la valeur de nos aultres enfants est beaucoup plus leur que nostre, la part que nous y avons est bien legiere; mais de ceulx cy, toute la beauté, toute la grace et le prix, est nostre. Par ainsin, ils nous representent et nous rapportent bien plus vifvement que les aultres. Platon adiouste que ce sont icy des enfants immortels qui immortalisent leurs peres, voire et les deïfient, comme Lycurgus, Solon, Minos.

Puis Montaigne cite plusieurs auteurs qui n'ont pas voulu survivre à la destruction de leurs ouvrages condamnés à être brûlés. Pour ma part, je ne puis admettre que nous nous portions à de semblables excès de tendresse paternelle pour les productions de notre esprit, et, sans hésiter, je blâme Cremutius Cordus de s'être laissé mourir de faim parce que Tibère avait fait jeter ses écrits au feu; je blâme également Labiénus de s'être tué pour un motif pareil. Mais je trouve spirituel et hardi le trait de Cassius Severus, qui voyant brûler les livres de son ami Labiénus, criait *que, par mesme sentence, on le deb-* » *voit quand et quand condamner à estre bruslé tout* » *vif; car il portoit et conservoit en sa memoire ce* » *qu'ils contenoient.* »

CHAPITRE IX.

DES ARMES DES PARTHES.

La première page de ce chapitre est un petit tableau de bataille bien peint et d'un bon mouvement. Il nous fait voir un corps d'armée en campagne au temps de Montaigne :

C'est une façon vicieuse de la noblesse de nostre temps, et pleine de mollesse, de ne prendre les armes que sur le poinct d'une extreme necessité, et s'en descharger aussi tost qu'il y a tant soit peu d'apparence que le dangier soit esloingné : d'où il survient plusieurs desordres; car, chascun criant et courant à ses armes sur le poinct de la charge, les uns sont à lacer encores leur cuirasse, que leurs compaignons sont desia rompus. Nos peres donnoient leur salade, leur lance et leurs gantelets à porter, et n'abandonnoient le reste de leur equipage tant que la courvee duroit. Nos troupes sont à cette heure toutes troublees et difformees par la confusion du bagage et des valets, qui ne peuvent esloingner leurs maistres à cause de leurs armes.

– – – —

A propos des Parthes, Montaigne nous dit, d'après Ammien Marcellin, qu'ils avaient des armures tissues en petites plumes qui n'empêchaient pas le mouvement du corps, et qui « *estoient si fortes, que les dards*

» *reiaillissoient, venants à les heurter.* » L'armure en plumes me paraît être une tradition perdue, et voilà bien longtemps que pour cet emploi, à tort ou à raison, le fer a été préféré. Il faut croire que les Parthes ont disparu sans laisser leur secret.

CHAPITRE X.

DES LIVRES.

Dans ce chapitre, Montaigne se montre, suivant l'expression de M. Villemain, le grand critique du seizième siècle. Ses nombreuses citations nous ont déjà fait connaître quels sont ses auteurs favoris, Platon, Virgile, Horace, Térence, Pline, Sénèque, et surtout Plutarque. Mais ici en nous parlant de ses lectures, il fait une sorte de conférence littéraire à laquelle il donne tout le charme d'une admirable causerie. Son jugement fin et délicat apprécie les œuvres d'un certain nombre d'auteurs anciens et modernes à cette époque, et pour un ami des lettres il est peu de chapitres dans les *Essais* aussi intéressants que celui-ci. Il a plus de vingt pages, et je n'en citerai certainement pas tout ce que je voudrais.

Ie ne cherche aux livres qu'à m'y donner du plaisir par un honneste amusement : ou si i'estudie, ie n'y cherche que la science qui traicte de la cognoissance de moy mesme, et qui m'instruise à bien mourir et à bien vivre... Les difficultez, si i'en rencontre en lisant, ie n'en ronge pas mes ongles; ie les laisse là, aprez leur avoir faict une charge ou deux. Si ie m'y plantois, ie m'y perdrois, et le temps; car i'ay un esprit primsaultier; ce que ie ne veois de la premiere charge, ie le veois moins en m'y obstinant. Ie ne foys rien sans gayeté; et la continuation et contention trop ferme esblouït mon iugement, l'attriste et le lasse. Ma veue s'y confond et s'y dissipe; il fault que ie la retire, et que ie l'y remette à secousses : tout ainsi que pour iuger du lustre de l'escarlatte, on nous ordonne de passer les yeulx par dessus, en la parcourant à diverses veues, soubdaines reprinses, et reïterees. Si ce livre me fasche, i'en prends un aultre; et ne m'y addonne qu'aux heures où l'ennuy de rien faire commence à me saisir. Ie ne me prends gueres aux nouveaux, pour ce que les anciens me semblent plus pleins et plus roides.....

Entre les livres simplement plaisants, ie treuve, des modernes, le Decameron de Boccace, Rabelais, et les Baisers de Iehan Second, s'il les fault loger soubs ce tiltre, dignes qu'on s'y amuse. Quant aux Amadis, et telles sortes d'escripts, ils n'ont pas eu le credit d'arrester seulement mon enfance. Ie diray encores cecy, ou hardiment, ou temerairement, que cette vieille ame poisante ne se laisse plus chatouiller, non seulement à l'Arioste, mais encores au bon Ovide : sa facilité et ses inventions, qui m'ont ravi aultrefois, à peine m'entretiennent elles à cette heure.....

Il m'a tousiours semblé qu'en la poësie, Virgile, Lucrece, Catulle et Horace tiennent de bien loing le premier reng; et signamment Virgile en ses Georgiques, que i'estime le plus accomply ouvrage de la poësie : à comparaison duquel on peult recognoistre ayseement qu'il y a des endroicts de l'Aeneïde ausquels l'aucteur eust donné encores quelque tour de pigne, s'il en eust eu loisir; et le cinquiesme livre en l'Aeneïde me semble le plus parfaict. I'aime aussi Lucain, et le practique volontiers, non tant pour son style, que pour sa valeur propre et verité de ses opinions et iugements. Quant au bon Terence, la mignardise et les graces du langage latin, ie le treuve admirable à representer au vif les mouvements de l'ame et la condition de nos mœurs; à toute heure nos actions me reiectent à luy : ie ne le puis lire si souvent, que ie n'y treuve quelque beauté et grace nouvelle.....

Montaigne admire « *la perpetuelle doulceur et beauté fleurissante* » des épigrammes de Catulle plus que « *tous les aiguillons de quoy Martial aiguise la queue* » *des siens.* » Puis il arrive à Plutarque et à Sénèque, qui lui ont appris à « *renger ses opinions et conditions.* »

Ils ont touts deux cette notable commodité pour mon humeur, que la science que i'y cherche y est traictee à pieces descousues, qui ne demandent pas l'obligation d'un long travail, de quoy ie suis incapable : ainsi sont les opuscules de Plutarque, et les epistres de Seneque, qui sont la plus belle partie de leurs escripts et la plus proufitable.....

Leur instruction est de la cresme de la philosophie, et presentee d'une simple façon, et pertinente.....

Quant à Cicero, les ouvrages qui me peuvent servir chez luy à mon desseing, ce sont ceulx qui traictent de la philosophie, specialement morale. Mais, à confesser hardiement la verité (car, puisqu'on a franchi les barrieres de l'impudence, il n'y a plus de bride), sa façon d'escrire me semble ennuyeuse; et tout aultre pareille façon : car ses prefaces, definitions, partitions, etymologies, consument la plus part de son ouvrage; ce qu'il y a de vif et de mouelle est estouffé par ses longueries d'apprets..... Quant à son éloquence, elle est du tout hors de comparaison : ie crois que iamais homme ne l'egualera.....

Les historiens sont ma droicte balle [1]; car ils sont plaisants et aysez; et quand et quand l'homme en general, de qui ie cherche la cognoissance, y paroist plus vif et plus entier qu'en nul aultre lieu; la varieté et verité de ses conditions internes, en gros et en detail, la diversité des moyens de son assemblage, et des accidents qui le menacent. Or ceulx qui escrivent les vies, d'autant qu'ils s'amusent plus aux conseils qu'aux evenements, plus à ce qui part du dedans qu'à ce qui arrive au dehors, ceulx là me sont plus propres : voylà pourquoy, en toutes sortes, c'est mon homme que Plutarque.....

Montaigne admire comme historiens César et Salluste. Il est singulier qu'il ne parle pas de Tacite.

[1] Allusion au jeu de paume, où la balle qui arrive du côté droit est facilement renvoyée.

Puis passant aux historiens français, il dit aimer le bon Froissard, qu'il trouve naïf, de bonne foi, nous racontant toutes choses comme elles se présentent, « *sans chois et sans triage* ». Tout ce passage est excellent :

I'aime les historiens ou fort simples, ou excellents. Les simples, qui n'ont point de quoy y mesler quelque chose du leur, et qui n'y apportent que le soing et la diligence de r'amasser tout ce qui vient à leur notice, et d'enregistrer, à la bonne foy, toutes choses sans chois et sans triage, nous laissent le iugement entier pour la cognoissance de la verité : tel est entre aultres, pour exemple, le bon Froissard.....

C'est la matiere de l'histoire nue et informe; chascun en peult faire son proufit autant qu'il a d'entendement. Les bien excellents ont la suffisance de choisir ce qui est digne d'estre sceu; peuvent trier, de deux rapports, celuy qui est plus vraisemblable; de la condition des princes et de leurs humeurs, ils en concluent les conseils, et leur attribuent les parolles convenables : ils ont raison de prendre l'auctorité de regler nostre creance à la leur; mais, certes, cela n'appartient à gueres de gents. Ceulx d'entre deux (qui est la plus commune façon) nous gastent tout; ils veulent nous mascher les morceaux; ils se donnent loy de iuger, et par consequent d'incliner à leur fantaisie; car, depuis que le iugement pend d'un costé, on ne se peult garder de contourner et tordre la narration à ce biais : ils entreprennent de choisir les choses dignes d'estre sceues, et nous cachent souvent telle parole, telle action privee, qui nous instruiroit mieulx;

obmettent, pour choses incroyables, celles qu'ils n'entendent pas, et peut estre encores telle chose, pour ne la sçavoir dire en bon latin ou françois. Qu'ils estalent hardiment leur eloquence et leur discours, qu'ils iugent à leur poste : mais qu'ils nous laissent aussi de quoy iuger aprez eulx; et qu'ils n'alterent ny dispensent, par leurs raccourciments et par leur chois, rien sur le corps de la matiere, ains qu'ils nous la r'envoyent pure et entiere en toutes ses dimensions.

Montaigne, dans cette remarquable définition, indique à l'historien la route qu'il doit suivre, les écueils qu'il doit éviter. Les difficultés sont grandes. Aussi dit-il « *qu'il n'appartient a gueres de gents* » de les surmonter. On glisse si vite sur la pente du parti pris, et quel est l'historien qui ne mérite plus ou moins quelque reproche de partialité? Pourtant, empressons-nous de le reconnaître, nous comptons aujourd'hui plusieurs de ces excellents historiens comme les veut Montaigne, et les travaux des Augustin Thierry, des Guizot, des Mignet, font le plus grand honneur au dix-neuvième siècle, qui, à juste titre, dépasse sur ce point les siècles précédents.

Montaigne avait la bonne habitude de prendre des notes en lisant. Il donne ici celles qu'il a écrites sur Guicciardin, Philippe de Comines et Martin du Bellay, qui a laissé des Mémoires historiques sur la première moitié du seizième siècle. Montaigne regarde Guicciardin comme un historiographe diligent, consciencieux; mais il lui reproche de trop donner dans les digressions et les discours; c'est ce qu'il appelle « *le cacquet scolastique* ». Quant à Philippe de Comines :

« Vous y trouverez le langage doulx et agreable, d'une naïfve simplicité; la narration pure, et en laquelle la bonne foy de l'aucteur reluit evidemment, exempte de vanité parlant de soy, et d'affection et d'envie parlant d'aultruy; ses discours et exhortements accompaignez plus de bon zele et de verité, que d'aulcune exquise suffisance; et, tout pour tout, de l'auctorité et gravité, representant son homme de bon lieu, et eslevé aux grands affaires. »

Enfin, dans ses notes sur les Mémoires de Martin du Bellay, Montaigne dit que c'est moins une histoire qu'un plaidoyer pour François Ier contre Charles-Quint.

CHAPITRE XI.

DE LA CRUAUTÉ.

Nous sommes dans ce chapitre en pleine philosophie morale. Montaigne démontre qu'il ne suffit pas d'être bon et de bien agir pour être vertueux. La vertu exige davantage, et c'est par la lutte, c'est en triomphant des obstacles que les passions, les haines, les discordes sèment sur nos pas, qu'il nous est possible de nous élever jusqu'à elle.

Il me semble que la vertu est chose aultre, et plus noble, que les inclinations à la bonté qui naissent en nous. Les ames reglees d'elles mesmes et bien nees, elles suyvent mesme train, et representent, en leurs actions, mesme visage que les vertueuses : mais la vertu sonne ie ne sçais quoy de plus grand et de plus actif que de se laisser, par une heureuse complexion, doulcement et paisiblement conduire à la suitte de la raison. Celuy qui, d'une doulceur et facilité naturelle, mepriseroit les offenses receues, feroit chose tresbelle et digne de louange : mais celuy qui, picqué et oultré iusques au vif d'une offense, s'armeroit des armes de la raison contre ce furieux appetit de vengeance, et, aprez un grand conflict, s'en rendroit enfin maistre, feroit sans doubte beaucoup plus. Celuy là feroit bien: et cettuy cy, vertueusement : l'une action se pourroit dire bonté : l'aultre, vertu; car il semble que le nom de la vertu presuppose de la difficulté et du contraste, et qu'elle ne peult s'exercer sans partie. C'est à l'adventure pourquoy nous nommons Dieu, bon, fort, et liberal, et iuste, mais nous ne le nommons pas *vertueux*; ses operations sont toutes naïfves et sans effort.

Dans le cinquième livre d'*Émile*, J. J. Rousseau adresse à son élève un long discours sur la vertu, et nous y lisons cette phrase : « Quoique nous appelions

» Dieu bon, nous ne l'appelons pas *vertueux*, parce » qu'il n'a pas besoin d'efforts pour bien faire. » C'est un peu trop la même chose que ce que dit Montaigne. Quand on imite de si près, à mon avis, on doit nommer la source où l'on puise.

Montaigne, continuant à parler de la vertu, dont le chemin doit nécessairement « *estre aspre et espineux* », admire Caton se déchirant les entrailles, et croit *qu'il sentit du plaisir et de la volupté en une si noble action, qu'il s'y agréa plus qu'en aultre de celles de sa vie, et qu'il sçavoit bon gré à la fortune d'avoir mis sa vertu à une si belle espreuve.*

Il me semble lire en cette action ie ne sçais quelle esiouïssance de son ame, et une esmotion de plaisir extraordinaire et d'une volupté virile.....

Tout cela est excessif. Ce qui suit l'est plus encore. Sans doute l'âme peut s'isoler et s'abstraire jusqu'au point de parvenir à un état extatique qui lui ôte le sentiment de la souffrance. Les martyrs chrétiens nous en offrent de nombreux exemples. Augustin Thierry dit que les Francs éprouvaient quelquefois dans le combat des accès d'extase frénétique pendant lesquels ils semblaient insensibles à la douleur, restant debout et combattant encore atteints de plusieurs blessures dont la moindre eût suffi pour terrasser un homme. Il est vrai aussi que l'histoire a toujours représenté la mort de Caton comme un acte d'héroïsme. Mais n'eût-il pas mieux fait de vivre pour défendre la liberté contre César, ou de mourir en combattant pour elle? C'était possible encore à Utique, même après la défaite de Scipion près de Thapsus. Une telle mort était préférable à son héroïque suicide, qui, suivant l'opinion parfaitement juste de Napoléon Ier que nous avons citée, ne pouvait qu'être funeste à son parti.

Ce n'est qu'après une douzaine de pages, toujours sur la vertu, que Montaigne arrive au titre de son chapitre, et nous dit :

Ie hais, entre aultres vices, cruellement la cruauté, et par nature et par iugement, comme l'extreme de touts les vices; mais c'est iusques à telle mollesse, que ie ne veois pas esgorger un poulet sans desplaisir, et ois impatiemment gemir un lievre soubs les dents de mes chiens, quoyque ce soit un plaisir violent que la chasse.

En la iustice mesme, tout ce qui est au delà de la mort simple me semble pure cruauté.

Belles paroles qui pendant trop longtemps ne furent pas écoutées! car il se passa plus de deux siècles avant que la torture fût abolie.

Plus loin Montaigne dépeint énergiquement les horreurs des guerres civiles qui désolèrent le seizième siècle :

Ie vis en une saison en laquelle nous abondons en exemples incroyables de ce vice, par la licence de nos guerres civiles; et ne veoid on rien aux histoires anciennes de plus extreme, que ce que nous en essayons touts les iours : mais cela ne m'y a nullement apprivoisé. A peine me pouvois ie persuader avant que ie l'eusse veu, qu'il se feust trouvé des ames si farouches, qui, pour le seul plaisir du meurtre, le voulussent commettre; hacher et destrencher les membres d'aultruy; aiguiser leur esprit à inventer des torments inusitez et des morts nouvelles, sans inimitié, sans proufit, et pour cette seule fin de iouïr du plaisant spectacle des gestes et mouvements pitoyables, des gemissements et voix lamentables, d'un homme mourant en angoisse.

CHAPITRE XII.

APOLOGIE DE RAIMOND SEBCOND.

Ce chapitre est comme un livre entier et comprend près de trois cents pages. L'apologie de Raimond Sebond y tient peu de place. A part quelques lignes au commencement, c'est à peine s'il en est parlé. Et en effet, ce nom n'est pas autre chose ici qu'un motif qu'il a plu à Montaigne de choisir pour développer un long thème de philosophie religieuse. Raimond Sebond, appelé aussi Sebon, Sabonde ou de Sabonde, était né à Barcelone, dans le quatorzième siècle, et professait à Toulouse la médecine et la théologie. Il publia en latin un ouvrage intitulé *Theologia naturalis*, qui fut imprimé à Deventer, en 1487, et plusieurs fois réimprimé depuis. Montaigne en fit une traduction qui parut en 1569 : c'était pour céder au désir exprimé par son père.

..... Quelques iours avant sa mort, mon pere, ayant, de fortune, rencontré ce livre soubs un tas d'aultres papiers abandonnez, me commanda de le luy mettre en françois.....

C'estoit une occupation bien estrange, et nouvelle pour moy; mais estant, de fortune, pour lors de loisir, et ne pouvant rien refuser au commandement du meilleur pere qui feut oncques, i'en veins à bout, comme ie peus : à quoi il print un singulier plaisir, et donna charge qu'on le feist imprimer; ce qui feut exécuté aprez sa mort. Ie trouvay belles les imaginations de cet aucteur, la contexture de son ouvrage bien suyvie, et son desseing plein de piété.

Sa fin est hardie et courageuse; car il entreprend, par raisons humaines et naturelles, d'establir et verifier contre les atheïstes touts les articles de la religion chrestienne : en quoy, à dire la vérité, ie le treuve si ferme et si heureux, que ie ne pense point qu'il soit possible de mieulx faire en cet argument là; et crois que nul ne l'a egualé.....

On peut penser que le livre de Raimond Sebond valait mieux pour le fond que pour la forme; car Montaigne nous dit qu'il était *basti d'un espagnol baragouiné en terminaisons latines*. Il se souciait peu, je crois, de ce livre, qui lui a servi de prétexte pour présenter sur les questions religieuses des opinions hardies et, de son temps, sentant le fagot. Aussi, par prudence, les doutes, les arguments que le bon sens emploie avec tant de force pour résister à ce qu'il lui est impossible de comprendre, les idées de religion universelle, tout cela est enveloppé d'une foule de précautions de forme alors nécessaires, d'expressions de profond respect pour *la saincte parolle*, et de citations de paroles de saint Paul, des psaumes et de l'*Ecclésiaste*. Ce pour et ce contre exécutant une espèce de va et vient où Montaigne fait preuve d'une prodigieuse finesse d'esprit devait faire hésiter à condamner les *Essais*. C'est ce que voulait Montaigne en écrivant ce brillant chapitre, œuvre parfois contestable, aventureuse sur certains points, d'un scepticisme exorbitant, dit M. Sainte-Beuve, et, d'un autre côté, d'une crédulité singulièrement dévouée à l'astrologie, mais œuvre en même temps d'une intelligence des plus remarquables qui aient jamais existé.

Dans les extraits que je vais faire de ce chapitre, la pensée de Montaigne se présente dégagée des ménagements qu'il était obligé de prendre. J'ai cru pouvoir les laisser de côté et citer seulement ce qu'il a surtout voulu dire :

..... Si nous tenions à Dieu par l'entremise d'une foy vifve; si nous tenions à Dieu par luy, non par nous; si nous avions un pied et un fondement divin : les occasions humaines n'auroient pas le pouvoir de nous esbransler comme elles ont; nostre fort ne seroit pas pour se rendre à une si foible batterie; l'amour de la nouvelleté, la contraincte des princes, la bonne fortune d'un party, le changement temeraire et fortuite de nos opinions, n'auroient pas la force de secouer et alterer nostre croyance; nous ne la lairrions pas troubler à la mercy d'un nouvel argument, et à la persuasion, non pas de toute la rhetorique qui feut oncques; nous soustiendrions ces flots, d'une fermeté inflexible et immobile : Si ce rayon de la divinité nous touchoit aulcunement, il y paroistroit partout; non seulement nos paroles, mais encores nos operations, en porteroient la lueur et le lustre; tout ce qui partiroit de nous, on le verroit illuminé de cette noble clarté.

Ie veois cela evidemment, que nous ne prestons volontiers à la devotion que les offices qui flattent nos passions : il n'est point d'hostilité excellente comme la chrestienne : nostre zele faict merveilles, quand il va secondant nostre pente vers la haine, la cruauté, l'ambition, l'avarice, la detraction, la rebellion; à contrepoil, vers la bonté, la benignité, la temperance, si, comme par miracle, quelque rare complexion ne l'y porte, il ne va ny de pied, ny d'aile. Nostre religion est faicte pour extirper les vices : elle les couvre, les nourrit, les incite.

En temps de guerres religieuses, comme au seizième siècle, ce pessimisme est vrai; mais il ne le serait pas en tout temps, Dieu merci. A cela Montesquieu répond : « Dire que la religion n'est pas un motif » réprimant, parce qu'elle ne réprime pas toujours, » c'est dire que les lois civiles ne sont pas un motif » réprimant non plus. C'est mal raisonner contre la » religion, de rassembler une longue énumération des » maux qu'elle a produits, si l'on ne fait de même » des biens qu'elle a faits. »

Les uns font accroire au monde qu'ils croyent ce qu'ils ne croyent pas; les aultres, en plus grand nombre, se le font accroire à eulx mesmes, ne sçachants pas penetrer que c'est que croire.

Dieu doibt son secours extraordinaire à la foy et à la religion, non pas à nos passions : les hommes y sont conducteurs, et s'y servent de la religion; ce debvroit estre tout le contraire.

Le philosophe Antisthenes, comme on l'initioit aux mysteres d'Orpheus, le presbtre lui disant que ceulx qui se vouoient à cette religion avoient à recevoir, aprez leur mort, des biens eternels et parfaicts : « Pourquoy, si tu le crois, ne meurs tu doncques toy mesme? » luy feit il. Diogenes, plus brusquement, selon sa mode, et plus loing de nostre propos, au presbtre qui le preschoit de mesme de se faire de son ordre pour parvenir aux biens de l'aultre monde : « Veulx tu pas que ie croye qu'Agesilaus et Epaminondas, si grands hommes, seront miserables; et que toy, qui n'es qu'un veau, et qui ne fais rien qui vaille, seras bienheureux, parce que tu es presbtre? » Ces grandes promesses de la beatitude eternelle, si nous les recevions de pareille auctorité qu'un discours philosophique, nous n'aurions pas la mort en telle horreur que nous avons.....

Tout cela, c'est un signe tresevident que nous ne recevons nostre religion qu'à nostre façon, et par nos mains, et non aultrement que comme les aultres religions se receoivent. Nous nous sommes rencontrez au païs où elle estoit en usage; ou nous regardons son ancienneté, ou l'auctorité des hommes qui l'ont maintenue; ou craignons les menaces qu'elle attache aux mescreants, ou suyvons ses promesses. Ces considerations là doibvent estre employees à nostre creance, mais comme subsidiaires; ce sont liaisons humaines: une aultre religion, d'austres tesmoings, pareilles promesses et menaces nous pourroient imprimer, par mesme voye, une creance contraire. Nous sommes chrestiens, à mesme titre que sommes perigourdins ou allemans.....

Voltaire exprime ces mêmes idées, quand il fait ainsi parler Zaïre :

La coutume, la loi plia mes premiers ans
A la religion des heureux musulmans.
Je le vois trop : les soins qu'on prend de notre enfance
Forment nos sentiments, nos mœurs, notre croyance,

J'eusse été près du Gange esclave des faux dieux,
Chrétienne dans Paris, musulmane en ces lieux.

Montaigne, ami de la liberté, répondait courageusement par le doute philosophique au cri souvent répété autour de lui dans ce temps malheureux : *crois ou meurs*. Mais l'athéisme ne lui était pas moins insupportable que l'intolérance religieuse.

..... L'atheïsme estant une proposition comme desnaturee et monstrueuse, difficile aussi et malaysee d'establir en l'esprit humain, pour insolent et desreglé qu'il puisse estre, il s'en est veu assez, par vanité, et par fierté de concevoir des opinions non vulgaires et reformatrices du monde, en affecter la profession par contenance; qui, s'ils sont assez fols, ne sont pas assez forts pour l'avoir plantee en leur conscience : pourtant ils ne lairront de ioindre leurs mains vers le ciel, si vous leur attachez un bon coup d'espee en la poictrine; et quand la crainte ou la maladie aura abbattu et appesanti cette licencieuse ferveur d'humeur volage, ils ne lairront pas de se revenir, et se laisser tout discrettement manier aux creances et exemples publicques.....

J'ai peu de goût pour tout ce qui dépasse le domaine de l'expérience et pour ce qui touche à la métaphysique que Voltaire appelle spirituellement le roman de l'âme. Qu'est-ce que Dieu? Nous n'en savons absolument rien. Malgré les monceaux de livres qui ont été écrits sur Dieu, les limites de notre intelligence ne nous permettent pas d'en dire un seul mot avec certitude. L'idée de Dieu existe chez l'homme; mais au delà de cette idée simple, d'une unité absolue, tout devient doute et confusion. Alors se présentent des questions sans nombre auxquelles il est impossible de répondre. C'est là, si je ne me trompe, le *que sais-je?* de Montaigne. Il pratiquait en homme du monde, sans une foi bien vive, la religion dans laquelle il était né. Il était, à part les différences de temps, ce qu'en très-grand nombre nous sommes aujourd'hui. Mais surtout il était profondément déiste. J'en vois la preuve dans le passage suivant, qui me semble être une admirable synthèse de sa pensée en matière religieuse :

De toutes les opinions humaines et anciennes touchant la religion, celle là me semble avoir eu plus de vraysemblance et plus d'excuse, qui recognoissoit Dieu comme une puissance incomprehensible, origine et conservatrice de toutes choses, toute bonté, toute perfection, recevant et prenant en bonne part l'honneur et la reverence que les humains luy rendoient, soubs quelque visage, soubs quelque nom et en quelque maniere que ce feust.....

Et maintenant j'avoue que j'ai quelque intention de faire de larges coupures dans ce douzième chapitre, malgré les beautés de premier ordre qu'il renferme. J'aime plus encore Montaigne nous parlant de l'homme ou de lui, ce qu'il fait si bien, que de Dieu. Non pas qu'il n'ait mille fois raison, quand il trouve l'homme parfaitement ridicule de croire que l'univers a été fait pour lui :

Qui luy a persuadé que ce bransle admirable de la voulte celeste, la lumiere eternelle de ces flambeaux roulants si fierement sur sa teste, les mouvements espoventables de cette mer infinie, soyent establis, et se continuent tant de siecles, pour sa commodité et pour son service? Est il possible de rien imaginer si ridicule, que cette miserable et chestifve creature, qui n'est pas seulement maistresse de soy, exposee aux offenses de toutes choses, se die maistresse et emperiere de l'univers, duquel il n'est pas en sa puissance de cognoistre la moindre partie, tant s'en fault de la commander......

Je passe plusieurs pages où Montaigne nous fait un peu trop voir qu'il croyait, comme tout le monde alors, à l'astrologie. Ce ne fut qu'un siècle plus tard que Molière porta les derniers coups à cette fausse science dans sa comédie des *Amants magnifiques,* où Sostrate, on pourrait dire Molière lui-même, s'exprime ainsi : « Il n'est pas en ma puissance de concevoir » comment on trouve écrit dans le ciel jusqu'aux plus » petites particularités de la fortune du moindre » homme. Quel rapport, quel commerce, quelle

» correspondance peut-il y avoir entre nous et les
» globes éloignés de notre terre d'une distance si
» effroyable ? Et d'où cette belle science enfin
» peut-elle être venue aux hommes? Quel dieu l'a
» révélée?..... »

Pour faire honte à l'homme et lui donner la mesure de sa faiblesse, Montaigne lui démontre qu'il est bien plus près des bêtes qu'il ne croit, lui qui se vante d'être fait à l'image de Dieu, et même que sur plusieurs points les bêtes lui sont supérieures. Son dessein, dit le grand Arnauld dans la *Logique de Port-Royal,* n'était pas de parler raisonnablement, mais de faire un amas confus de tout ce qu'on peut dire contre les hommes. Telle n'a pas été, je crois, la pensée de Montaigne. Il a voulu être sérieux. Seulement il a pris pour point d'appui des plus fragiles, soit les légendes zoologiques de l'antiquité, soit les traités d'histoire naturelle du moyen âge. Il en résulte que dans ses comparaisons entre l'intelligence de l'homme et l'instinct des bêtes, il leur fait une part trop belle. Il faut se contenter de voir là d'amusantes exagérations. En vérité, tous les animaux de la création figurent dans cette revue misanthropique, même les poissons, la murène de Crassus, par exemple. Je conviens que Crassus donnant des colliers de perles à sa murène, et portant son deuil, se montrait plus bête qu'elle.

Montaigne nous parle d'abord de sa chatte :

Quand ie me ioue à ma chatte, qui sçait si elle passe son temps de moy, plus que ie ne fois d'elle? nous nous entretenons de singeries reciproques : si i'ay mon heure de commencer ou de refuser, aussi a elle la sienne.

..... Quelle sorte de nostre suffisance ne recognoissons nous aux operations des animaulx? Est il police reglee avecques plus d'ordre, diversifiee à plus de charges et d'offices et plus constamment entretenue que celle des mouches à miel? cette disposition d'actions et de vacations si ordonnee, la pouvons nous imaginer se conduire sans discours et sans prudence?... Les arondelles, que nous veoyons au retour du printemps fureter touts les coins de nos maisons, cherchent elles sans iugement, et choisissent elles sans discretion, de mille places, celle qui leur est la plus commode à se loger? et en cette belle et admirable contexture de leurs bastiments, les oyseaux peuvent ils se servir plustost d'une figure quarree, que de la ronde, d'un angle obtus, que d'un angle droit, sans en sçavoir les conditions et les effects? prennent ils tantost de l'eau, tantost de l'argille, sans iuger que la dureté s'amollit en l'humectant? planchent ils de mousse leur palais, ou de duvet, sans prevoir que les membres tendres de leurs petits y seront plus mollement et plus à l'ayse? se couvrent ils du vent pluvieux, et plantent leur loge à l'orient, sans cognoistre les conditions differentes de ces vents, et considerer que l'un leur est plus salutaire que l'aultre? Pourquoi espessit l'araignee sa toile en un endroict, et relasche en un aultre, se sert à cette heure de cette sorte de nœud, tantost de celle là, si elle n'a et deliberation, et pensement, et conclusion? Nous recognoissons assez, en la pluspart de leurs ouvrages, combien les animaulx ont d'excellence au dessus de nous, et combien nostre art est foible à les imiter : nous veoyons toutesfois aux nostres, plus grossiers, les facultez que nous y employons, et que nostre ame s'y sert de toutes ses forces ; pourquoy n'en estimons nous autant d'eulx? pourquoy attribuons nous à ie ne sçais quelle inclination naturelle et servile les ouvrages qui surpassent tout ce que nous pouvons par nature et par art?

J'ai dit tout à l'heure que Montaigne avait voulu être sérieux, et encore un peu j'en aurais presque regret. Ce n'est pas en prétendant que nous pourrions partager avec les bêtes l'avantage de ne porter aucun vêtement. Si nous nous habillons, c'est pure fantaisie de notre part :

Nostre peau est pourveue, aussi suffisamment que la leur, de fermeté contre les iniures du temps : tesmoing plusieurs nations qui n'ont encores gousté aulcun usage de vestements; nos anciens Gaulois n'estoient gueres vestus; ne sont pas les Irlandois nos voisins, soubs un ciel si froid : mais nous le iugeons mieulx par nous mesmes; car touts les endroicts de la personne qu'il nous plaist descouvrir au vent et à l'air, se treuvent propres à le souffrir, le visage, les pieds, les mains, les iambes, les espaules, la teste, selon que l'usage nous y convie : car s'il y a partie en nous foible, et qui semble debvoir craindre la froidure, ce debvroit estre l'estomach, où se faict la digestion; nos peres le portoient descouvert; et nos dames, ainsi molles et delicates qu'elles sont, elles s'en vont tantost entr'ouvertes iusques au nombril.

Voilà nos Parisiennes terriblement distancées! mais je crois que Montaigne exagère un peu.

Nous trouvons ici une leçon de chant décrite à merveille :

Il y a encores plus de discours à instruire aultruy qu'à estre instruict : or, laissant à part ce que Democritus iugeoit, et prouvoit, que la pluspart des arts, les bestes nous les ont apprinses, comme l'araignee à tistre et à coudre, l'arondelle à bastir, le cygne et le rossignol la musique, et plusieurs animaulx, par leur imitation, à faire la medecine : Aristote tient que les rossignols instruisent leurs petits à chanter, et y employent du temps et du soing, d'où il advient que ceulx que nous nourrissons en cage, qui n'ont point eu loisir d'aller à l'eschole soubs leurs parents, perdent beaucoup de la grace de leur chant : nous pouvons iuger par là qu'il receoit de l'amendement par discipline et par estude; et, entre les libres mesme, il n'est pas un et pareil, chascun en a prins selon sa capacité; et sur la ialousie de leur apprentissage, ils se debattent, à l'envy, d'une contention si courageuse, que, par fois, le vaincu y demeure mort, l'haleine luy faillant plustost que la voix. Les plus ieunes ruminent pensifs, et prennent à imiter certains couplets de chanson; le disciple escoute la leçon de son precepteur, et en rend compte avecques grand soing; ils se taisent, l'un tantost, tantost l'aultre; on oyt corriger les faultes, et sent on aulcunes reprehensions du precepteur.

Tout cela est raconté d'une façon charmante. J'aime beaucoup aussi l'histoire de la pie, d'après Plutarque :

Elle estoit en la boutique d'un barbier, à Rome, et faisoit merveilles de contrefaire avecques la voix tout ce qu'elle oyoit. Un iour, il adveint que certaines trompettes s'arresterent à sonner longtemps devant cette boutique. Depuis cela, et tout le lendemain, voylà cette pie pensifve, muette et melancholique; de quoy tout le monde estoit esmerveillé, et pensoit que le son des trompettes l'eust ainsin estourdie et estonnee, et qu'avecques l'ouïe, la voix se feust quand et quand esteincte : mais on trouva enfin que c'estoit une estude profonde, et une retraicte en soymesme, son esprit s'exercitant, et preparant sa voix à representer le son de ces trompettes : de maniere que sa premiere voix ce feut celle là, d'exprimer parfaictement leurs reprinses, leurs poses, et leurs muances, ayant quitté, par ce nouvel apprentissage, et prins à desdaing, tout ce qu'elle sçavoit dire auparavant.

Je ne puis omettre un excellent portrait du chien de l'aveugle :

..... Ie remarque avecques plus d'admiration cet effect, qui est toutesfois assez vulgaire, des chiens de quoy se servent les aveugles, et aux champs et aux villes; ie me suis prins garde comme ils s'arrestent à certaines portes, d'où ils ont accoustumé de tirer l'aulmosne; comme ils evitent le choc des coches et des charrettes, lors mesme que, pour leur regard, ils ont assez de place pour leur passage; i'en ay veu, le long d'un fossé de ville, laisser un sentier plain et uni, et en prendre un pire, pour esloingner son maistre du fossé : comment pouvoit on avoir faict concevoir à ce chien, que c'estoit sa charge de regarder seulement à la seureté de son maistre, et mespriser ses propres commoditez pour le servir? Et comment avoit il la cognoissance que tel chemin luy estoit bien assez large, qui ne le seroit pas pour un aveugle? Tout cela se peult il comprendre sans ratiocination?

Mais que de faits hasardés, que d'observations contestables dans cette recherche téméraire de la supériorité des bêtes sur l'homme! Peut-on dire qu'elles nous dépassent en amitié, en reconnaissance, en magnanimité? A quoi bon chercher dans Pline, Aristote, Plutarque, de vrais contes, et s'en servir comme d'arguments? Il est bien permis de douter des sentiments religieux des éléphants, de l'amour de l'un d'eux pour une jolie bouquetière d'Alexandrie, qu'il caressait *en luy mettant sa trompe dans le sein pardessoubs son collet.* Après l'éléphant, c'est un bélier amoureux d'une jeune fille, et même une oie! Comment croire aux connaissances astronomiques et géométriques des thons, aux petits services que se rendent entre eux les roitelets et les crocodiles, à l'hospitalité généreusement pratiquée par des tigres? Passons. A vouloir trop prouver, on ne prouve rien, et l'erreur est la même de prétendre que l'homme est inférieur à la bête, que de séparer par une distance énorme et des barrières infranchissables ces deux mots : *intelligence, instinct*. Mais il ne faut pas prendre à la lettre tout ce que dit ici Montaigne. Ce ferme organe du bon sens français se montre ici d'humeur un peu gasconne. Il savait bien que l'homme occupe le premier rang dans l'ordre de la création, et que, sans cela, il n'exercerait pas un pouvoir souverain sur des animaux plus forts que lui. Triste et chétive royauté, je le veux bien, mais que personne ne lui a jamais sérieusement contestée.

Bossuet, qui n'aimait pas Montaigne, au moins comme philosophe, a traité sévèrement tout ce passage dans son magnifique sermon de la fête de tous les Saints; l'attaque est aussi rude qu'éloquente : « Mais, s'écrie-t-il, pour espérer, il faut croire. Et » c'est ce qu'on nous dit tous les jours. Donnez-moi » la foi, et je quitte tout : persuadez-moi de la vie future, et j'abandonne tout ce que j'aime pour une si » belle espérance. Eh quoi! homme, pouvez-vous » penser que tout soit corps et matière en vous? » Quoi! tout meurt, tout est enterré? Le cercueil » vous égale aux bêtes, et il n'y a rien en vous qui soit

» au-dessus? Je le vois bien, votre esprit est infatué » de tant de belles sentences, écrites si éloquemment » en prose et en vers, qu'un Montaigne (je le nomme) » vous a débitées, qui préfèrent les animaux à » l'homme, leur instinct à notre raison, leur nature » simple, innocente et sans fard (c'est ainsi qu'on » parle), à nos raffinements et à nos malices. Mais, » dites-moi, subtil philosophe, qui vous riez si fine- » ment de l'homme qui s'imagine être quelque chose, » compterez-vous encore pour rien de connaître » Dieu? Connaître une première nature, adorer son » éternité, admirer sa toute-puissance, louer sa sa- » gesse, s'abandonner à sa providence, obéir à sa » volonté, n'est-ce rien qui nous distingue des » bêtes?..... »

C'est là un beau morceau. Mais pourquoi dire *un Montaigne?* Ce ton de mépris, qui se comprend chez le fougueux évêque de Meaux, s'adresse on ne peut plus mal à l'auteur des *Essais*, dont le nom n'est pas moins digne de l'admiration des siècles que celui de Bossuet lui-même.

Je reprends mes citations de ce douzième chapitre :

Mais pour revenir à mon propos, nous avons pour nostre part l'inconstance, l'irresolution, l'incertitude, le dueil, la superstition, la solicitude des choses à venir, voire aprez nostre vie, l'ambition, l'avarice, la ialousie, l'envie, les appetits desreglez, forcenez et indomptables, la guerre, le mensonge, la desloyauté, la detraction, et la curiosité. Certes, nous avons estrangement surpayé ce beau discours, de quoy nous nous glorifions, et cette capacité de iuger et cognoistre, si nous l'avons achetee au prix de ce nombre infiny de passions ausquelles nous sommes incessamment en prinse :

Cette fois il n'y a pas un mot à rabattre ; Alceste ne parlerait pas mieux.

A lon trouvé que la volupté et la santé soyent plus savoureuses à celuy qui sçait l'astrologie et la grammaire?....

I'ay veu en mon temps cent artisans, cent laboureurs, plus sages et plus heureux que des recteurs de l'université; et lesquels i'aimerois mieulx ressembler.

Montaigne parle ici de la folie et de l'affligeant spectacle qu'il eut devant les yeux à Ferrare, où il vit le Tasse enfermé dans l'hôpital Sainte-Anne. Il y resta près de huit ans. Inepte cruauté qui déshonore la mémoire, fort insignifiante, du reste, du duc Alphonse II. C'est dans un palais qu'il fallait garder le grand poëte, et non dans une maison de fous. Quelle faible distance, et parfois visible à peine, sépare la raison de la folie! Un demi-tour de cheville suffit pour passer de l'une à l'autre, comme nous le dit Montaigne avec un de ces bonheurs d'expression qui lui sont habituels.

..... De quoy se faict la plus subtile folie, que de la plus subtile sagesse? Comme des grandes amitiez naissent les grandes inimitiez; des santez vigoreuses, les mortelles maladies : ainsi des rares et vifves agitations de nos ames, les plus excellentes manies et plus destracquees; il n'y a qu'un demi tour de cheville à passer de l'un à l'aultre. Aux actions des hommes insensez, nous veoyons combien proprement la folie convient avec les plus vigoreuses operations de nostre ame. Qui ne sçait combien est imperceptible le voisinage d'entre la folie avecques les gaillardes eslevations d'un esprit libre, et les effects d'une vertu supreme et extraordinaire?.... Infinis esprits se treuvent ruinez par leur propre force et soupplesse : quel sault vient de prendre, de sa propre agitation et alaigresse, l'un des plus iudicieux, ingenieux, et plus formez à l'air de cette antique et pure poësie, qu'aultre poëte italien aye iamais esté? n'a il pas de quoy sçavoir gré à cette sienne vivacité meurtrière? à cette clarté qui l'a aveuglé? à cette exacte et tendue apprehension de la raison, qui l'a mis sans raison? à la curieuse et laborieuse queste des sciences, qui l'a conduict à la bestise? à cette rare aptitude aux exercices de l'ame, qui l'a rendu sans exercice et sans ame? I'eus plus de despit encores que de compassion, de le veoir à Ferrare en si piteux estat, survivant à soy mesme, mescognoissant et soy et ses ouvrages, lesquels, sans son sceu, et toutesfois à sa veue, on a mis en lumiere incorrigez et informes.

Après quelques pages où Montaigne, toujours *ondoyant et divers*, préconise la doctrine de l'ignorance comme utile au seul bonheur possible de l'homme, il expose par de nombreux exemples les limites étroites dans lesquelles la science est nécessairement enfermée :

..... Il est advenu aux gents veritablement sçavants ce qui advient aux espics de bled; ils vont s'eslevant et se haulsant la teste droicte et fiere, tant qu'ils sont vuides; mais quand ils sont pleins et grossis de grains en leur maturité, ils commencent à s'humilier et baisser les cornes : pareillement, les hommes ayant tout essayé, tout sondé, et n'ayant trouvé, en cet amas de science et provision de tant de choses diverses, rien de massif et ferme, et rien que vanité, ils ont renoncé à leur presumption, et recogneu leur condition naturelle. C'est ce que Velleius reproche à Cotta et à Cicero, « qu'ils ont apprins de Philo n'avoir rien apprins. » Pherecydes, l'un des sept sages, escrivant à Thales, comme il expiroit, « I'ay, dict il, ordonné aux miens, aprez qu'ils m'auront enterré, de te porter mes escripts. S'ils contentent et toy et les aultres sages, publie les; sinon, supprime les : ils ne contiennent nulle certitude qui me satisface à moy mesme; aussi ne foys ie pas profession de sçavoir la verité, ny d'y atteindre : i'ouvre les choses plus que ie ne les descouvre. » Le plus sage homme qui feut oncques [1], quand on luy demanda ce qu'il sçavoit, respondit, « Qu'il sçavoit cela, qu'il ne sçavoit rien. »

[1] Socrate.

C'est là le sort à jamais réservé par le Créateur de toutes choses à la science métaphysique. Mais la curiosité impatiente de l'homme le poussera sans cesse à faire de vains efforts pour percer ces ténèbres. Doit-on l'en blâmer? Non, sans doute, et je suis de l'avis de M. Renan, quand il dit avec une remarquable éloquence : « La gloire des religions est de se » poser un programme au-dessus des forces humaines, » d'en poursuivre avec hardiesse la réalisation, et » d'échouer noblement dans la tentative de donner » une forme déterminée aux aspirations infinies du » cœur de l'homme. »

Montaigne lui-même n'a-t-il pas cherché la solution du divin problème? Le doute ne lui est venu qu'après les tensions impuissantes de l'étude. Aussi, découragé par l'inanité de ses recherches et de ses méditations, il fait emploi de sa vaste érudition pour gourmander plaisamment les philosophes qui se sont plus ou moins égarés à vouloir définir Dieu. Après avoir cité Pythagore, Thalès, Anaximandre, Xénophane, Épicure, Anaxagore, Parménide, Empédocle, Platon, Xénocrate, Straton, Zénon, Speusippe, Théophraste, Diagoras, Chrysippe, Socrate et leurs opinions si diverses, quelques-unes si bizarres, Xénophane, par exemple, faisant Dieu rond et non respirant, n'ayant rien de commun avec la nature humaine ; Épicure, au contraire, le revêtant *d'une humaine figure et de nos membres, les quels membres ne lui sont d'aucun usage,* Montaigne s'écrie : « Fiez-vous à vostre philosophie ; vantez-vous d'avoir » trouvé la febve au gasteau, à voir ce tintamarre de » tant de cervelles philosophiques ! »

Et plus loin :

Qui fagoteroit suffisamment un amas des asneries de l'humaine sapience, il diroit merveilles. I'en assemble volontiers, comme une montre, par quelque biais non moins utile que les instructions plus moderees. Iugeons par là ce que nous avons à estimer de l'homme, de son sens et de sa raison, puis qu'en ces grands personnages, et qui ont porté si hault l'humaine suffisance, il s'y treuve des defaults si apparents et si grossiers.

Cela me semble tellement vrai, que, malgré les beautés que renferme le reste de ce chapitre dont j'ai atteint à peine la moitié, malgré la hauteur du sujet qu'il traite, peut-être à cause de cette hauteur même, qui confond l'intelligence humaine, je me décide à ne plus faire qu'un petit nombre de citations, avant de passer au chapitre suivant.

Il m'a tousiours semblé qu'à un homme chrestien cette sorte de parler est pleine d'indiscretion et d'irreverence : « Dieu ne peult mourir ; Dieu ne se peult desdire ; Dieu ne peult faire cecy ou cela. » Ie ne treuve pas bon d'enfermer ainsi la puissance divine soubs les loix de nostre parole : et l'apparence qui s'offre à nous en ces propositions, il la fauldroit representer plus reveremment et plus religieusement.

..... Cette fierté de vouloir descouvrir Dieu par nos yeulx, a faict qu'un grand personnage des nostres [1] a attribué à la Divinité une forme corporelle; et est cause de ce qui nous advient touts les iours d'attribuer à Dieu les evenements d'importance, d'une particuliere assignation : parce qu'ils nous poisent, il semble qu'ils luy poisent aussi, et qu'il y regarde plus entier et plus attentif qu'aux evenements qui nous sont legiers, ou d'une suitte ordinaire; *magna dii curant, parva negligunt* [2] : escoutez son exemple, il vous esclaircira de sa raison; *nec in regnis quidem reges omnia minima curant* [3]; comme si à ce roy là c'estoit plus et moins de remuer un empire, ou la feuille d'un arbre; et si sa providence s'exerceoit aultrement, inclinant l'evenement d'une bataille, que le sault d'une pulce.

Nous ne sommes non plus prez du ciel sur le mont Cenis, qu'au fond de la mer.....

Je ne citerai rien des considérations de Montaigne sur l'immortalité de l'âme. C'est admirablement écrit,

1 Tertullien.

2 Les dieux prennent soin des grandes choses, et négligent les petites. CICÉRON.

3 Les rois eux-mêmes n'entrent pas dans tous les petits détails des affaires de leur royaume. CICÉRON.

mais toujours *ondoyant.* Après les avoir lues, on n'a pas fait un seul pas dans ce pays de l'inconnu. L'âme est-elle immortelle? Nous devons le croire, nous le croyons. Mais, pour Dieu! raisonnons le moins possible cette croyance nécessaire au sentiment de la dignité humaine. Le bonhomme Chrysale dit avec un grand bon sens à sa femme, la savante Philaminte :

Raisonner est l'emploi de toute ma maison,
Et le raisonnement en bannit la raison.

..... Nous veoyons bien que le doigt se meut, et que le pied se meut, qu'aulcunes parties se branslent d'elles mesmes, sans nostre congé, et que d'aultres nous les agitons par nostre ordonnance; que certaine apprehension engendre la rougeur, certaine aultre la pasleur; telle imagination agit en la rate seulement, telle aultre au cerveau; l'une nous cause le rire, l'aultre le pleurer; telle aultre transit et estonne touts nos sens, et arreste le mouvement de nos membres..... Mais la nature de la liaison et cousture de ces admirables ressorts, iamais homme ne l'a sceu; *omnia incerta ratione, et in naturæ maiestate abdita* [1], dict Pline; et sainct Augustin, *Modus, quo corporibus adhærent spiritus,... omnino mirus est, nec comprehendi ab homine potest; et hoc ipse homo est* [2].

[1] Tous ces mystères sont impénétrables à la raison, et restent cachés dans la majesté de la nature.

[2] La manière dont les esprits sont unis aux corps est tout à fait

Pour lutter contre notre orgueil, contre nos prétentions à pénétrer au delà de ce qu'il nous est impossible de connaître, écoutons Montaigne, abaissons-nous au niveau de cette grande intelligence qui honore l'humanité, de ce profond érudit qui, après de longs et patients travaux, nous dit avec une simplicité charmante :

Moy, qui m'espie de plus prez, qui ay les yeulx incessamment tendus sur moy, comme celuy qui n'a pas fort à faire ailleurs, à peine oserois ie dire la vanité et la foiblesse que ie treuve chez moy : i'ay le pied si instable et si mal assis, ie le treuve si aysé à crouler et si prest au bransle, et ma veue si desreglee, que à ieun ie me sens aultre qu'aprez le repas; si ma santé me rid et la clarté d'un beau iour, me voylà honneste homme; si i'ay un cor qui me presse l'orteil, me voilà renfrongné, mal plaisant, et inaccessible : un mesme pas de cheval me semble tantost rude, tantost aysé; et mesme chemin, à cette heure plus court, une aultre fois plus long; et une mesme forme, ores plus, ores moins agreable : maintenant ie suis à tout faire, maintenant à rien faire; ce qui m'est plaisir à cette heure, me sera quelquesfois peine. Il se faict mille agitations indiscrettes et casuelles chez moy; ou l'humeur melancholique me tient, ou la cholerique; et, de son auctorité privee, à cett' heure le chagrin predomine en moy, à cett' heure l'alaigresse. Quand

merveilleuse, et ne peut être comprise par l'homme ; et cette union est l'homme même.

ie prends des livres, i'auray apperceu, en tel passage, des graces excellentes, et qui auront feru mon ame : qu'un' aultre fois i'y retumbe, i'ay beau le tourner et virer, i'ay beau le plier et le manier, c'est une masse incogneue et informe pour moy. En mes escripts mesmes, ie ne retreuve pas tousiours l'air de ma premiere imagination : ie ne sçais ce que i'ay voulu dire; et m'eschaulde souvent à corriger et y mettre un nouveau sens, pour avoir perdu le premier qui valoit mieulx. Ie ne foys qu'aller et venir : mon iugement ne tire pas tousiours avant; il flotte, il vague,

Velut minuta magno
Deprensa navis in mari, vesaniente vento [1].

Maintesfois, comme il m'advient de faire volontiers, ayant prins, pour exercice et pour esbat, à maintenir une contraire opinion à la mienne, mon esprit, s'appliquant et tournant de ce costé là, m'y attache si bien, que ie ne treuve plus la raison de mon premier advis, et m'en despars. Ie m'entraisne quasi où ie penche, comment que ce soit, et m'emporte de mon poids.

Qui ne se reconnaîtrait plus ou moins dans cette admirable analyse, où le style clair, abondant et d'une merveilleuse souplesse, donne à la pensée la transparence du cristal?

[1] Comme une petite barque surprise en pleine mer par les vents déchaînés. CATULLE.

CHAPITRE XIII.

DE IUGER DE LA MORT D'AULTRUY.

Quand nous iugeons de l'asseurance d'aultruy en la mort, qui est sans doubte la plus remarquable action de la vie humaine, il se fault prendre garde d'une chose, Que malayseement on croit estre arrivé à ce poinct. Peu de gens meurent, resolus que ce soit leur heure derniere; et n'est endroict où la piperie de l'esperance nous amuse plus : elle ne cesse de corner aux aureilles : « D'aultres ont bien esté plus malades sans mourir; l'affaire n'est pas si desesperée qu'on pense; et, au pis aller, Dieu a bien faict d'aultres miracles. »

On a toujours raison d'espérer. D'ailleurs, j'admire peu cette grande fermeté du stoïcien qui, devant la mort, s'efforce de paraître insensible à la douleur. Je vois là surtout la recherche de l'effet, la satisfaction de l'orgueil, la prédominance du moi; et qu'est-ce que le moi dans un pareil moment! Pourquoi ne pas être simple et sincère? Montaigne revient souvent sur ce sujet, qui l'amène par une pente inévitable à nous parler de Socrate et de Caton. Deux belles morts que celles-là! Socrate discourant sur l'immortalité de l'âme! Caton *deschirant tout ensanglanté ses entrailles!* A vrai dire, je ne trouve pas moins belle la mort de l'honnête homme qui, à cette heure suprême, recommande son âme à Dieu, ne laissant derrière lui rien qui pèse sur sa mémoire. Qu'importe qu'il montre une fermeté plus ou moins grande? Ne peut-il donc regretter la vie, se plaindre de souffrir et de quitter ceux qui l'aiment et qui pleurent autour de lui?

Qui veid iamais vieillesse qui ne louast le temps passé et ne blasmast le present, chargeant le monde et les mœurs des hommes de sa misere et de son chagrin?

Je ne suis pas tout à fait convaincu, lorsque Montaigne nous assure qu'il y a plutôt plaisir que douleur à se laisser mourir de faim. Prenez soin, après être resté trois jours sans manger, de vous faire arroser d'eau tiède, et alors c'est la perfection même. Ainsi *defaillit peu à peu le ieune Marcellinus, et non sans quelque volupté.*

J'aime dans ce chapitre le passage où il est question d'Héliogabale. Est-ce de l'histoire? Est-ce de la fantaisie? Je ne sais, mais c'est assez dans le ton de ce Sardanapale romain, qui pouvait croire qu'il aurait un jour ou l'autre quelque bonne raison de se tuer et d'être ainsi, pour la première fois, agréable à ses sujets :

Heliogabalus, parmy ses plus lasches voluptez, desseignoit bien de se faire mourir delicatement, où l'occasion l'en forceroit; et, à fin que sa mort ne desmentist point le reste de sa vie, avoit faict bastir exprez une tour sumptueuse, le bas et le devant de laquelle estoit planché d'ais enrichis d'or et de pierreries, pour se precipiter; et aussi faict faire des chordes d'or et de soie cramoisie pour s'estrangler; et battre une espee d'or pour s'enferrer; et gardoit du venin dans des vaisseaux d'emeraude et de topaze, pour s'empoisonner, selon que l'envie luy prendroit de choisir de toutes ces façons de mourir.....

CHAPITRE XIV.

COMME NOSTRE ESPRIT S'EMPESCHE SOY MESME.

Je ne vois rien à citer de ce chapitre, qui n'a qu'une seule page.

CHAPITRE XV.

QUE NOSTRE DESIR S'ACCROIST PAR LA MALAYSANCE.

..... Il n'est rien naturellement si contraire à nostre goust, que la satieté qui vient de l'aysance; ny rien qui l'aiguise tant, que la rareté et difficulté :

> Galla, nega; satiatur amor, nisi gaudia torquent [1].

La rigueur des maistresses est ennuyeuse; mais l'aysance et la facilité l'est, à vray dire, encores plus : d'autant que le mescontentement et la cholere naissent de l'estimation en quoy nous avons la chose desiree, aiguisent l'amour, et le reschauffent; mais la satieté engendre le desgoust; c'est une passion mousse, hebetee, lasse, et endormie.

> Si qua volet regnare diu, contemnat amantem [2].

> Contemnite, amantes:
> Sic hodie veniet, si qua negavit heri [3].

Pourquoy inventa Poppea de masquer les beautez de son visage, que pour les rencherir à ses amants? Pourquoy a lon voilé iusques au dessoubs des talons ces beautez

[1] Galla, refuse-moi; l'amour se fatigue, quand le plaisir n'est pas un tourment.

[2] La femme qui veut régner longtemps doit dédaigner celui qui l'aime. Ovide.

[3] Amants, affectez la froideur; par là, vous verrez venir à vous, aujourd'hui, celle qui vous repoussait hier. Properce.

que chascune desire montrer, que chascun desire veoir? Pourquoy couvrent elles de tant d'empeschements, les uns sur les aultres, les parties où loge principalement nostre desir et le leur? et à quoy servent ces gros bastions, dequoy les nostres viennent d'armer leurs flancs, qu'à leurrer notre appetit, et nous attirer à elles en nous esloingnant?

Et fugit ad salices, et se cupit ante videri [1].
Interdum tunica duxit operta moram [2].

On voit bien ici que les grands poëtes amoureux et païens faisaient les délices de Montaigne, quelque peu païen lui-même, et comme poëte et comme philosophe.

A quoy sert l'art de cette honte virginale, cette froideur rassise, cette contenance severe, cette profession d'ignorance des choses qu'elles sçavent mieulx que nous qui les en instruisons, qu'à nous accroistre le desir de vaincre, gourmander, et fouler à nostre appetit, toute cette cerimonie et ces obstacles? car il y a non seulement du plaisir, mais de la gloire encores, d'affolir et desbaucher cette molle doulceur et cette pudeur enfantine, et de renger à la mercy de nostre ardeur une gravité froide et magistrale : c'est gloire, disent ils, de triompher de la modestie, de la chasteté, et de la temperance; et qui desconseille aux dames ces parties là, il les trahit, et soy mesme. Il fault croire que le cœur leur fremit d'effroy, que le son de nos mots blece la pureté de leurs aureilles,

1 Elle fuit vers les saules, et veut auparavant être vue. VIRGILE.

2 Souvent sa robe fermée a retardé mes plaisirs. PROPERCE.

qu'elles nous en haïssent, et s'accordent à nostre importunité d'une force forcee. La beauté, toute puissante qu'elle est, n'a pas de quoy se faire savourer, sans cette entremise.....

Si Montaigne ne se trompe pas, la femme a tout avantage à être coquette, et rien, à vrai dire, ne lui est plus facile. Voilà donc un charmant défaut devenu presque une qualité nécessaire. Le moraliste n'est peut-être pas ici parfaitement d'accord avec l'homme du monde, qui observe finement et dépeint à merveille l'irrésistible pouvoir de la coquetterie.

Passant à une question plus grave, Montaigne se montre partisan du divorce, que l'on sait avoir été en usage à Rome. Le propose-t-il comme un moyen d'arriver à aimer sa femme? C'est du moins ce qu'il raconte du grand Caton, qui, dégoûté de sa femme Marcia, *tant qu'elle feut sienne,* se prit à la désirer quand elle fut à un autre.

Nous avons pensé attacher plus ferme le nœud de nos mariages, pour avoir osté tout moyen de les dissouldre; mais d'autant s'est desprins et relasché le nœud de la volonté et de l'affection, que celuy de la contraincte s'est estrecy : et, au rebours, ce qui teint les mariages, à Rome, si long temps en honneur et en seureté, feut la liberté de les rompre qui vouldroit; ils gardoient mieulx leurs femmes, d'autant qu'ils les pouvoient perdre; et, en pleine licence de divorces, il se passa cinq cents ans, et plus, avant que nul s'en servist.

Les deux dernières pages de ce chapitre méritent d'avoir place parmi les plus belles des *Essais*. Je vais les citer presque entièrement. C'est un admirable tableau de ces temps de guerre civile peint par un maître, et dans lequel la figure de Montaigne est grande et belle et son attitude pleine de noblesse. Tout ce morceau est un chef-d'œuvre.

A l'adventure sert, entre aultres moyens, l'aysance, à couvrir ma maison de la violence de nos guerres civiles; la deffense attire l'entreprinse; et la desfiance, l'offense. I'ay affoibly le desseing des soldats, ostant à leur exploict le hazard, et toute matiere de gloire militaire, qui a accoustumé de leur servir de tiltre et d'excuse : ce qui est faict courageusement, est tousiours faict honorablement, en temps où la iustice est morte. Ie leur rends la conqueste de ma maison lasche et traistresse : elle n'est close à personne qui y heurte; il n'y a pour toute prouvision qu'un portier, d'ancien usage et cerimonie, qui ne sert pas tant à deffendre ma porte, qu'à l'offrir plus decemment et gracieusement; ie n'ay ny garde ny sentinelle que celle que les astres font pour moy. Un gentilhomme a tort de faire montre d'estre en deffense, s'il ne l'est parfaictement. Qui est ouvert d'un costé, l'est par tout : nos peres ne penserent pas à bastir des places frontieres. Les moyens d'assaillir, ie dis sans batterie et sans armee, et de surprendre nos maisons, croissent touts les iours au dessus des moyens de se garder; les esprits s'aiguisent generalement de ce costé là : l'invasion touche touts; la deffense non, que les riches. La mienne estoit forte selon le temps qu'elle feut faicte; ie n'y ai rien adiousté de ce costé là, et craindrois que sa force se tournast contre moy mesme; ioinct qu'un temps paisible requerra qu'on les desfortifie. Il est dangereux de ne les pouvoir regaigner, et est difficile de s'en asseurer : car en matiere de guerres intestines, vostre valet peult estre du party que vous craignez; et où la religion sert de pretexte, les parentez mesmes deviennent infiables avecques couverture de iustice.

..... Ce que tant de maisons gardees se sont perdues, où cette cy dure, me faict souspeçonner qu'elles se sont perdues de ce qu'elles estoient gardees; cela donne et l'envie et la raison à l'assaillant : toute garde porte visage de guerre. Qui se iectera, si Dieu veult, chez moy; mais tant y a, que ie ne l'y appelleray pas : c'est la retraicte à me reposer des guerres. I'essaye de soustraire ce coing à la tempeste publique, comme ie fois un aultre coing en mon ame. Nostre guerre a beau changer de formes, se multiplier et diversifier en nouveaux partis : pour moy ie ne bouge. Entre tant de maisons armees, moy seul, que ie sçache, en France, de ma condition, ay fié purement au ciel la protection de la mienne; et n'en ay iamais osté ni vaisselle d'argent, ny tiltre, ny tapisserie. Ie ne veulx ny me craindre, ny me sauver à demy. Si une pleine recognoissance acquiert la faveur divine, elle me durera iusqu'au bout; sinon, i'ay tousiours assez duré pour rendre ma duree remarquable et enregistrable. Comment? il y a bien trente ans.

CHAPITRE XVI.

DE LA GLOIRE.

Il y a le nom et la chose, dit Montaigne en commençant ce chapitre. Le nom a toujours été très-recherché; la chose sera toujours mal définie. Ainsi un fléau terrible, ce qu'il y a de pire au monde, la guerre, est ce qui donne le plus de gloire. A gagner des batailles, un grand capitaine occupe la première place dans l'admiration des peuples. Il faut sans doute attribuer la cause de ces entraînements de la foule à l'éclat et au retentissement produits par de telles actions. Le génie, le mérite élevé, les faits où la grandeur se mêle à l'utilité, font moins de bruit et n'obtiennent pas une somme de gloire aussi forte que les succès guerriers. Qu'est-ce donc que la gloire? Un mot qui exprime une idée complexe et qui prête à un nombre illimité de définitions.

C'est à Dieu seul que la gloire appartient. Cette pensée grande et vraie est celle de Montaigne. Après lui, Raynal, dans son *Histoire philosophique,* a dit de même : « La gloire appartient à Dieu dans le ciel. » Puis il ajoute : « Sur la terre, c'est le lot de la vertu utile, bienfaisante, éclatante, héroïque. » C'est la vertu des Las Casas et des Vincent de Paul. Mais. encore une fois, la gloire se présente à nous sous mille aspects que nous apprécions différemment, selon nos sentiments et nos préférences.

Montaigne nous éclaire peu sur cette question et ne précise rien. Pourtant il ne fait pas fi de la gloire. On voit qu'il y pense un peu pour lui-même, et j'aime à faire cette remarque que les hommes supérieurs, presque toujours méconnus de leurs contemporains, ont à un haut degré le sentiment de leur force, et comptent avec une confiance sereine sur l'approbation de la postérité. Montaigne savait que son livre lui survivrait et serait pour lui un titre de gloire véritable.

Oui, la véritable gloire est celle que donnent les chefs-d'œuvre qui traversent les siècles, sans lasser l'admiration. Bien d'autres genres de gloire tiennent essentiellement au hasard et à la fortune. C'est ce que nous dit Montaigne :

C'est le sort qui nous applique la gloire, selon sa temerité. Ie l'ay veue fort souvent marcher avant le merite; et souvent oultrepasser le merite d'une longue mesure. Celuy qui premier s'advisa de la ressemblance de l'umbre, à la gloire, feit mieulx qu'il ne vouloit : ce sont choses excellemment vaines : elle va aussi quelquesfois devant son corps; et quelquesfois l'excede de beaucoup en longueur.....

A qui doibvent Cesar et Alexandre cette grandeur infinie de la renommee, qu'à la fortune? combien d'hommes a elle esteincts sur le commencement de leur progrez, desquels nous n'avons aulcune cognoissance, qui y apportoient mesme courage que le leur, si le malheur de leur sort ne les eust arrestez tout court sur la naissance mesme de leurs entreprinses? Au travers de tant et si extremes dangiers, il ne me souvient point avoir leu que Cesar ayt esté iamais blecé : mille sont morts de moindres perils que le moindre de ceulx qu'il franchit.

Les philosophes, pour la plupart, ne veulent pas que nous nous fassions de la vertu un moyen de bonheur, et proscrivent la morale de l'intérêt. Montaigne est moins sévère; il sait faire la part de notre faiblesse; il sait qu'exiger trop de nous, c'est le meilleur moyen de n'en rien obtenir; enfin, il ne pense pas qu'une abnégation absolue soit de toute nécessité pour accomplir le bien :

..... Quand, pour sa droicture, ie ne suyvrois le droict chemin, ie le suyvrois pour avoir trouvé, par experience, qu'au bout du compte, c'est communement le plus heureux et le plus utile : *Dedit hoc providentia hominibus munus, ut honesta magis iuvarent*[1]. Le marinier ancien disoit ainsin à Neptune, en une grande tempeste : « O Dieu, tu me sauveras, si tu veulx; si tu veulx, tu me perdras : mais si tiendray ie tousiours droict mon timon. »

[1] C'est un bienfait de la providence des dieux, que les choses honnêtes sont aussi les plus utiles. QUINTILIEN.

I'ai veu de mon temps mill' hommes soupples, mestis, ambigus, et que nul ne doubtoit plus prudents mondains que moy, se perdre où ie me suis sauvé :

Il y a ie ne sçais quelle doulceur naturelle à se sentir louer; mais nous luy prestons trop de beaucoup.

CHAPITRE XVII.

DE LA PRESUMPTION.

Il y a une aultre sorte de gloire, qui est une trop bonne opinion que nous concevons de nostre valeur. C'est un'affection inconsideree, de quoy nous nous cherissons, qui nous represente à nous mesmes aultres que nous ne sommes : comme la passion amoureuse preste des beautez et des graces au subiect qu'elle embrasse, et faict que ceulx qui en sont esprins treuvent, d'un iugement trouble et alteré, ce qu'ils aiment aultre et plus parfaict qu'il n'est.

Molière a paraphrasé cette idée au second acte du *Misanthrope*. Tout le monde connaît les vers d'Éliante, et cependant je les cite, parce qu'il est toujours agréable de les relire :

L'amour, pour l'ordinaire, est peu fait à ces lois,
Et l'on voit les amants vanter toujours leur choix ;

Jamais leur passion n'y voit rien de blâmable,
Et dans l'objet aimé tout leur devient aimable;
Ils comptent les défauts pour des perfections,
Et savent y donner de favorables noms :
La pâle est aux jasmins en blancheur comparable;
La noire à faire peur, une brune adorable;
La maigre a de la taille et de la liberté;
La grasse est, dans son port, pleine de majesté,
La malpropre sur soi, de peu d'attraits chargée,
Est mise sous le nom de beauté négligée;
La géante paraît une déesse aux yeux;
La naine un abrégé des merveilles des cieux;
L'orgueilleuse a le cœur digne d'une couronne;
La fourbe a de l'esprit, la sotte est toute bonne;
La trop grande parleuse est d'agréable humeur,
Et la muette garde une honnête pudeur.
C'est ainsi qu'un amant dont l'ardeur est extrême
Aime jusqu'aux défauts des personnes qu'il aime.

Montaigne blâme également une modestie exagérée et toujours peu sincère :

Ie ne veulx pas qu'un homme se mescognoisse pourtant, ny qu'il pense estre moins que ce qu'il est; le iugement doibt tout par tout maintenir son droict : c'est raison qu'il veoye en ce subiect, comme ailleurs, ce que la verité luy presente; si c'est Cesar, qu'il se treuve hardiement le plus grand capitaine du monde. Nous ne sommes que cerimonie : la cerimonie nous emporte, et laissons la substance des choses! nous nous tenons aux branches, et abandonnons le tronc et le corps : nous avons apprins aux dames de rougir, oyants seulement nommer ce qu'elles ne craignent aulcunement à faire..... la cerimonie nous deffend d'exprimer, par paroles, les choses licites et naturelles, et nous l'en croyons; la raison nous deffend de n'en faire point d'illicites et mauvaises, et personne ne l'en croit. Ie me treuve icy empestré ez loix de la cerimonie; car elle ne permet, ny qu'on parle bien de soy, ny qu'on en parle mal : nous la lairrons là pour ce coup.

Un peu plus loin Montaigne plaisante spirituellement sur la vanité des auteurs :

Ce que ie treuve excusable du mien, ce n'est pas de soy et à la verité, mais c'est à la comparaison d'aultres choses pires, ausquelles ie veois qu'on donne credit. Ie suis envieux du bonheur de ceulx qui se sçavent resiouïr et gratifier en leur ouvrage; car c'est un moyen aysé de se donner du plaisir, puisqu'on le tire de soy mesme, specialement s'il y a un peu de fermeté en leur opiniastrise. Ie sçais un poëte à qui, fort et foible, en foule et en chambre, et le ciel et la terre crient qu'il n'y entend gueres : il n'en rabbat pour tout cela rien de la mesure à quoy il s'est taillé; tousiours recommence, tousiours reconsulte, et tousiours persiste, d'autant plus fort en son advis, et plus roide, qu'il touche à luy seul de le maintenir.

N'est-ce pas charmant? Clitandre ne parle pas mieux de M. Trissotin. Écoutez Molière après Montaigne. C'est le même livre, le livre du cœur humain; c'est à peine tourner la page :

Oui, vous avez raison; mais monsieur Trissotin
M'inspire au fond de l'âme un dominant chagrin.
Je ne puis consentir, pour gagner ses suffrages,
A me deshonorer en prisant ses ouvrages;
C'est par eux qu'à mes yeux il a d'abord paru,
Et je le connoissois avant de l'avoir vu.
Je vis, dans le fatras des écrits qu'il nous donne,
Ce qu'étale en tous lieux sa pédante personne,
La constante hauteur de sa présomption,
Cette intrépidité de bonne opinion,
Cet indolent état de confiance extrême
Qui le rend en tout temps si content de soi-même,
Qui fait qu'à son mérite incessamment il rit,
Qu'il se sait si bon gré de tout ce qu'il écrit,
Et qu'il ne voudrait pas changer sa renommée
Contre tous les honneurs d'un général d'armée.

Voilà deux excellents portraits du poëte vaniteux, tous deux très-ressemblants, et certes, on peut dire, à l'honneur de Molière, que le second n'est pas le moins du monde la copie du premier.

Il n'est plus question de la présomption dans le reste de ce chapitre. Montaigne nous y parle de lui et ne se flatte pas, tant s'en faut. On pourrait même remarquer qu'il se méconnaît à plaisir. Il semble examiner à la loupe son intelligence d'une valeur tout exceptionnelle, et il le savait bien, pour en relever les défectuosités, les faiblesses et les contradictions qui tiennent à l'essence même de la nature humaine, et que tous, dans une proportion plus ou moins forte, nous portons avec nous comme l'empreinte de notre condition terrestre. Évidemment Montaigne se traite avec trop de sévérité. Il a parfois, dans les *Essais*, de ces moments d'humeur chagrine où il voit tout en noir, et, sans s'épargner lui-même, nous fait en vérité pires que nous ne sommes. C'est un peu cet esprit misanthropique que la Rochefoucauld, un siècle plus tard, porta encore beaucoup plus loin dans son livre des *Maximes*. Mais il y a danger à trop mal parler de soi. La franchise est bien vite suspectée, et c'est tout au plus si, pour ne pas être impoli, on vous croit à moitié.

Ainsi, Montaigne qui observait trop profondément pour ne pas avoir, par comparaison, le sentiment de sa supériorité, ne saurait être le bienvenu à dire qu'il se tient *de la commune sorte,* que tout est grossier dans son esprit, et que *sa façon n'ayde rien à la matière,* que son parler est informe et sans règle, enfin qu'il ne sait pas plaire, et que le meilleur conte du monde se sèche entre ses mains et se ternit. C'est précisément tout le contraire, et l'on est bien forcé, pour cette fois, d'être en complet désaccord avec lui.

Par exemple il a raison, il est dans la vérité quand il dit : *Il n'est iamais party quelque chose de moy qui me contentast; et l'approbation d'aultruy ne me paye pas.* Tous les esprits supérieurs en sont là. Pour aller loin, très-loin dans les arts, dans les lettres, il faut voir encore bien au delà et n'être jamais complétement satisfait. On ne peut être un grand artiste, un grand écrivain qu'à cette condition. Cet *au delà,* c'est l'étoile qui brille dans le ciel de l'idéal et qui dirige le génie.

Montaigne fait, à propos de son style, une observation vraie, mais que je ne regarde pas comme une critique fondée des *Essais* :

Mon langage françois est alteré, et en la prononciation, et ailleurs, par la barbarie de mon creu.

Il est vrai que la langue de Montaigne était arriérée au temps même où il écrivait. Son ami Estienne Pasquier le lui reprochait, en causant avec lui dans la cour du château de Blois, pendant la tenue des États. Je demande ce que cette langue inimitable aurait gagné à se conformer davantage aux règles grammaticales observées par ses contemporains. Elle est bien autrement arriérée aujourd'hui; et cependant son originalité, ses grâces naïves, sa puissance de relief, ses formes imagées et très-souvent poétiques la maintiennent au niveau des écrits qui ont été depuis le plus admirés. Je ne trouverais pas étrange qu'elle leur fût préférée.

Ici Montaigne considère la beauté corporelle comme un avantage important, et se plaint en termes assez plaisants d'être de petite taille :

La beauté est une piece de grande recommendation au commerce des hommes; c'est le premier moyen de conciliation des uns aux aultres, et n'est homme si barbare et si rechigné qui ne se sente aulcunement frappé de sa doulceur. Le corps a une grande part à nostre estre, il y tient un grand reng; ainsi sa structure et composition sont de bien iuste consideration.

..... La premiere distinction qui ayt esté entre les hommes, et la premiere consideration qui donna les preeminences aux uns sur les aultres, il est vraysemblable que ce feut l'advantage de la beauté.....

Or, ie suis d'une taille un peu au dessoubs de la moyenne : ce default n'a pas seulement de la laideur, mais encores de l'incommodité, à ceulx mesmement qui ont des commandements et des charges; car l'auctorité que donne une belle presence et maiesté corporelle en est à dire.

C'est un grand despit, qu'on s'addresse à vous parmi vos gents pour vous demander « Où est monsieur? » et que vous n'ayez que le reste de la bonnetade qu'on faict à vostre barbier ou à vostre secretaire.

D'addresse et de disposition, ie n'en ai point eu, et si suis fils d'un pere tresdispos, et d'une alaigresse qui lui dura iusques à son extreme vieillesse. Il ne trouva gueres homme de sa condition qui s'egualast à luy en tout exercice de corps : comme ie n'en ai trouvé gueres aulcun qui ne me surmontast; sauf au courir, en quoy i'estois des mediocres. De la musique, ny pour la voix, que i'y ay tres inepte; ny pour les instruments, on ne m'y a iamais sceu rien apprendre. A la danse, à la paulme, à la luicte, ie n'y ay peu acquerir qu'une bien fort legiere et vulgaire suffisance; à nager, à escrimer, à voltiger, et à saulter, nulle du tout. Les mains, ie les ay si gourdes, que ie ne sçais pas escrire seulement pour moy; de façon que, ce que i'ay barbouillé, i'aime mieulx le refaire que de me donner la peine de le demesler : et ne lis gueres mieulx; ie me sens poiser aux escoutants : aultrement bon clerc. Ie ne sçais pas clorre à droict une lettre, ny ne sceus iamais tailler plume, ny trancher à table, qui vaille, ny equipper un cheval de son harnois, ny porter à poing un oyseau et le lascher, ny parler aux chiens, aux oyseaux, aux chevaulx. Mes conditions corporelles sont en somme tresbien accordantes à celles de l'ame : il n'y a rien d'alaigre; il y a seulement une vigueur pleine et ferme : ie dure bien à la peine; mais i'y dure, si ie m'y porte moi mesme, et autant que mon desir m'y conduict : aultrement, si ie n'y suis alleiché par quelque plaisir, et si i'ay aultre guide que ma pure et libre volonté, ie n'y vauls rien; car i'en suis là, que, sauf la santé et la vie, il n'est chose pour quoy ie veuille ronger mes ongles, et que ie veuille acheter au prix du torment d'esprit et de la contraincte :

Tanti mihi non sit opaci
Omnis arena Tagi, quodque in mare volvitur aurum [1].

Extremement oysif, extremement libre, et par nature et par art, ie presterois aussi volontiers mon sang que mon soing. I'ay une ame libre et toute sienne, accoustumee à se conduire à sa mode : n'ayant eu iusques à cette heure, ny commandant, ny maistre forcé, i'ay marché aussi avant, et le pas, qu'il m'a pleu; cela m'a amolli et rendu inutile au service d'aultruy, et ne m'a faict bon qu'à moy.

Et, pour moy, il n'a esté besoing de forcer ce naturel poisant, paresseux, et faineant; car, m'estant trouvé en tel degré de fortune, dez ma naissance, que i'ay eu occasion de m'y arrester (une occasion pourtant que mille aultres de ma cognoissance eussent prinse pour planche plus tost à se passer à la queste, à l'agitation et inquietude), et en tel degré de sens, que i'ay senty en avoir occasion, ie n'ay rien cherché, et n'ay aussi rien prins :

Montaigne ne veut pas que les princes et les rois soient dispensés de dire la vérité. Sur ce point son langage est sévère et digne d'un homme, au cœur ferme, qui avait quitté la cour parce que sa franchise ne pouvait qu'y être parfaitement déplacée :

Mon ame, de sa complexion, refuyt la menterie, et hait mesme à la penser; i'ay un'interne vergogne et un remords picquant, si parfois elle m'eschappe; comme

[1] Je ne voudrois point à ce prix tout le sable du Tage, avec l'or qu'il porte à l'Océan. JUVÉNAL.

parfois elle m'eschappe, les occasions me surprenant et agitant impremeditement. Il ne fault pas tousiours dire tout; car ce seroit sottise : mais ce qu'on dict, il fault qu'il soit tel qu'on le pense; aultrement, c'est meschanceté. Ie ne sçais quelle commodité ils attendent de se feindre et contrefaire sans cesse, si ce n'est de n'en estre pas creus lors mesmes qu'ils disent verité; cela peult tromper une fois ou deux les hommes : mais de faire profession de se tenir couvert, et se vanter, comme ont faict aulcuns de nos princes, Que « ils iecteroient leur chemise au feu, si elle estoit participante de leurs vrayes intentions », qui est un mot de l'ancien Metellus Macedonicus; et publier, Que « qui ne sçait se feindre, ne sçait pas regner », c'est tenir advertis ceulx qui ont à les practiquer, que ce n'est que piperie et mensonge qu'ils disent.....

Or, de moy, i'aime mieulx estre importun et indiscret, que flatteur et dissimulé. I'advoue qu'il se peult mesler quelque poincte de fierté et d'opiniastreté, à se tenir ainsin entier et ouvert comme ie suis, sans consideration d'aultruy; et me semble que ie deviens un peu plus libre où il le fauldroit moins estre, et que ie m'eschauffe par l'opposition du respect : il peult estre aussi que ie me laisse aller aprez ma nature, à faulte d'art. Presentant aux grands cette mesme licence de langue et de contenance que i'apporte de ma maison, ie sens combien elle decline vers l'indiscretion et incivilité : mais, oultre ce que ie suis ainsi faict, ie n'ay pas l'esprit assez soupple pour gauchir à une prompte demande, et pour en eschapper par quelque destour, ny pour feindre une verité, ny assez de memoire pour la retenir ainsi feincte, ny certes assez d'asseurance pour la maintenir, et foys le brave par foiblesse; parquoy ie m'abandonne à la naïfveté, et à tousiours dire ce que je pense, et par complexion et par desseing, laissant à la fortune d'en conduire l'evenement.....

Après avoir fait l'éloge des poëtes de son temps, Aurat, Buchanan, Mont-Doré, Turnebus, noms disparus dans l'oubli, mais surtout de Ronsard et de du Bellay, qu'il trouve excellents et peu éloignés de l'ancienne perfection, Montaigne termine ce chapitre en exprimant de la manière la plus touchante sa tendre amitié pour Marie de Gournay, qu'il appelle sa fille d'alliance.

Marie le Jars de Gournay était fille d'un gentilhomme qui mourut laissant sa veuve sans fortune avec six enfants. Elle habitait Gournay, en Picardie, et se livrant à des études sérieuses, elle apprit seule le latin. Quand les deux premiers livres des *Essais* parurent, en 1580, mademoiselle de Gournay en fut émerveillée. C'était un esprit très-libre, il faut le croire; car dans les deux premiers livres des *Essais* il y a plusieurs passages terriblement crus et dont la lecture ne convient guère à des jeunes filles. Or mademoiselle de Gournay avait à peine dix-sept ans quand elle se prit d'un vif enthousiasme pour l'œuvre de Montaigne. Ils se rencontrèrent, pour la première fois, à Paris, en 1588. Montaigne ne tarda pas à lui porter une grande affection et passa quelque temps près d'elle et de sa mère, dans le château de Gournay. En 1595, trois ans après la mort de Montaigne, mademoiselle de Gournay publia une édition des *Essais* qui est très-estimée.

Elle ne pouvait recevoir une récompense plus flatteuse de son admiration pour cet homme de génie que les lignes suivantes, qu'il transmit en sa faveur à la postérité :

I'ay prins plaisir à publier, en plusieurs lieux, l'esperance que i'ay de Marie de Gournay le Iars, ma fille d'alliance, et certes aimee de moy beaucoup plus que paternellement, et enveloppee en ma retraicte et solitude comme l'une des meilleures parties de mon propre estre : ie ne regarde plus qu'elle au monde. Si l'adolescence peult donner presage, cette ame sera quelque iour capable des plus belles choses, et entre aultres, de la perfection de cette tressaincte amitié, où nous ne lisons point que son sexe ayt peu monter encores : la sincerité et la solidité de ses mœurs y sont desia bastantes; son affection vers moy, plus que surabondante, et telle, en somme, qu'il n'y a rien à souhaiter, sinon que l'apprehension qu'elle a de ma fin, par les cinquante et cinq ans ausquels elle m'a rencontré, la travaillast moins cruellement. Le iugement qu'elle feit des premiers Essais, et femme, et en ce siecle, et si ieune, et seule en son quartier; et la vehemence fameuse dont elle m'aima et me desira longtemps, sur la seule estime qu'elle en print de moy, longtemps avant m'avoir veu, sont des accidents de tresdigne consideration.

CHAPITRE XVIII.

DU DESMENTIR.

Avant de s'occuper du titre de ce chapitre, Montaigne croit devoir répondre au reproche qu'on lui fait de parler trop souvent de lui :

Voire mais, on me dira que ce desseing de se servir de soy, pour subiect à escrire, seroit excusable à des hommes rares et fameux, qui, par leur reputation, auroient donné quelque desir de leur cognoissance. Il est certain, je l'advoue et sçais bien, que pour veoir un homme de la commune façon, à peine qu'un artisan leve les yeulx de sa besongne ; là où, pour veoir un personnage grand et signalé arriver en une ville, les ouvroirs et les boutiques s'abandonnent. Il messied à tout aultre de se faire cognoistre, qu'à celuy qui a de quoy se faire imiter, et duquel la vie et les opinions peuvent servir de patron.....

J'interromps ici l'auteur des *Essais* et je prétends, au contraire, qu'il y a beaucoup de choses excellentes à imiter dans sa vie et à prendre dans ses opinions. Les circonstances se prêtent très-exceptionnellement à l'imitation des hommes qui se signalent à l'attention publique par des faits éclatants. Mais il nous est possible de nous rapprocher des moralistes de tous les temps et de tous les pays, qui éclairent notre raison et sont nos meilleurs guides dans le chemin de la vie. Si nous ne faisons pas tout ce qu'ils nous conseillent, consolons-nous en pensant qu'il en a été de même pour eux, et que souvent leurs actions sont restées au-dessous de leurs écrits. Ceux qui, ainsi que Montaigne, ne nous demandent pas l'impossible, sont les meilleurs. On dit sa morale trop facile. Ce n'est pas mon avis. Elle suffit largement à faire des hommes honnêtes, indulgents et sincères. Que demander de plus?

Je reprends ma citation :

Cesar et Xenoplon ont eu de quoy fonder et fermir leur narration, en la grandeur de leurs faicts, comme en une base iuste et solide : ainsi sont à souhaiter les papiers iournaux du grand Alexandre, les commentaires qu'Auguste, Caton, Sylla, Brutus, et aultres avoient laissez de leurs gestes : de telles gents, on aime et estudie les figures, en cuivre mesme et en pierre.

Cette remontrance est tresvraye; mais elle ne me touche que bien peu..... Ie ne dresse pas icy une statue à planter au quarrefour d'une ville, ou dans une eglise, ou place publicque.... : c'est pour le coing d'une librairie, et pour en amuser un voisin, un parent, un amy, qui aura plaisir à me raccointer et repractiquer en cett' image.....

Quel contentement me seroit ce d'ouïr ainsi quelqu'un qui me recitast les mœurs, le visage, la contenance, les plus communes paroles, et les fortunes de mes ancestres! combien i'y serois attentif! Vrayement cela partiroit d'une mauvaise nature, d'avoir à mespris les pourtraicts mesmes de nos amis et predecesseurs, la forme de leurs vestements et de leurs armes. I'en conserve l'escriture, le seing, des heures, et un' espee peculiere qui leur a servi; et n'ay point chassé de mon cabinet des longues gaules que mon pere portoit ordinairement en la main.... : Si toutesfois ma posterité est d'aultre appetit, i'auray bien de quoy me revencher; car ils ne sçauroient faire moins de compte de moy que i'en feray d'eulx en ce temps là.....

Et quand personne ne me lira, ay ie perdu mon temps, de m'estre entretenu tant d'heures oysyfves à des pensements si utiles et agreables? Moulant sur moy cette figure, il m'a fallu si souvent me testonner et composer pour m'extraire, que le patron s'en est fermy, et aulcunement formé soy mesme : me peignant pour aultruy, ie me suis peinct en moy, de couleurs plus nettes que n'estoient les miennes premieres. Ie n'ay pas plus faict mon livre, que mon livre m'a faict..... Ay ie perdu mon temps, de m'estre rendu compte de moy, si continuellement, si curieusement?.....

Non certes, Montaigne ne perdait pas son temps et ne pouvait craindre de n'être pas lu. Son contemporain de Thou a dit de lui avec raison : « C'est un » homme d'une liberté naturelle, que ses *Essais* im- » mortaliseront dans la postérité la plus reculée. » Il aurait été moins lu, s'il avait moins parlé de lui. Pour les esprits qui aiment à observer, la monographie d'un homme supérieur, faite par lui-même, présente un grand intérêt, et quand elle est en même temps un chef-d'œuvre de style, comme les *Essais,* il est peu de livres qui puissent lui être préférés. Cette étude d'un homme, sur laquelle la pensée répand une lumière si belle, je la compare à un portrait de Rembrandt. C'est vrai, c'est simple, c'est intelligent au suprême degré, et tous deux, Montaigne et Rembrandt, sont de merveilleux coloristes.

Vers la fin de ce chapitre, Montaigne reproche à son siècle d'avoir mis en honneur le mensonge et la dissimulation :

..... Mais à qui croirons-nous parlant de soy, en une saison si gastee? veu qu'il en est peu, ou point, à qui nous puissions croire parlant d'aultruy, où il y a moins d'interest à mentir. Le premier traict de la corruption des mœurs, c'est le bannissement de la verité..... Nostre verité de maintenant, ce n'est pas ce qui est, mais ce qui se persuade à aultruy : comme nous appellons Monnoye, non celle qui est loyale seulement, mais la faulse aussi qui a mise. Nostre nation est de long temps reprochee de ce vice : car Salvianus Massiliensis, qui estoit du temps de l'empereur Valentinian, dict, « qu'aux François le » mentir et se pariurer n'est pas vice, mais une façon » de parler. » Qui vouldroit encherir sur ce tesmoignage, il pourroit dire que ce leur est à present vertu : on s'y façonne, comme à un exercice d'honneur ; car la dissimulation est des plus notables qualitez de ce siecle.

..... Quant aux divers usages de nos desmentirs, et les loix de nostre honneur en cela, et les changements qu'elles ont receu, ie remets à une aultre fois d'en dire ce que i'en sçais; et apprendray ce pendant, si ie puis, en quel temps print commencement cette coustume de si exactement poiser et mesurer les paroles, et d'y attacher nostre honneur : car il est aysé à iuger qu'elle n'estoit pas anciennement entre les Romains et les Grecs; et m'a semblé souvent nouveau et estrange de les veoir se desmentir et s'iniurier, sans entrer pourtant en querelle : les loix de leur debvoir prenoient quelque aultre voye que les nostres. On appelle Cesar, tantost voleur, tantost yvrongne, à sa barbe : nous veoyons la liberté des invectives qu'ils font les uns contre les aultres, ie dis les plus grands chefs de guerre de l'une et l'aultre nation, où les paroles se revenchent seulement par les paroles, et ne se tirent à aultre consequence.

CHAPITRE XIX.

DE LA LIBERTÉ DE CONSCIENCE.

Il faut remarquer la première page de ce chapitre, et jamais le bon sens ne s'est mieux exprimé pour blâmer les emportements du zèle religieux :

Il est ordinaire de veoir les bonnes intentions, si elles sont conduictes sans moderation, poulser les hommes à des effects tresvicieux. En ce debat, par lequel la France est à present agitee de guerres civiles, le meilleur et le plus sain party est sans doubte celuy qui maintient et la religion et la police ancienne du païs : entre les gents de bien toutesfois qui le suyvent (car ie ne parle point de ceulx qui s'en servent de pretexte pour, ou exercer leurs vengeances particulieres, ou fournir à leur avarice, ou suyvre la faveur des princes; mais de ceulx qui le font par vray zele envers leur religion, et saincte affection à maintenir la paix et l'estat de leur patrie), de ceulx cy, dis ie, il s'en veoid plusieurs que la passion poulse hors les bornes de la raison, et leur faict par fois prendre des conseils iniustes, violents, et encores temeraires.

Il est certain qu'en ces premiers temps que nostre religion commencea de gaigner auctorité avecques les loix, le zele en arma plusieurs contre toute sorte de livres payens, de quoy les gents de lettres souffrent une merveilleuse perte; i'estime que ce desordre ayt plus porté de nuisance aux lettres, que touts les feux des barbares : Cornelius Tacitus en est un bon tesmoing; car quoyque l'empereur Tacitus, son parent, en eust peuplé, par ordonnances expresses, toutes les librairies du monde; toutesfois un seul exemplaire entier n'a peu eschapper la curieuse recherche de ceulx qui desiroient l'abolir pour cinq ou six vaines clauses contraires à nostre creance.

Ils ont aussi eu cecy, de prester ayseement des louanges faulses à touts les empereurs qui faisoient pour nous, et condamner universellement toutes les actions de ceulx qui nous estoient adversaires, comme il est aysé à veoir en l'empereur Iulian, surnommé l'Apostat. C'estoit, à la verité, un tresgrand homme et rare, comme celuy qui avoit son ame vifvement teincte des discours de la philosophie, ausquels il faisoit profession de regler toutes ses actions; et de vray, il n'est aulcune sorte de vertu de quoy il n'ait laissé de tresnotables exemples : En chasteté (de laquelle le cours de sa vie donne bien clair tesmoignage), on lit de luy un pareil traict à celuy d'Alexandre et de Scipion, que de plusieurs tresbelles captifves, il n'en voulut pas seulement veoir une, estant en la fleur de son aage; car il feut tué par les Parthes, aagé de trente un ans seulement : Quant à la iustice, il prenoit luy mesme la peine d'ouïr les parties; et encores que par curiosité il s'informast, à ceulx qui se presentoient à luy, de quelle religiòn ils estoient, toutesfois l'inimitié qu'il portoit à la nostre ne donnoit aulcun contrepoids à la balance : il feit luy mesme plusieurs bonnes loix; et retrancha une grande partie des subsides et impositions que levoient ses predecesseurs.

A propos de cet éloge de l'empereur Julien, Montaigne, pendant son séjour à Rome en 1581, fut blâmé par la censure pontificale. Il promit de faire des changements; mais il n'en fit pas.

Quand, au quatrième siècle, l'empereur Julien, après avoir abjuré la religion chrétienne, tenta de restaurer le culte du paganisme, il eut une malheureuse idée, qui n'avait aucune chance de succès. Elle lui valut le surnom d'Apostat et les jugements rigoureux jusqu'à l'injustice des historiens ecclésiastiques. Le règne de Julien ne dura que deux années. Il fut tué à trente-deux ans dans une bataille qu'il gagna contre les Parthes. Avant son règne, pendant un long séjour dans les Gaules, il montra les qualités d'un grand capitaine et d'un habile administrateur. C'était de plus un écrivain distingué et de beaucoup d'esprit. Enfin, ce qu'on ne peut dire que d'un très-petit nombre d'empereurs, il ne persécuta personne.

CHAPITRE XX.

NOUS NE GOUSTONS RIEN DE PUR.

Il n'est que trop vrai que nous ne goûtons rien de pur, et cette pensée a besoin d'être revêtue d'une forme piquante et originale, pour que le lecteur ne tourne pas la page. Montaigne l'a bien compris, peut-être trop bien, en s'inspirant dans son langage de l'école cyrénaïque, la moins chaste de toutes les écoles. Mais laissons-le parler :

Des plaisirs et biens que nous avons, il n'en est aulcun exempt de quelque meslange de mal et d'incommodité..... Nostre extreme volupté a quelque air de gemissement et de plaincte; diriez vous pas qu'elle se meurt d'angoisse? Voire quand nous en forgeons l'image en son excellence, nous la fardons d'epithetes et qualitez maladifves et douloureuses, langueur, mollesse, foiblesse, defaillance, *morbidezza*..... La profonde ioye a plus de severité que de gayeté; l'extreme et plein contentement, plus de rassis que d'enioué..... C'est ce que dict un verset grec ancien, de tel sens, « Les dieux nous vendent touts les biens qu'ils nous donnent. »

Voiture a dit dans une de ses lettres : « Pour l'ordinaire, la fortune nous vend bien chèrement ce qu'on croit qu'elle nous donne », et tout le monde connaît les beaux vers de la Fontaine :

Il lit au front de ceux qu'un vain luxe environne,
Que la fortune vend ce qu'on croit qu'elle donne.

Cette pensée se retrouve aussi dans Voltaire :

Le bonheur est un bien que nous vend la nature.

..... Metrodorus disoit, qu'en la tristesse il y a quelque alliage de plaisir. Ie ne sçais s'il vouloit dire aultre chose; mais, moy, j'imagine bien qu'il y a du desseing, du consentement, et de la complaisance, à se nourrir en la melancholie : ie dis oultre l'ambition, qui s'y peult encores mesler; il y a quelque umbre de friandise et de delicatesse qui nous rit et qui nous flatte au giron mesme de la melancholie. Y a il pas des complexions qui en font leur aliment?

Est quædam flere voluptas [1].

L'extremité du rire se mesle aux larmes.

---

[1] Les larmes ont quelque douceur. Ovide.

L'esprit profondément observateur de Montaigne se montre dans la page qui termine ce chapitre. Cela, je pense, a été peu dit; mais il est certain que cela n'a jamais été si bien dit :

Il est pareillement vray que, pour l'usage de la vie, et service du commerce publicque, il y peult avoir de l'excez en la pureté et perspicacité de nos esprits; cette clarté penetrante a trop de subtilité et de curiosité : il les fault appesantir et esmousser pour les rendre plus obeïssants à l'exemple et à la practique, et les espessir et obscurcir pour les proportionner à cette vie tenebreuse et terrestre ; pourtant se treuvent les esprits communs et moins tendus, plus propres et plus heureux à conduire affaires; et les opinions de la philosophie eslevees et exquises se treuvent ineptes à l'exercice. Cette poinctue vivacité d'ame, et cette volubilité soupple et inquiete, trouble nos negociations. Il fault manier les entreprinses humaines plus grossierement et superficiellement, et en laisser bonne et grande part pour les droicts de la fortune : il n'est pas besoin d'esclairer les affaires si profondement et si subtilement: on s'y perd, à la consideration de tant de lustres contraires et formes diverses.....

Qui en recherche et embrasse toutes les circonstances et consequences, il empesche son eslection : un engin moyen conduict egualement, et suffit aux executions de grand et de petit poids. Regardez que les meilleurs mesnagiers sont ceulx qui nous sçavent moins dire comme ils le sont; et que ces suffisants conteurs n'y font le plus souvent rien qui vaille : ie sçais un grand diseur et tres-excellent peintre de toute sorte de mesnage, qui a laissé bien piteusement couler par ses mains cent mille livres de rente : i'en sçais un aultre qui dict, qui consulte, mieulx qu'homme de son conseil, et n'est point au monde une plus belle montre d'ame et de suffisance; toutesfois, aux effects, ses serviteurs treuvent qu'il est tout aultre, ie dis sans mettre le malheur en compte.

CHAPITRE XXI.

CONTRE LA FAINEANTISE.

Le seigneur de Montaigne n'est pas d'avis qu'on paye de sa personne pour le service d'un prince qui se tient à l'abri du danger, enfermé dans son palais. Il le dit avec « cette liberté naturelle » que de Thou admirait en lui.

L'empereur Vespasian, estant malade de la maladie dont il mourut, ne laissoit pas de vouloir entendre l'estat de l'empire; et, dans son lict mesme, depeschoit sans cesse plusieurs affaires de consequence : et son medecin l'en tansant, comme de chose nuisible à sa santé, « Il fault, disoit il, qu'un empereur meure debout. » Voilà un beau mot, à mon gré, et digne d'un grand prince. Adrian, l'empereur, s'en servit depuis à ce mesme propos : et le debvroit on souvent ramentevoir aux roys, pour leur faire sentir que cette grande charge qu'on leur donne du commandement de tant d'hommes, n'est pas une charge oysifve; et qu'il n'est rien qui puisse si iustement desgouster un subiect de se mettre en peine et en hazard, pour le service de son prince, que de le veoir appoltrony ce pendant luy mesme à des occupations lasches et vaines, et d'avoir soing de sa conservation, le veoyant si nonchalant de la nostre.

Je trouve plus loin un beau récit de la bataille d'Alcazar, en Afrique (1578), où le roi de Portugal dom Sébastien fut complétement battu par les rois de Fez et de Maroc, et disparut dans la mêlée.

Moley Moluch, roy de Fez, qui vient de gaigner contre Sebastian, roy de Portugal, cette iournee fameuse par la mort de trois roys, et par la transmission de cette grande couronne à celle de Castille, se trouva griefvement malade dez lors que les Portugais entrerent à main armee en son estat; et alla tousiours depuis en empirant vers la mort, et la prevoyant. Iamais homme ne se servit de soy plus vigoreusement et bravement. Il se trouva foible pour soustenir la pompe cerimonieuse de l'entree de son camp, qui est, selon leur mode, pleine de magnificence, et chargee de tout plein d'action ; et resigna cet honneur à son frere : mais ce feut aussi le seul office de capitaine qu'il resigna; touts les aultres necessaires et utiles, il les feit treslaborieusement et exactement, tenant son corps couché, mais son entendement et son courage debout et ferme iusques au dernier souspir, et aulcunement au delà. Il pouvoit miner ses ennemis, indiscretement advancez en ses terres; et luy poisa merveilleusement qu'à faulte d'un peu de vie, et pour n'avoir qui substituer à la conduicte de cette guerre et aux affaires d'un estat troublé, il eust à chercher la victoire sanglante et hazardeuse..... Il dressa sa battaille en rond, assiegeant de toutes parts l'ost des Portugais; lequel rond venant à se courber et serrer, les empescha non seulement au conflict (qui feut tresaspre par la valeur de ce ieune roy assaillant), veu qu'ils avoient à montrer visage à touts sens, mais aussi les empescha à la fuyte aprez leur roupte; et, trouvants toutes les yssues saisies et closes, ils feurent contraincts de se reiecter à eulx mesmes...., et s'amonceller les uns sur les aultres, fournissants aux vainqueurs une tresmeurtriere victoire et tresentiere. Mourant il se feit porter et tracasser où le besoing l'appelloit, et, coulant le long des files, enhortoit ses capitaines et soldats, les uns aprez les aultres : mais un coing de sa battaille se laissant enfoncer, on ne le peult tenir qu'il ne montast à cheval l'espee au poing; il s'efforçoit pour s'aller mesler, ses gents l'arrestants, qui par la bride, qui par sa robbe et par ses estriers. Cet effort acheva d'accabler ce peu de vie qui luy restoit : on le recoucha. Luy, se resuscitant comme en sursault de cette pasmoison, toute aultre faculté luy defaillant pour advertir qu'on teust sa mort, qui estoit le plus necessaire commandement qu'il eust lors à faire, afin de n'engendrer quelque desespoir aux siens par cette nouvelle, expira tenant le doigt contre sa bouche close, signe ordinaire de faire silence. Qui vesceut oncques si long temps, et si avant en la mort? qui mourut oncques si debout?

CHAPITRE XXII.

DES POSTES.

Les chemins de fer et la télégraphie électrique donnent une couleur affreusement fanée à ce chapitre. Mais il est curieux rien que par le contraste, et comme il est court, je vais le citer en entier.

Quelques mots avant. Je ne veux pas laisser échapper cette rare occasion de donner un juste éloge au siècle où nous sommes, et, quand nous entrons dans le domaine de la science, il y aurait mauvaise grâce à ne pas mettre le dix-neuvième siècle infiniment au-dessus de ceux qui l'ont précédé. Cette question des postes présente en effet une des conséquences les plus merveilleuses des découvertes scientifiques modernes, puisque aujourd'hui quelques heures suffisent pour nous mettre en communication, dans nos rapports de famille ou d'affaires, avec des pays éloignés de nous de plus de trois mille lieues. Au temps de Montaigne on n'était guère plus avancé que dans l'antiquité la plus reculée. C'est dans l'histoire des Perses qu'il faut chercher les premières traces d'un service de postes. Les civilisations grecque et romaine ne nous signalent aucun progrès notable sur ce point. Au moyen âge, Charlemagne établit des lignes de poste pour faciliter ses communications avec son vaste empire. Mais c'est à Louis XI que la France doit une organisation sérieuse et régulière des postes. Il est vrai que l'édit du 19 juin 1464, établissant cette institution, ne s'occupe que du service du roi : il y consacra des sommes considérables, et, sur toutes les grandes routes de France, il y eut de quatre lieues en quatre lieues des *maîtres tenant les chevaux courants du roi,* qui portaient, de relais en relais, toutes les dépêches qui leur étaient adressées. Enfin Henri III rendit public l'usage de la poste, en créant des messagers royaux se chargeant des lettres des particuliers. Me voici, dans ce rapide exposé, à l'époque où vivait Montaigne, et je m'empresse de lui céder la place :

Ie n'ay pas esté des plus foibles en cet exercice, qui est propre à gents de ma taille, ferme et courte : mais i'en quitte le mestier; il nous essaye trop pour y durer long temps. Ie lisois, à cette heure, que le roy Cyrus, pour recevoir plus facilement nouvelles de touts les costez de son empire, qui estoit d'une fort grande estendue, feit regarder combien un cheval pouvoit faire de chemin en un iour, tout d'une traicte; et à cette distance, il establit des hommes qui avoient charge de tenir des chevaulx prests pour en fournir à ceulx qui viendroient vers luy; et disent aulcuns, que cette vistesse d'aller revient à la mesure du vol des grues.

Cesar dict que Lucius Vibullius Rufus, ayant haste de porter un advertissement à Pompeius, s'achemina vers luy iour et nuict, changeant de chevaulx, pour faire diligence : et luy mesme, à ce que dict Suetone, faisoit cent milles par iour sur un coche de louage; mais c'estoit un furieux courrier; car, où les rivieres luy trenchoient son chemin, il les franchissoit à la nage, et ne se destournoit du droict, pour aller querir un pont ou un gué. Tiberius Nero, allant veoir son frere Drusus malade en Allemaigne, feit deux cents milles en vingt quatre heures, ayant trois coches. En la guerre des Romains contre le roy Antiochus, T. Sempronius Gracchus, dict Tite Live, *per dispositos equos prope incredibili celeritate ab Amphissa tertio die Pellam pervenit*[1] : et appert, à veoir le lieu, que c'estoient postes assises, non ordonnees freschement pour cette course.

L'invention de Cecina à r'envoyer des nouvelles à ceulx de sa maison, avoit bien plus de promptitude : il emporta quand et soy des arondelles, et les relaschoit vers leurs nids quand il vouloit r'envoyer de ses nouvelles, en les teignant de marque de couleur propre à signifier ce qu'il vouloit, selon qu'il avoit concerté avecques les siens.

Au theatre à Rome, les maistres de famille avoient des pigeons dans leur sein, ausquels ils attachoient des lettres, quand ils vouloient mander quelque chose à leurs gents au logis; et estoient dressez à en rapporter response. D. Brutus en usa, assiegé à Mutine; et aultres, ailleurs.

[1] Se rendit en trois jours d'Amphisse à Pella, sur des chevaux de relais, avec une rapidité presque incroyable.

Au Peru, ils couroient sur les hommes, qui les chargeoient sur les espaules à tout des portoires, par telle agilité, que, tout en courant, les premiers porteurs reiectoient aux seconds leur charge, sans arrester un pas.

I'entends que les Valachi, courriers du Grand Seigneur, font des extremes diligences, d'autant qu'ils ont loy de desmonter le premier passant qu'ils treuvent en leur chemin, en luy donnant leur cheval recreu; et que, pour se garder de lasser, ils se serrent à travers le corps bien estroictement d'une bande large, comme font assez d'aultres. Ie n'ay trouvé nul seiour à cet usage.

CHAPITRE XXIII.

DES MAUVAIS MOYENS EMPLOYÉS A BONNE FIN.

Au commencement de ce chapitre quelques mots suffisent à Montaigne pour représenter l'ordre invariable et universel des choses de ce monde :

Il se treuve une merveilleuse relation et correspondance en cette universelle police des ouvrages de nature, qui montre bien qu'elle n'est ny fortuite, ny conduicte par divers maistres. Les maladies et conditions de nos corps se veoient aussi aux estats et polices : les royaumes, les republiques naissent, fleurissent, et fanissent de vieillesse, comme nous.

Après avoir parlé de la guerre comme d'un moyen

détestable employé quelquefois à une bonne fin, Montaigne adresse à Lycurgue un reproche qui n'est peut-être pas complétement juste :

Lycurgus, le plus vertueux et parfaict legislateur qui feust oncques, inventa cette tresiniuste façon, pour instruire son peuple à la temperance, de faire enyvrer par force les Elotes qui estoient leurs serfs, à fin qu'en les veoyant ainsi perdus et ensepvelis dans le vin, les Spartiates prinsent en horreur le desbordement de ce vice.

Il me semble que ces deux mots *par force* sont de trop, et je m'imagine que les Ilotes se prêtaient assez volontiers à servir ainsi de leçon aux petits Spartiates. Dans nos villes, nous avons chaque jour sous les yeux de trop nombreux exemples d'ivrognerie, et, pour nous les offrir, les gens n'ont pas l'habitude de se faire prier.

Ici Montaigne s'élève avec force contre le barbare usage des combats de gladiateurs, et blâme énergiquement les Romains d'avoir employé un pareil moyen pour dresser le peuple à la vaillance et au mépris de la mort :

..... C'estoit, à la verité, un merveilleux exemple, et de tresgrand fruict pour l'institution du peuple, de veoir touts les iours en sa presence, cent, deux cents, voire mille couples d'hommes, armez les uns contre les aultres, se hacher en pieces, avecques une si extreme fermeté de courage, qu'on ne leur veit lascher une parole de foiblesse ou commiseration, iamais tourner le dos, ny faire seulement un mouvement lasche pour gauchir au coup de leur adversaire, ains tendre le col à son espee, et se presenter au coup : il est advenu à plusieurs d'entre eulx, estants blecez à mort de force playes, d'envoyer demander au peuple s'il estoit content de leur debvoir, avant que se coucher pour rendre l'esprit sur la place. Il ne falloit pas seulement qu'ils combattissent et mourussent constamment, mais encores alaigrement; en maniere qu'on les hurloit et mauldissoit, si on les veoyoit estriver à recevoir la mort : les filles mesmes les incitoient :

> Consurgit ad ictus,
> Et, quoties victor ferrum iugulo inserit, illa
> Delicias ait esse suas, pectusque iacentis
> Virgo modesta iubet converso pollice rumpi [1].

Les premiers Romains employoient à cet exemple les criminels : mais depuis on y employa des serfs innocents, et des libres mesmes qui se vendoient pour cet effect, iusques à des senateurs et chevaliers romains, et encores des femmes.... : ce que ie trouverois fort estrange et incroyable si nous n'estions accoustumez de veoir touts les iours, en nos guerres, plusieurs milliasses d'hommes estrangiers, engageants, pour de l'argent, leur sang et leur vie à des querelles où ils n'ont aulcun interest.

[1] La vierge modeste se lève à chaque coup; et toutes les fois que le vainqueur égorge son adversaire, elle s'écrie que cela la charme, et elle fait signe, en renversant le pouce, de percer la poitrine du gladiateur étendu par terre. PRUDENCE.

CHAPITRE XXIV.

DE LA GRANDEUR ROMAINE.

Montaigne exalte, dans ce chapitre, la grandeur romaine. Il cite César faisant des rois, Popilius traçant un cercle autour du roi Antiochus, lui disant avec une parfaite insolence qu'il n'en sortirait qu'après avoir rendu réponse au sénat en obtenant de ce roi qui régnait sur l'Égypte entière cette humble réponse : « Je ferai ce que le sénat me commande. »

Corneille aussi avait en haute estime les Romains, et pensait comme Montaigne quand il faisait dire à Émilie, au troisième acte de *Cinna,* puis à Attale, au premier acte de *Nicomède :*

> Sachez qu'il n'en est point que le ciel n'ait fait naître
> Pour commander aux rois et pour vivre sans maître.

Ce n'était pas tout à fait l'avis du président de Brosses, qui, à vrai dire, n'est pas une grande autorité. Il prétend que c'est un préjugé général qui élève si haut le peuple romain, et les raisons qu'il donne ne sont pas absolument mauvaises ; seulement elles pourraient être présentées en meilleur style : « L'habitude » qu'on a contractée, dit-il, de juger favorablement

» de cette nation sur l'excellente constitution de son » gouvernement par rapport aux nations étrangères » et sur les grands exemples de vertu fournis par » les premiers siècles de la république, empêche la » plupart des gens de faire attention que dans tous » les temps la discorde a régné dans le sein de Rome : » que depuis que la république eut atteint une cer- » taine étendue, presque tous ces personnages qu'on » nous vante ne sont pas moins fameux par des vices » énormes que par de brillantes vertus rassemblées » très-communément dans les mêmes sujets; et que » leur basse cupidité avilissait au dedans la majesté » de l'État, qu'ils relevaient eux-mêmes au dehors » par les talents qui éblouissent le vulgaire [1]. »

Comme atténuation de cette grandeur romaine qui m'a toujours paru avoir été surfaite, je ferai observer qu'il y eut de tout temps à Rome, en nombre considérable, des esclaves par naissance, ou, précisons mieux, des habitants nés à Rome qui, de père en fils, étaient et restaient esclaves. Or il n'y a pas de grand peuple, dans toute l'acception du mot, avec de pareilles institutions sociales. Les républiques à esclaves des sociétés païennes ne nous représentent pas ce qui constitue une nation, c'est-à-dire une réunion de citoyens libres, avec les mêmes lois pour tous, sans

[1] *Vie de Salluste*, par le président DE BROSSES.

exception. La Grèce et Rome furent de puissantes oligarchies, rien de plus, et leur grandeur s'abaisse devant l'idée chrétienne, qui a dit que tous les hommes sont frères. Idée simple et sublime à la fois ! Elle domine tout ce qui a été fait de grand et de beau jusqu'à nos jours, et renferme tout ce qui sera fait dans l'avenir pour le progrès véritable et le bonheur possible de l'humanité. Sans méconnaître les faits mémorables accomplis par les Grecs et les Romains, on peut dire avec raison que l'œuvre des civilisations anciennes est de tout point inférieure à celle du christianisme.

CHAPITRE XXV.

DE NE CONTREFAIRE LE MALADE.

Une épigramme de Martial commence ce chapitre; une lettre de Sénèque le finit. La lettre est des meilleures, ainsi que la traduction que nous en donne Montaigne.

Il y a un epigramme en Martial, qui est des bons, car il y en a chez luy de toutes sortes, où il recite plaisamment l'histoire de Celius, qui, pour fuyr à faire la court à quelques grands à Rome, se trouver à leur lever, les assister et les suyvre, fait la mine d'avoir la goutte; et, pour rendre son excuse plus vraysemblable, se faisoit oindre les iambes, les avoit enveloppees, et contrefaisoit entierement le port et la contenance d'un homme gouteux. Enfin la fortune lui feit ce plaisir, de le rendre goutteux tout à faict.

> Tantum cura potest, et ars doloris !
> Desit fingere Cœlius podagram [1].

Voici la citation de Sénèque : c'est une lettre adressée à Lucilius :

« Tu sçais que Harpasté, la folle de ma femme, est demeuree chez moy, pour charge hereditaire : car, de mon goust, ie suis ennemy de ces monstres; et si i'ay envie de rire d'un fol, il ne me le fault chercher gueres loing, ie ris de moy mesme. Cette folle a subitement perdu la veue. Ie te recite chose estrange, mais veritable : elle ne sent point qu'elle soit aveugle, et presse incessamment son gouverneur de l'emmener, parce qu'elle dict que ma maison est obscure. Ce que nous rions en elle, ie te prie croire qu'il advient à chascun de nous; nul ne cognoist estre avare, nul convoiteux : encores les aveugles demandent un guide; nous nous fourvoyons de nous mesmes. Ie ne suis pas ambitieux, disons nous; mais à Rome on ne peult vivre aultrement : ie ne suis pas sumptueux, mais la ville requiert une grande despense : ce n'est pas ma faulte si ie suis colere, si ie n'ay encores establi aulcun train asseuré de vie : c'est la faulte de la ieunesse. Ne cherchons pas hors de nous nostre mal, il

[1] Voyez ce que c'est que de si bien faire le malade ! Célius n'a plus besoin de feindre qu'il a la goutte. MARTIAL.

est chez nous, il est planté en nos entrailles : et cela mesme, que nous ne sentons pas estre malades, nous rend la guarison plus malaysee. Si nous ne commenceons de bonne heure à nous panser, quand aurons nous pourveu à tant de playes et à tant de maulx? Si avons nous une tresdoulce medecine, que la philosophie; car des aultres, on n'en sent le plaisir qu'aprez la guarison, cette cy plaist et guarit ensemble. » Voilà ce que dict Seneque, qui m'a emporté hors de mon propos; mais il y a du proufit au change.

Oui sans doute, il y a du profit à lire une pareille page, et il n'en faudrait pas beaucoup comme celle-là pour faire un livre excellent.

CHAPITRE XXVI.

DES POULCES.

Tacitus recite que, parmy certains roys barbares, pour faire une obligation asseuree, leur maniere estoit de ioindre estroictement leurs mains droictes l'une à l'aultre, et s'entrelacer les poulces : et quand, à force de les presser, le sang en estoit monté au bout, ils les bleceoient de quelque legiere poincte, et puis se les entresuceoient.

Voilà une manière de sceller les traités aussi originale que fatigante, à l'employer souvent.

..... C'estoit à Rome une signification de faveur, de comprimer et baisser les poulces...., et de desfaveur, de les haulser et contourner au dehors :

> Converso pollice vulgi,
> Quemlibet occidunt populariter [1].

Les Romains dispensoient de la guerre ceulx qui estoient blecez au poulce, comme s'ils n'avoient plus la prinse des armes assez ferme. Auguste confisqua les biens à un chevalier romain, qui avoit, par malice, coupé les poulces à deux siens ieunes enfants, pour les excuser d'aller aux armees : et, avant luy, le senat, du temps de la guerre italique, avoit condamné Caius Vatienus à prison perpetuelle, et luy avoit confisqué touts ses biens, pour s'estre à escient coupé le poulce de la main gauche, pour s'exempter de ce voyage.

En Lacedemone, le maistre chastioit les enfants en leur mordant le poulce.

J'aime encore mieux le martinet ou la férule, qu'on a cependant très-bien fait de supprimer. Depuis quelque milliers d'années les maîtres ne mordent plus le pouce de leurs élèves; mais il y en a encore qui leur tirent les oreilles. J'ai gardé un médiocre souvenir de l'un de nos professeurs du collége Bourbon chez qui cette familiarité brutale était véritablement une manie.

[1] Dès que le peuple a tourné le pouce en haut, il faut, pour lui plaire, que les gladiateurs s'égorgent. JUVÉNAL.

CHAPITRE XXVII.

COUARDISE, MERE DE LA CRUAUTÉ.

I'ay souvent ouï dire que la couardise est mere de la cruauté..... La vaillance, de qui c'est l'effect de s'exercer seulement contre la resistance, s'arreste à veoir l'ennemy à sa mercy : mais la pusillanimité, pour dire qu'elle est aussi de la feste, n'ayant peu se mesler à ce premier roolle, prend pour sa part le second, du massacre et du sang. Les meurtres des victoires s'exercent ordinairement par le peuple, et par les officiers du bagage : et ce qui faict veoir tant de cruautez inouïes aux guerres populaires, c'ést que cette canaille de vulgaire s'aguerrit, se gendarme, à s'ensanglanter iusques aux coudes, et deschiquetter un corps à ses pieds, n'ayant ressentiment d'aultre vaillance.....

Montaigne traite ici la question du duel, et l'on pourrait relever plusieurs emprunts faits à ce passage par Rousseau dans la cinquante-septième lettre de la première partie de la *Nouvelle Héloïse*. Tout ce qui a été dit de parfaitement juste contre le duel ne saurait en abolir l'usage. C'est un préjugé qui sera toujours plus fort que la raison et même que la loi. Son fougueux adversaire, Rousseau, a vainement amoncelé les arguments les plus forts pour le combattre. Vainement il a dit avec cette éloquente exagération qui lui était habituelle, qu'il regardait les duels comme le dernier degré de brutalité où les hommes pussent parvenir. Il n'en est pas moins vrai que les duels sont aussi nombreux aujourd'hui qu'autrefois. Seulement la douceur relative de nos mœurs empêche le plus souvent qu'ils aient une issue funeste. On les entoure de toutes les garanties d'humanité compatibles avec le point d'honneur, qui en est la base et l'indestructible principe. Les témoins, à présent, au lieu de prendre part au combat, comme au temps de Montaigne, le règlent, le surveillent, s'opposent à toute inégalité, et, presque toujours, séparent les combattants à une première effusion de sang, même légère. On ne peut rien de plus, et le duel, il faut bien le dire, représente une nécessité sociale, à ce point que si, un jour ou l'autre, il cessait d'être atteint par la loi, très-peu de personnes songeraient à réclamer et à s'écrier que les mœurs sont perdues.

Nos peres se contentoient de revencher une iniure par un desmenti, un desmenti par un coup, et ainsi pas ordre; ils estoient assez valeurenx pour ne craindre pa leur adversaire vivant et oultragé : nous tremblons de frayeur, tant que nous le veoyons en pieds; et qu'il soit ainsi, nostre belle practique d'aniourd'hui porte elle pas de poursuyvre à mort, aussi bien celuy que nous avons offensé, que celuy qui nous a offensez? C'est aussi une espece de lascheté qui a introduict en nos combats singuliers cet usage de nous accompaigner de seconds, et tiers, et quarts : c'estoit anciennement des duels; ce sont à cette heure rencontres et battailles..... On se servoit anciennement de personnes tierces, pour garder qu'il ne s'y feist desordre et desloyauté, et pour tesmoigner de la fortune du combat : mais depuis qu'on a prins ce train, qu'ils s'y engagent eulx mesmes, quiconque y est convié ne peult honnestement s'y tenir comme spectateur, de peur qu'on ne luy attribue que ce soit faulte ou d'affection ou de cœur. Oultre l'iniustice d'une telle action, et vilenie, d'engager à la protection de vostre honneur aultre valeur et force que la vostre, ie treuve du desadvantage à un homme de bien, et qui pleinement se fie de soy, d'aller mesler sa fortune à celle d'un second : chascun court assez de hazard pour soy, sans le courir encores pour un aultre, et a assez à faire à s'asseurer en sa propre vertu pour la deffense de sa vie, sans commettre chose si chere en mains tierces. Car, s'il n'a esté expressement marchandé au contraire, des quatre, c'est une partie liee; si vostre second est à terre, vous en avez deux sus les bras, avecques raison : et de dire que c'est supercherie, elle l'est voirement; comme de charger, bien armé, un homme qui n'a qu'un tronçon d'espee, ou, tout sain, un homme qui est desia fort blecé; mais si ce sont advantages que vous ayez gaigné en combattant, vous vous en pouvez servir sans reproche. La disparité et inegualité ne se poise et considere que de l'estat en quoy se commence la meslee; du reste prenez vous en à la fortune : et quand vous en aurez, tout seul, trois sur vous, vos deux compaignons s'estant laissé tuer, on ne vous faict non plus de tort que ie ferois, à la guerre, de donner un coup d'espee à l'ennemy que ie verrois attaché à l'un des nostres, de pareil advantage.

Il faut avouer qu'en ce temps-là les règlements en matière de duel étaient véritablement barbares et odieux.

Montaigne parle ainsi de l'escrime :

Ie sçais bien que c'est un art utile à sa fin mesme...., et art, comme i'ay cogneu par experience, duquel la cognoissance a grossi le cœur à aulcuns oultre leur mesure naturelle ; mais ce n'est pas proprement vertu, puis qu'elle tire son appuy de l'addresse, et qu'elle prend aultre fondement que de soy mesme.

Les buttes, les tournois, les barrieres, l'image des combats guerriers, estoient l'exercice de nos peres : cet aultre exercice est d'autant moins noble, qu'il ne regarde qu'une fin privee ; qui nous apprend à nous entreruyner, contre les loix et la iustice, et qui, en toute façon, produict tousiours des effects dommageables.....

Montaigne dit avec raison que c'est la peur qui fait les tyrans et qui les pousse à la cruauté. Des tyrans ! on n'en voit plus guère. Le dix-neuvième siècle ne leur sourit pas. Il y en avait encore dans les vieux mélodrames ; mais le public n'en veut plus, à moins qu'ils ne le fassent rire.

..... Qui rend les tyrans si sanguinaires, c'est le soing de leur seureté, et que leur lasche cœur ne leur fournit d'aultres moyens de s'asseurer, qu'en exterminant ceulx qui les peuvent offenser, iusques aux femmes, de peur d'une esgratigneure :

> Cuncta ferit, dum cuncta timet [1].

Les premieres cruautez s'exercent pour elles mesmes; de là s'engendre la crainte d'une iuste revenche, qui produict aprez une enfileure de nouvelles cruautez, pour les estouffer les unes par les aultres.....

Cette même pensée est admirablement dépeinte dans le quatrième acte de *Britannicus*, où Burrhus dit à Néron :

> Mais si de vos flatteurs vous suivez la maxime,
> Il vous faudra, seigneur, courir de crime en crime;
> Soutenir vos rigueurs par d'autres cruautés,
> Et laver dans le sang vos bras ensanglantés.
> Britannicus mourant excitera le zèle
> De ses amis, tout prêts à prendre sa querelle.
> Ces vengeurs trouveront de nouveaux défenseurs,
> Qui, même après leur mort, auront des successeurs.
> Vous allumez un feu qui ne pourra s'éteindre,
> Craint de tout l'univers, il vous faudra tout craindre;
> Toujours punir, toujours trembler dans vos projets,
> Et pour vos ennemis compter tous vos sujets.....

Montaigne et Racine ont quelque peu imité ce passage du *Traité de la clémence* de Sénèque : « Ce » qu'il y a, dit-il, de plus funeste dans la cruauté,

[1] Il frappe tout, parce qu'il craint tout. CLAUDIEN.

» c'est qu'il faut persévérer dans ses excès, et qu'elle » ne laisse aucune voie de retour à la douceur; » c'est par les crimes qu'on parvient à soutenir les » crimes. »

Tout ce qui est au delà de la mort simple me semble pure cruauté.....

On lit dans le onzième chapitre du livre II : « Quant » à moy, en la iustice même, tout ce qui est au delà » de la mort simple me semble pure cruauté. » Cette proposition répétée deux fois fut blâmée à Rome, pendant le séjour qu'y fit Montaigne. Elle devait déplaire en effet aux familiers de l'Inquisition chargés d'exécuter les jugements les plus barbares, au nom d'une religion de miséricorde et de paix.

Nostre iustice ne peult esperer que celuy que la crainte de mourir, et d'estre descapité, ou pendu, ne gardera de faillir, en soit empesché par l'imagination d'un feu languissant, ou des tenailles, ou de la roue.....

Une fois sur ce sujet, Montaigne nous raconte de belles horreurs. C'est d'abord une légère anecdote, une simple bouchée pour nous mettre en appétit :

Iosephe recite que pendant les guerres des Romains en Iudee, passant où l'on avoit crucifié quelques Iuifs, trois iours y avoit, il recogneut trois de ses amis, et obteint de les oster de là; les deux moururent, dict il, l'aultre vescut encores depuis.

Cela n'est rien auprès de ce qui suit, et nous arrivons à des récits d'épouvantables supplices. Était-ce un appel à la curiosité du lecteur? Je ne puis le croire. Montaigne n'avait que faire de recourir à de pareils moyens, et cependant je remarque qu'il ne nous fait pas grâce des détails les plus affreux. Ce sont des malheureux *écorchés par le menu, d'une dispensation si malicieusement ordonnée, que leur vie dura quinze jours à cette angoisse;* ou bien des chairs vivantes déchirées à belles dents par des affamés qu'on a laissés trois jours sans manger. Cela fait penser au *martyre de saint Livin,* un chef-d'œuvre de Rubens qui est au Musée de Bruxelles, et qu'on ne peut voir sans frissonner.

CHAPITRE XXVIII.

TOUTES CHOSES ONT LEUR SAISON.

Ce que je vais dire n'a aucun rapport avec le titre de ce chapitre et ne vient peut-être pas en sa saison; mais je tiens à le dire, et c'est la meilleure raison que je puisse donner.

Si Montaigne fait que ce livre ait un bon nombre de lecteurs, il est probable que quelques-uns, beaucoup peut-être, tout en admirant ce que je cite, et cela met ma conscience en repos, trouveront ce qui est de moi écrit d'un style trop souvent familier, où le naturel peut être pris pour de la négligence. J'en conviens le premier et ne cherche pas le moins du monde à m'excuser, vu que de ma part c'est un parti pris. J'ai voulu qu'il en fût ainsi. J'ai voulu donner à cette étude le ton de la causerie, et je n'ose ajouter qu'en cela, de très-loin sans doute, j'ai imité Montaigne, qui, dans son livre immortel, n'a pas fait autre chose que causer avec le lecteur.

Et puis je crois que dans les arts, dans les lettres, le meilleur est de ne pas chercher à sortir de soi, et de suivre sans effort, sans résistance, son tempérament d'esprit. Même à de grandes distances de temps, il y a toujours beaucoup de ressemblance entre le premier ouvrage d'un peintre, d'un écrivain, et le dernier. L'étude, le travail perfectionnent, mais ne transforment pas, et les hommes de talent parviennent à une limite qui leur est tracée par leurs aptitudes plus ou moins heureuses, ne la dépassent pas, et restent jusqu'à leur dernière œuvre avec les qualités et les défauts qu'ils avaient à leur début. Seulement, grâce à la volonté, à l'expérience, aux sujets de comparaison qui éclairent, les défauts diminuent et les qualités augmentent. Mais telle est la force des impulsions naturelles et indépendantes de la volonté, que c'est quelquefois le contraire qui arrive; les défauts augmentent, les qualités diminuent, et cela sans cause étrangère venant exercer une nuisible influence. On se dit : « Un tel promettait! Voyez ce » qu'il fait maintenant! » En un mot, nous avons beau faire, au moral de même qu'au physique, la mesure est répartie d'avance à chacun de nous, et, comme l'a dit d'une façon plaisante et vraie un spirituel auteur de notre temps, *nous sommes les esclaves de notre économie*.

Et maintenant je reprends mes citations. J'en ai peu à faire de ce vingt-huitième chapitre, qui n'a que trois pages.

Montaigne traite d'enfantillage l'ardeur que mit dans son extrême vieillesse Caton le Censeur à apprendre la langue grecque :

..... Toutes choses ont leur saison, les bonnes et tout; et ie puis dire mon patenostre hors de propos; comme on defera T. Quintius Flaminius de ce qu'estant general d'armee, on l'avoit veu à quartier, sur l'heure du conflict, s'amusant à prier Dieu, en une bataille qu'il gaigna.

Imponit finem sapiens et rebus honestis [1].

[1] Le sage garde une mesure même dans les choses honnêtes. JUVÉNAL.

Eudemonidas, voyant Xenocrates, fort vieil, s'empresser aux leçons de son eschole : « Quand sçaura cettuy cy, dict il, s'il apprend encores! » Et Philopœmen, à ceulx qui hault louoient le roy Ptolemaeus de ce qu'il durcissoit sa personne touts les iours à l'exercice des armes : « Ce n'est, dict il, pas chose louable à un roy de son aage de s'y exercer; il les debvroit hormais reellement employer. » Le ieune doibt faire ses apprests; le vieil, en iouïr, disent les sages; et le plus grand vice qu'ils remarquent en nous, c'est que nos desirs raieunissent sans cesse; nous recommenceons tousiours à vivre.

CHAPITRE XXIX.

DE LA VERTU.

..... Il nous escheoit d'eslancer par fois nostre ame, esveillee par les discours ou exemples d'aultruy, bien loing au delà de son ordinaire : mais c'est une espece de passion, qui la poulse et agite, et qui la ravit aulcunement hors de soy; car, ce tourbillon franchi, nous veoyons que, sans y penser, elle se desbande et relasche d'elle mesme, sinon iusques à la derniere touche, au moins iusques à n'estre plus celle là; de façon que lors, à toute occasion, pour un oyseau perdu, ou un verre cassé, nous nous laissons esmouvoir à peu prez comme l'un du vulgaire. Sauf l'ordre, la moderation et la constance, i'estime que toutes choses soient faisables par un homme bien manque et defaillant en gros. A cette cause, disent les sages, il faut, pour iuger bien à poinct d'un homme, principalement contrerooller ses actions communes, et le surprendre en son à touts les iours.

Ce chapitre, passablement décousu, donne raison au président de Brosses, déjà nommé, qui a fait de Montaigne cette excellente appréciation : « Comme » de son aveu il n'aimait ni la chasse, ni les bâti» ments, ni le jardinage, ni le ménage de la campa» gne, et qu'il était uniquement occupé de la lecture » et de ses propres réflexions, il se livra au plaisir de » mettre par écrit ses pensées sans ordre et suivant » qu'elles se présentaient à son esprit. Ces pensées » devinrent un livre qui lui donna l'immortalité. »

Ici, en effet, Montaigne nous parle de plusieurs faits de castration que je m'abstiens de citer; puis d'une femme indienne qui se jette dans le feu après la mort de son mari, suivant un cruel usage ayant encore aujourd'hui presque force de loi; puis, sans transition aucune, de la fatalité, qu'il trouve bonne tout au plus à donner du courage aux troupes qui veulent bien y croire, les Turcs, par exemple. Il termine enfin ce chapitre sur la vertu par une petite collection d'assassinats suffisamment variés : c'est le prince d'Orange, Guillaume Ier, surnommé le Taciturne, tué d'un coup de pistolet par Balthazar Gérard, dans sa maison, à Delft, en Hollande; c'est François de Lorraine, deuxième duc de Guise, assassiné par un gentilhomme protestant; c'est le comte Raymond de Tripoli tué dans sa ville natale, en 1151, et le marquis de Montferrat, à Tyr, en 1192.

Je citerai seulement le remarquable récit de la mort de la femme indienne :

..... Le mary estant trespassé, la veufve peult, si elle veult (mais peu le veulent), demander deux ou trois mois d'espace à disposer de ses affaires. Le iour venu, elle monte à cheval, paree comme à nopces, et d'une contenance gaye, va, dict elle, dormir avecques son espoux, tenant en sa main gauche un mirouer, une flesche en l'aultre : s'estant ainsi promenee en pompe, accompaignee de ses amis et parents et de grand peuple en feste; elle est tantost rendue au lieu publicque destiné à tels spectacles : c'est une grande place, au milieu de laquelle il y a une fosse pleine de bois; et ioignant icelle, un lieu relevé de quatre ou cinq marches, sur lequel elle est conduicte, et servie d'un magnifique repas; aprez lequel, elle se met à baller et à chanter, et ordonne, quand bon luy semble, qu'on allume le feu. Cela faict, elle descend, et, prenant par la main le plus proche des parents de son mary, ils vont ensemble à la riviere voisine, où elle se despouille toute nue, et distribue ses ioyaux et vestements à ses amis, et se va plongeant dans l'eau, comme pour y laver ses pechez : sortant de là, elle s'enveloppe d'un linge iaune de quatorze brasses de long; et, donnant derechef la main à ce parent de son mary, s'en revont sur la motte, où elle parle au peuple, et recommende ses enfants, si elle en a. Entre la fosse et la motte, on tire volontiers un rideau, pour leur oster la veue de cette fornaise ardente, ce qu'aulcunes deffendent, pour tesmoigner plus de courage. Finy qu'elle a de dire, une femme luy presente un vase plein d'huile à s'oindre la teste et tout le corps, lequel elle iecte dans le feu quand elle en a faict, et en l'instant s'y lance elle mesme. Sur l'heure, le peuple renverse sur elle quantité de busches pour l'empescher de languir; et se change toute leur ioye en dueil et tristesse.

CHAPITRE XXX.

D'UN ENFANT MONSTRUEUX.

Montaigne fait ici une assez longue description d'un enfant à deux corps avec une seule tête que l'on montrait pour quelques sous. Il parle ensuite d'un phénomène non moins étrange qu'il a vu en Médoc, et se livre sur ce sujet à des réflexions élevées, mais qui appartiennent au sentiment religieux plus qu'au raisonnement :

Ce que nous appellons monstres ne le sont pas à Dieu, qui veoid en l'immensité de son ouvrage l'infinité des formes qu'il y a comprinses : et est à croire que cette figure qui nous estonne se rapporte et tient à quelque aultre figure de mesme genre incogneu à l'homme. De sa toute sagesse il ne part rien que bon, et commun, et reglé : mais nous n'en veoyons pas l'assortiement et la relation..... Nous appellons contre nature, ce qui advient contre la coustume : rien n'est que selon elle, quel qu'il soit. Que cette raison universelle et naturelle chasse de nous l'erreur et l'estonnement que la nouvelleté nous apporte.

Tout le talent de Montaigne ne peut suffire à expliquer ce qui est inexplicable. Quand nous nous attristons à la vue d'un monstre, d'une malheureuse créature soulevant en nous un sentiment de répulsion et de pitié, il nous est difficile de croire que Dieu dans sa bonté infinie a voulu qu'il en fût ainsi. Est-ce possible? Non; mais ne cherchons pas. Gardons-nous de toucher à de pareilles questions et contentons-nous d'apprendre à notre raison à s'incliner devant d'impénétrables mystères. Les éloquentes paroles de M. Édouard Laboulaye, que je suis heureux de placer ici, sont la meilleure réponse qu'on puisse faire à toutes ces tentatives d'impossibles démonstrations : « A vouloir me démontrer ce qui » est indémontrable, on me rendrait sceptique. Le » mystère, je l'accepte; il m'entoure de toutes parts. » Dans la nature comme dans mon âme, je sens l'in- » fini qui me déborde; mais la raison me dit que je » puis le sentir et non pas le connaître, moi qui ne

» suis qu'un atome perdu dans l'immensité. La main » qui me soutient et qui soutient aussi les mondes, » je ne la vois pas, je m'y abandonne et je l'adore. » Pour se donner à nous, Dieu ne nous dit pas de le » comprendre ; il nous demande de l'aimer. »

CHAPITRE XXXI.

DE LA CHOLERE.

Les réflexions qui commencent ce chapitre s'appliquent peu, Dieu merci, à notre temps. Les mœurs sont plus douces qu'au seizième siècle, et de plus nos lois punissent les parents qui maltraitent leurs enfants. Toutefois il faut remarquer qu'il est trop souvent nécessaire de recourir à ces lois, et qu'elles ne sévissent que dans des cas extrêmes et contre des parents véritablement dénaturés. Donc, on peut considérer ce que dit Montaigne sur ce sujet comme n'appartenant pas tout à fait au passé.

Plutarque est admirable par tout, mais principalement où il iuge des actions humaines. On peult veoir les belles choses qu'il dict, en la comparaison de Lycurgus et de Numa, sur le propos de la grande simplesse que ce nous est, d'abandonner les enfants au gouvernement et à la charge de leurs peres. La plus part de nos polices, comme dict Aristote, laissent à chascun, en maniere des cyclopes, la conduicte de leurs femmes et de leurs enfants, selon leur folle et indiscrete fantaisie : et quasi les seules Lacedemonienne et Cretense ont commis aux loix la discipline de l'enfance. Qui ne veoid qu'en un estat tout despend de cette education et nourriture? et cependant, sans aultre discretion, on la laisse à la mercy des parents, tant fols et meschants qu'ils soient.

Entre aultres choses, combien de fois m'a il prins envie, passant par nos rues, de dresser une farce pour venger des garsonnets que ie veoyois escorcher, assommer et meurtrir à quelque pere ou mere furieux et forcenez de cholere! Vous leur veoyez sortir le feu et la rage des yeulx...., (et, selon Hippocrates, les plus dangereuses maladies sont celles qui desfigurent le visage), à tout une voix trenchante et esclatante, souvent contre qui ne faict que sortir de nourrice. Et puis les voylà estropiez, estourdis de coups; et notre iustice qui n'en faict compte, comme si ces esboittements et eslochements n'estoient pas des membres de nostre chose publicque :

> Gratum est, quod patriæ civem populoque dedisti,
> Si facis, ut patriæ sit idoneus, utilis agris,
> Utilis et bellorum et pacis rebus agendis [1].

Il n'est passion qui esbransle tant la sincerité des iugements, que la cholere. Aulcun ne feroit doubte de punir

[1] Il est bien que tu aies donné à la patrie et au peuple un nouveau citoyen, pourvu que tu t'appliques à le rendre propre à servir le pays, utile dans l'agriculture, utile dans les choses de la guerre et dans celles de la paix. JUVÉNAL.

de mort le iuge qui, par cholere, auroit condamné son criminel; pourquoy est il non plus permis aux peres et aux pedantes de fouetter les enfants et les chastier estants en cholere? ce n'est plus correction, c'est vengeance. Le chastiement tient lieu de medecine aux enfants : et souffririons nous un medecin qui feust animé et courroucé contre son patient?

Ainsi qu'à Montaigne, ne nous est-il pas arrivé, passant par nos rues, de voir battre des enfants, d'entendre leurs cris, d'être tenté de faire reproche et quelquefois de le faire; ce qui ne manque jamais de nous attirer de mauvais propos et de nuire à la cause que nous voulons défendre, en surexcitant la colère de stupides bourreaux contre leurs faibles victimes? Je ne connais guère d'action plus lâche que celle d'un homme qui bat un enfant. Et cependant si par un fâcheux hasard nous assistons à ce révoltant spectacle, la raison nous dit de nous éloigner en imposant silence à notre cœur. Je crois qu'il n'est pas un seul de nous qui ne se soit trouvé dans cette situation. Mais il est certain que si, ne pouvant contenir notre indignation, nous faisons cesser pour un moment par nos paroles sévères les mauvais traitements, ils recommencent avec une violence nouvelle aussitôt que nous sommes assez loin pour ne rien voir et ne rien entendre.

Nous mesmes, pour bien faire, ne debvrions iamais mettre la main sur nos serviteurs, tandis que la cholere nous dure. Pendant que le pouls nous bat et que nous sentons de l'esmotion, remettons la partie : les choses nous sembleront à la verité aultres, quand nous serons r'accoysez et refroidis. C'est la passion qui commande lors, c'est la passion qui parle; ce n'est pas nous : au travers d'elle, les faultes nous apparoissent plus grandes, comme les corps au travers d'un brouillas.

Vous voyez que Montaigne n'élève pas le plus léger doute sur le droit du maître de battre ses domestiques. Cela se fait encore, mais assez rarement, parce que rien n'empêche aujourd'hui le domestique de rendre à son maître les coups qu'il en reçoit, et si le domestique est le plus fort, le maître se trouve alors dans la plus fausse position.

Ceulx qui ont à negocier avecques des femmes testues, peuvent avoir essayé à quelle rage on les iecte, quand on oppose à leur agitation le silence et la froideur, et qu'on desdaigne de nourrir leur courroux. L'orateur Celius estoit merveilleusement cholere de sa nature : A un qui souppoit en sa compaignie, homme de molle et doulce conversation, et qui, pour ne l'esmouvoir, prenoit party d'approuver tout ce qu'il disoit, et d'y consentir : luy, ne pouvant souffrir son chagrin se passer ainsi sans aliment : « Nie moy quelque chose, de par les dieux! dict il, afin que nous soyons deux. » Elles, de mesme, ne se courroucent qu'afin qu'on se contrecourrouce, à l'imitation des loix de l'amour. Phocion, à un homme qui luy troubloit son propos en l'iniuriant asprement, n'y feit aultre chose que se taire, et luy donner tout loisir d'espuiser sa cholere : cela faict, sans aulcune mention de ce trouble, il recommencea son propos en l'endroict où il l'avoit laissé. Il n'est replique si picquante comme est un tel mespris.

Du plus cholere homme de France, ie dis souvent que c'est le plus patient homme que ie cognoisse à brider sa cholere : elle l'agite de telle violence et fureur, qu'il fault qu'il se contraigne cruellement pour la moderer..... Ie ne regarde pas tant ce qu'il faict, que combien il luy couste à ne faire pis.

Un aultre se vantoit à moy du reglement et doulceur de ses mœurs, qui est à la verité singuliere : ie luy disois que c'estoit bien quelque chose, notamment à ceulx, comme luy, d'eminente qualité, sur lesquels chascun a les yeulx, de se presenter au monde tousiours bien temperez; mais que le principal estoit de prouveoir au dedans et à soy mesme, et que ce n'estoit pas à mon gré bien mesnager ses affaires, que de se ronger interieurement; ce que ie craignois qu'il feist, pour maintenir ce masque et cette reglee apparence par le dehors.

On incorpore la cholere en la cachant; comme Diogenes dict à Demosthenes, lequel, de peur d'estre apperceu en une taverne, se reculoit au dedans : « Tant plus tu te recules arriere, tant plus tu y entres. » Ie conseille qu'on donne plustost une buffe à la ioue de son valet, un peu hors de saison, que de gehenner sa fantasie pour representer cette sage contenance; et aimerois mieulx produire mes passions, que de les couver à mes despens : elles s'alanguissent en s'esventant et en s'exprimant : il vault mieulx que leur poincte agisse au dehors, que de la plier contre nous.....

C'est l'avis de M. Jourdain et peut-être de Molière lui-même dans la scène du maître de philosophie. C'est la cause de la franchise, souvent brusque et impétueuse, que la plupart de nous tiennent de la nature, opposée à celle de la dissimulation, calme et digne, que l'esprit du monde nous donne. Je ne me permettrais pas de trancher cette question; elle admet le pour et le contre, et pour ne pas tomber dans l'excès ne saurait se passer de terme moyen. J'aime mieux donner pour un moment la parole à Molière, ou plutôt à M. Jourdain :

LE MAITRE DE PHILOSOPHIE.

Voulez-vous apprendre la morale?

M. JOURDAIN.

La morale?

LE MAITRE DE PHILOSOPHIE.

Oui.

M. JOURDAIN.

Qu'est-ce qu'elle dit, cette morale?

LE MAITRE DE PHILOSOPHIE.

Elle traite de la félicité, enseigne aux hommes à modérer leurs passions, et.....

M. JOURDAIN.

Non, laissons cela : je suis bilieux comme tous les diables, et il n'y a morale qui tienne; je me veux mettre en colère tout mon soûl quand il m'en prend envie.

Montaigne indique ici ce que doit faire le maître de la maison, afin que son autorité soit justement respectée. Il n'est point de père de famille qui n'ait intérêt à lire ces conseils pour en faire son profit :

I'advertis ceulx qui ont loy de se pouvoir courroucer en ma famille : Premierement qu'ils mesnagent leur cholere, et ne l'espandent pas tout à prix, car cela en empesche l'effect et le poids : la criaillerie temeraire et ordinaire passe en usage, et faict que chascun la mesprise; celle que vous employez contre un serviteur pour son larrecin ne se sent point, d'autant que c'est celle mesme qu'il vous a veu employer cent fois contre luy, pour avoir mal reinsé un verre, ou mal assis une escabelle : Secondement, qu'ils ne se courroucent point en l'air, et regardent que leur reprehension arrive à celuy de qui ils se plaignent; car ordinairement ils crient avant qu'il soit en leur presence, et durent à crier, un siecle aprez qu'il est party.....

Quand ie me courrouce, c'est le plus vifvement, mais aussi le plus briefvement et secretement, que ie puis : ie me perds bien en vistesse et en violence, mais non pas en trouble, si que i'aille iectant à l'abandon et sans chois toutes sortes de paroles iniurieuses, et que ie ne regarde d'asseoir pertinemment mes poinctes où i'estime qu'elles blecent le plus; car ie n'y employe communement que la langue. Mes valets en ont meilleur marché aux grandes occasions qu'aux petites : les petites me surprennent; et le malheur veult que depuis que vous estes dans le precipice, il n'importe qui vous ayt donné le bransle, vous allez tousiours iusques au fond; la cheute se presse, s'esmeut, et se haste d'elle mesme. Aux grandes occasions, cela me paye qu'elles sont si iustes, que chascun s'attend d'en veoir naistre une raisonnable cholere; ie me glorifie à tromper leur attente : ie me bande et prepare contre celles cy, elles me mettent en cervelle, et menacent de m'emporter bien loing, si ie les suyvois; ayseement ie me garde d'y entrer, et suis assez fort, si ie l'attends, pour repoulser l'impulsion de cette passion, quelque violente cause qu'elle aye : mais si elle me preoccupe et saisit une fois, elle m'emporte, quelque vaine cause qu'elle ayt.....

Quelle finesse et quelle vérité d'observation dans cette étude que Montaigne fait ici sur lui-même! Pour lutter contre l'impulsion de la colère, il ne redoute pas, nous dit-il, les grandes occasions; mais les petites le surprennent. Rien n'est plus naturel et ne représente mieux un des traits généraux du caractère de l'homme, quel que soit le milieu dans lequel il se trouve. En effet, à une occasion sérieuse et prévue, il ne nous est pas impossible de supporter sans colère, sans perdre notre sang-froid, un mauvais procédé, une injustice, une parole imprudente. Nous nous étions armés d'avance d'une volonté patiente et froide. Mais que le moindre incident tout à fait inattendu vienne nous surprendre, une insignifiance, que sais-je? le dîner en retard ou mal préparé, une observation sur un rien ne touchant pas juste, un mot dit maladroitement sans intention de blesser, nous nous irritons, l'impatience fait place à la colère, l'étincelle devient flamme, et voilà notre repos et celui des nôtres troublé, et même sérieusement quelquefois, en raison de la loi éternelle des petites causes produisant de grands effets.

CHAPITRE XXXII.

DEFENSE DE SENEQUE ET DE PLUTARQUE.

La familiarité que i'ay avecques ces personnages icy, et l'assistance qu'ils font à ma vieillesse, et à mon livre massonné purement de leurs despouilles, m'oblige à espouser leur honneur.

Montaigne continue en faisant de Sénèque un éloge exagéré. Il invoque un peu à tort le témoignage de Tacite, qui plus d'une fois l'a sévèrement blâmé. Que Sénèque, au milieu du luxe et des richesses, répète avec une sincérité douteuse l'éloge de la pauvreté, je ne vois là qu'une agréable plaisanterie d'un philosophe peu pratiquant. D'ailleurs son grand talent d'observateur du cœur humain le place au premier rang parmi les moralistes. Mais ce qui est grave, ce qui lui ôte tout droit à être traité de *personnage très-excellent et très-vertueux,* comme nous le présente Montaigne, c'est d'avoir été dans sa conduite et dans plusieurs de ses écrits l'adulateur de Néron, jusqu'à faire l'apologie de son parricide.

Quant à Plutarque, qui, heureusement pour lui, n'a pas eu de rôle politique à jouer, sa cause est meilleure. Montaigne le défend d'abord contre Jean Bodin, écrivain du seizième siècle, qui accuse Plutarque d'ignorance et lui reproche *d'avoir escript souvent des choses incroyables et fabuleuses.* Le reproche est passablement mérité. Mais Montaigne n'est pas de cet avis, et considère comme conformes à la vérité plusieurs faits qui peuvent paraître pour le moins invraisemblables. Par exemple, Jean Bodin ne veut pas croire *qu'un enfant de Lacédémone se laissa deschirer tout le ventre à un regnardeau qu'il avoit desrobbé, et le tenoit caché soubs sa robbe iusques à mourir plustost que de descouvrir son larrecin.»* Montaigne trouve cet exemple mal choisi. Nous ne le suivrons pas dans cette justification assez inutile de Plutarque. Le spirituel auteur des *Vies parallèles* excellait à raconter, et je crois qu'il aimait mieux captiver l'attention de ses lecteurs par des récits extraordinaires et poussant jusqu'au fabuleux, que de se renfermer scrupuleusement dans les limites d'une rigoureuse vérité.

CHAPITRE XXXIII.

L'HISTOIRE DE SPURINA.

Il est beaucoup plus parlé dans ce chapitre de César, de ses amours et de sa clémence, que du jeune Toscan Spurina. Montaigne dépeint César *de complexion très-amoureuse,* et nous donne la liste abrégée de ses maîtresses. C'est d'abord Cléopâtre, reine d'Égypte; Eunoé, reine de Mauritanie, puis un bon nombre de femmes mariées, Postumia, Lollia, Tertulla, Servilia, la sœur de Caton, et Mutia, la femme du grand Pompée, qui plus tard n'en épousa pas moins la fille de César. Aussi lui fit-on reproche, ajoute notre philosophe gascon, de *se faire gendre d'un homme qui l'avoit fait cocu.* On pourrait croire, au récit de ces prouesses, que les mœurs de cette époque de la république romaine étaient d'une déplorable facilité.

Quant à l'histoire de Spurina, elle n'offre pas le moindre intérêt. Il était doué d'une beauté si excessive, nous dit Montaigne, que les yeux les plus continents ne pouvaient en souffrir l'éclat. Entrant alors en furieux dépit contre lui-même et contre ces riches présents que la nature lui avait faits, « il détailla et » troubla, à force de playes qu'il se feit à escient et » de cicatrices, la parfaicte proportion et ordon- » nance que nature avoit si curieusement observee » en son visage. »

Ce Spurina fit là un acte de folie, et me rappelle un Lovelace de je ne sais plus quelle comédie qui, dans la rue, se cachait la figure avec un pan de son manteau, parce que toutes les femmes devenaient amoureuses de lui. Passons vite à une réflexion que je trouve à la fin de ce chapitre, et que je m'abstiens de commenter, n'osant trop dire qu'elle sera du goût de beaucoup de maris :

Il est à l'adventure plus facile de se passer nettement de tout le sexe, que de se maintenir deuement de tout poinct en la compaignie de sa femme.

CHAPITRE XXXIV.

OBSERVATIONS SUR LES MOYENS DE FAIRE LA GUERRE, DE IULIUS CESAR.

On recite de plusieurs chefs de guerre, qu'ils ont eu certains livres en particuliere recommendation, comme le grand Alexandre, Homere; Scipion africain, Xenophon; Marcus Brutus, Polybius; Charles cinquieme, Philippes de Comines; et dict on, de ce temps, que Machiavel est encores ailleurs en credit. Mais le feu mareschal Strozzi, qui avoit prins Cesar pour sa part, avoit sans doubte bien mieulx choisi; car à la verité, ce debvroit estre le breviaire de tout homme de guerre, comme estant le vray et souverain patron de l'art militaire : et Dieu sçait encores de quelle grace et de quelle beauté il a fardé cette riche matiere, d'une façon de dire si pure, si delicate et si parfaicte, qu'à mon goust il n'y a aulcuns escripts au monde qui puissent estre comparables aux siens en cette partie.

Plus loin Montaigne fait un tableau vif et saisissant de la prodigieuse activité de César parcourant, toujours victorieux, l'Europe, l'Asie et l'Afrique avec une foudroyante rapidité :

..... Et certes, quand on ne feroit qu'aller, à peine pourroit-on atteindre à cette promptitude dequoy, tousiours victorieux, ayant laissé la Gaule, et suyvant Pompeius à Brindes, il subiugua l'Italie en dix huict iours; reveint de Brindes à Rome; de Rome il s'en alla au fin fond de l'Espaigne, où il passa des difficultez extremes en la guerre contre Afranius et Petreius, et au long siege de Marseille; de là il s'en retourna en la Macedoine, battit l'armee romaine à Pharsale; passa de là, suyvant Pompeius, en Aegypte, laquelle il subiugua; d'Aegypte il veint en Syrie, et au païs de Pont, où il combattit Pharnaces; de là en Afrique, où il desfeit Scipion et Iuba; et rebroussa encores, par l'Italie, en Espaigne, où il desfeit les enfants de Pompeius.

Après avoir cité plusieurs faits de courage ardent et d'entreprise téméraire, Montaigne ajoute :

.....Il deveint, avecques le temps, un peu plus tardif et plus consideré, comme tesmoigne son familier Oppius; estimant qu'il ne debvoit ayseement hazarder l'honneur de tant de victoires, lequel une seule desfortune luy pourroit faire perdre. C'est ce que disent les Italiens, quand ils veulent reprocher cette hardiesse temeraire qui se veoid aux ieunes gents, les nommants « Necessiteux d'honneur, » *Bisognosi d'onore;* et qu'estants encores en cette grande faim et disette de reputation, ils ont raison de la chercher à quelque prix que ce soit, ce que ne doibvent pas faire ceulx qui en ont desia acquis à suffisance. Il y peult avoir quelque iuste moderation en ce desir de gloire, et quelque satieté en cet appetit, comme aux aultres; assez de gents le practiquent ainsi.

Il avoit accoustumé de porter un accoustrement riche

au combat, et de couleur esclatante, pour se faire remarquer.

Iamais chef de guerre n'eut tant de creance sur ses soldats : au commencement de ses guerres civiles, les centeniers luy offrirent de souldoyer, chascun sur sa bourse, un homme d'armes; et les gents de pied, de le servir à leurs despens, ceulx qui estoient plus aysez entreprenants encores à desfrayer les plus necessiteux.....

Il y a infinis exemples de leur fidelité : il ne fault pas oublier le traict de ceulx qui feurent assiegez à Salone, ville partisane pour Cesar contre Pompeius, pour un rare accident qui y adveint. Marcus Octavius les tenoit assiegez; ceulx de dedans estants reduits en extreme necessité de toutes choses, en maniere que pour suppleer au default qu'ils avoient d'hommes, la plus part d'entre eulx y estants morts et blecez, ils avoient mis en liberté touts leurs esclaves, et pour le service de leurs engins, avoient esté contrainct de couper les cheveux de toutes les femmes à fin d'en faire des chordes, oultre une merveilleuse disette de vivres; et ce neantmoins, resolus de iamais ne se rendre. Aprez avoir traisné ce siege en grande longueur, d'où Octavius estoit devenu plus nonchalant et moins attentif à son entreprinse, ils choisirent un iour sur le midy, et, comme ils eurent rengé les femmes et les enfants sur leurs murailles pour faire bonne mine, sortirent en telle furie sur les assiegeants, qu'ayant enfoncé le premier, le second et tiers corps de garde, et le quatriesme, et puis le reste, et, ayant faict du tout abandonner les trenchees, les chasserent iusques dans les navires, et Octavius mesme se sauva à Dyrrachium; où estoit Pompeius. Ie n'ay point memoire pour cett'heure d'avoir veu aulcun aultre exemple, où les assiegez battent en gros les assiegeants, et gaignent la maistrise de la campaigne; ny qu'une sortie ayt tiré en consequence une pure et entiere victoire de battaille.

Ce beau récit plein d'intérêt et de mouvement, d'un relief puissant, où les gradations sont ménagées avec un art merveilleux, peut être présenté comme un modèle du genre narratif. Ces mots, comme ils sont placés, *et ce neantmoins, resolus de iamais ne se rendre,* sont à la fois simples et sublimes. J'ai déjà cité un bon nombre de pages des *Essais* que ces rares qualités recommandent au lecteur. Celle-ci est certainement une des plus remarquables.

CHAPITRE XXXV.

DE TROIS BONNES FEMMES.

Il n'en est pas à douzaines, comme chascun sçait, et notamment aux debvoirs de mariage; c'est un marché plein de tant d'espineuses circonstances, qu'il est malaysé que la volonté d'une femme s'y maintienne entiere long temps : les hommes, quoyqu'ils y soyent avecques un peu meilleure condition, y ont trop affaire. La touche d'un bon mariage, et sa vraye preuve, regarde le temps que la societé dure; si elle a esté constamment doulce, loyale, et commode. En nostre siecle, elles reservent plus communement à estaler leurs bons offices et la vehemence de leur affection, envers leurs maris perdus; cherchent au moins lors à donner tesmoignage de leur bonne volonté : tardif tesmoignage et hors de saison! Elles preuvent plustost par là qu'elles ne les aiment que morts : la vie est pleine de combustion, et le trespas, d'amour et de courtoisie. Comme les peres cachent l'affection envers leurs enfants; elles volontiers, de mesme, cachent la leur envers le mary, pour maintenir un honneste respect. Ce mystere n'est pas de mon goust : elles ont beau s'escheveler et s'esgratigner, ie m'en voys à l'aureille d'une femme de chambre et d'un secretaire : « Comment estoient ils? Comment ont ils vescu ensemble? »

C'est là une spirituelle boutade, qui ne doit pas empêcher de croire que de tout temps il y a eu plus de bons ménages que de mauvais.

Quant aux trois bonnes femmes qui font le sujet de ce chapitre, la première conseille à son mari, souffrant d'un mal incurable, de se tuer, et tous deux, attachés étroitement l'un à l'autre, se précipitent dans la mer. La seconde est la femme de Pétus, et nous connaissons tous l'exemple héroïque qu'elle donna à son mari en se plongeant un poignard dans le sein, et en le lui présentant après l'avoir arraché de sa plaie, « finissant quand et quand » sa vie, dit Montaigne, avec cette noble, genereuse

» et immortelle parole : Tien, Paetus, il ne m'a » point faict mal. »

Enfin la troisième est la jeune femme de Sénèque, Pompéia Paulina, qui se fit ouvrir les veines en même temps que son mari. Mais Néron, qui n'en voulait qu'à la vie de son ancien précepteur, donna ordre qu'on sauvât sa femme et que ses plaies fussent rattachées, « ce que ses gents d'elle feirent sans » son sceu, estant desia demy morte et sans aulcun » sentiment. »

Tout cela est fort loin de nous. Les maris d'à présent concevraient le plus fol espoir, en s'imaginant que leurs femmes ne consentiront pas à leur survivre. Contentons-nous de croire qu'elles nous regretteront quelque temps et qu'elles voudront bien dépasser d'un mois ou deux le délai légal pour se remarier. Voilà qui est sage et prudent, en dépit des exemples fameux que l'histoire romaine nous fournit.

CHAPITRE XXXVI.

DES PLUS EXCELLENTS HOMMES.

Les excellents hommes dont parle Montaigne dans ce chapitre sont Homère, Alexandre, Épaminondas et Scipion Émilien. Il fait aussi très-belle la part d'Alcibiade, qu'assez naïvement il ne regarde pas comme un saint homme :

Pour un homme non sainct, mais que nous disons galant homme, de mœurs civiles et communes, d'une haulteur moderee; la plus riche vie, que ie sçache, à estre vescue entre les vivants, comme on dit, et estoffee de plus de riches parties et desirables, c'est, tout consideré, celle d'Alcibiades, à mon gré.

Je m'en tiens à cette courte citation.

Les éloges les plus magnifiques et les plus mérités d'Alexandre et d'Épaminondas s'oublient aujourd'hui sur les bancs du collége.

Montaigne s'étonne qu'Homère, aveugle, indigent, possédât toutes les sciences et fut « un maistre » tresfaict en la cognoissance de toutes choses. » Il eût été bien autrement surpris un siècle plus tard d'entendre soutenir par Jean-Baptiste Vico et beaucoup d'autres qu'Homère n'avait jamais existé. Au temps où les chants de l'Iliade et de l'Odyssée furent composés, environ neuf siècles avant notre ère, l'écriture était inconnue. Ces chants furent transmis de mémoire par les rapsodes aux siècles suivants, et l'on est fondé à croire que ce ne fut pas sans de nombreuses modifications et sans que l'unité de leur composition en souffrît. Dans la nuit qui enveloppe ces âges primitifs, il devient difficile de définir et de préciser la personnalité d'Homère. N'est-il pas permis de la regarder comme très-douteuse? Montaigne dit qu'on aurait dû le mettre au rang des dieux. La solution me paraît bonne. L'Iliade, le plus beau poëme qui existe au monde, est essentiellement d'origine divine. Faisons un dieu d'Homère : comme homme, nous n'aurons plus à nous en occuper.

CHAPITRE XXXVII.

DE LA RESSEMBLANCE DES ENFANTS AUX PERES.

Montaigne commence par nous faire connaître de quelle façon il travaille à ses *Essais;* puis, parlant de la maladie cruelle, la pierre, dont il reçut les premières atteintes à quarante-cinq ans, il remarque avec raison que le plus souvent la peur du mal est pire que le mal même. Nous supportons en effet le poids des années et les incommodités qui en sont la suite beaucoup mieux que longtemps d'avance nous ne l'avions prévu, *tant les hommes sont accoquinez à leur estre miserable, qu'il n'est si dure condition qu'ils n'acceptent pour s'y conserver.*

Ce fagotage de tant de diverses pieces se faict en cette condition, que ie n'y mets la main que lors qu'une trop lasche oysifveté me presse, et non ailleurs que chez moy : ainsin il s'est basty à diverses poses et intervalles, comme les occasions me detiennent ailleurs par fois plusieurs mois. Au demourant, ie ne corrige point mes premieres imaginations par les secondes; ouy, à l'adventure, quelque mot, mais pour diversifier, non pour oster. Ie veulx representer le progrez de mes humeurs, et qu'on veoye chasque piece en sa naissance. Ie prendrois plaisir d'avoir commencé plustost, et à recognoistre le train de mes mutations. Un valet qui me servoit à les escrire soubs moy, pensa faire un grand butin de m'en desrobber plusieurs pieces, choisies à sa poste : cela me console, qu'il n'y fera pas plus de gaing, que i'y ay faict de perte. Ie suis envieilly de sept ou huict ans depuis que ie commenceay : ce n'a pas esté sans quelque nouvel acquest; i'y ay practiqué la cholique [1], par la liberalité des ans : leur commerce et longue conversation ne se passe ayseement, sans quelque tel fruict. Ie vouldrois bien, de plu-

[1] Le mot *cholique* est employé ici dans le sens de néphrite ou coliques néphrétiques causées par la présence de graviers dans le tissu des reins.

sieurs aultres presents qu'ils ont à faire à ceux qui les hantent long temps, qu'ils en eussent choisi quelqu'un qui m'eust esté plus acceptable; car ils ne m'en eussent sceu faire que i'eusse en plus grande horreur, dez mon enfance : c'estoit, à poinct nommé, de touts les accidents de la vieillesse, celuy que ie craignois le plus. I'avois pensé maintesfois, à part moy, que i'allois trop avant, et qu'à faire un si long chemin, ie ne fauldrois pas de m'engager enfin en quelque malplaisante rencontre : ie sentois et protestois assez, Qu'il estoit heure de partir, et qu'il falloit trencher la vie dans le vif et dans le sain, suyvant la regle des chirurgiens, quand ils ont à couper quelque membre; Qu'à celuy qui ne la rendoit à temps, nature avoit accoustumé de faire payer de bien rudes usures. Il s'en falloit tant que i'en feusse prest lors, qu'en dix huict mois ou environ qu'il y a que ie suis en ce malplaisant estat, i'ay desia apprins à m'y accommoder; i'entre desia en composition de ce vivre choliqueux, i'y treuve dequoy me consoler, et dequoy esperer : Tant les hommes sont accoquinez à leur estre miserable, qu'il n'est si rude condition qu'ils n'acceptent pour s'y conserver !

..... Les souffrances qui nous touchent simplement par l'ame, m'affligent beaucoup moins qu'elles ne font la pluspart des aultres hommes; partie, par iugement, car le monde estime plusieurs choses horribles, ou evitables au prix de la vie, qui me sont à peu prez indifferentes; partie, par une complexion stupide et insensible que i'ay aux accidents qui ne donnent à moy de droict fil; laquelle complexion i'estime l'une des meilleures pieces de ma naturelle condition : mais les souffrances vrayement essentielles et corporelles, ie les gouste bien vifvement. Si est ce pourtant, que, les prevoyant aultresfois d'une veue foible, delicate, et amollie par la iouïssance de cette longue et heureuse santé et repos que Dieu m'a presté, la meilleure part de mon aage, ie les avois conceues, par imagination, si insupportables, qu'à la verité ie n'avois plus de peur, que ie n'y ay trouvé de mal : par où i'augmente tousiours cette creance, Que la pluspart des facultez de nostre ame, comme nous les employons, troublent plus le repos de la vie, qu'elles n'y servent.

Ie suis aux prinses avecques la pire de toutes les maladies, la plus soubdaine, la plus douloureuse, la plus mortelle, et la plus irremediable; i'en ay desia essayé cinq ou six bien longs accez et penibles : toutesfois, ou ie me flatte, ou encores y a il en cet estat dequoy se soubstenir, à qui a l'ame deschargee de la crainte de la mort, et deschargee des menaces, conclusions et consequences dequoy la medecine nous enteste.....

Montaigne touche ici au sujet indiqué par le titre de ce chapitre. Ce passage n'est pas un des moins remarquables par la forme et par le fond de tout le livre des *Essais* :

..... Nous n'avons que faire d'aller trier des miracles et des difficultez estrangieres; il me semble que parmy les choses que nous veoyons ordinairement, il y a des estrangetez si incomprehensibles, qu'elles surpassent toute la difficulté des miracles : Quel monstre est ce, que cette goutte de semence, dequoy nous sommes produicts, porte en soy les impressions, non de la forme corporelle seulement, mais des pensements et des inclinations de nos peres? cette goutte d'eau, où loge elle ce nombre infiny de formes? et comme porte elle ces ressemblances, d'un progrez si temeraire et si desreglé, que l'arriere-fils respondra à son bisayeul, le nepveu à l'oncle?....

Il est à croire que ie doibs à mon pere cette qualité pierreuse; car il mourut merveilleusement affligé d'une grosse pierre qu'il avoit en la vessie. Il ne s'apperceut de son mal que le soixante septiesme an de son aage : et avant cela il n'en avoit eu aulcune menace ou ressentiment aux reins, aux costez, ny ailleurs; et avoit vescu iusques lors en une heureuse santé, et bien peu subiecte à maladie; et dura encores sept ans en ce mal, traisnant une fin de vie bien douloureuse. I'estois nay vingt cinq ans, et plus, avant sa maladie, et durant le cours de son meilleur estat, le troisiesme de ses enfants en reng de naissance. Où se couvoit tant de temps la propension à ce default? et, lorsqu'il estoit si loing du mal, cette legiere piece de sa substance, dequoy il me bastit, comment en portoit elle pour sa part une si grande impression? et comment encores si couverte, que quarante cinq ans aprez i'aye commencé à m'en ressentir, seul iusques à cette heure entre tant de freres et de sœurs, et touts d'une mere? Qui m'esclaircira de ce progrez, ie le croiray d'autant d'aultres miracles qu'il vouldra : pourveu que, comme ils font, il ne me donne pas en payement une doctrine beaucoup plus difficile et fantastique que n'est la chose mesme.

Aristote dict qu'en certaine nation où les femmes estoient communes, on assignoit les enfants à leurs peres, par la ressemblance.

Quoi que puisse dire Aristote, dans ce pays de mœurs faciles cette façon de reconnaître la paternité devait donner lieu à bien des erreurs. Il est vrai, dit Brid'oison, qu'on est toujours l'enfant de quelqu'un.

Molière n'aimait pas les médecins et les a rudement traités dans ses comédies. Mais Montaigne, c'est bien autre chose! Déjà dans le livre premier, chapitre XXIII, nous avons vu qu'il ne les ménageait guère, et dans les pages qui suivent, au nombre de quarante, il est d'une rudesse qui n'a jamais été dépassée. Comme je crois que Molière a tout à fait raison, je ne puis donner complétement tort à Montaigne.

Pourtant, quarante pages contre les médecins, c'est beaucoup! Les attaques contre ces dangereux amis de notre santé ont été si souvent répétées et ont tellement vieilli, que j'hésite à donner une grande étendue à mes citations.

Que les medecins excusent un peu ma liberté; car, par cette mesme infusion et insinuation fatale, i'ay receu la haine et le mespris de leur doctrine : cette antipathie que i'ay à leur art m'est hereditaire. Mon pere a vescu soixante et quatorze ans, mon ayeul soixante et neuf, mon bisayeul prez de quatre vingts, sans avoir gousté aulcune sorte de medecine.....

..... Ie ne veois nulle race de gents si tost malade, et si tard guarie, que celle qui est soubs la iurisdiction de la medecine : leur santé mesme est alterée et corrompue par la contraincte des regimes. Les medecins ne se contentent point d'avoir la maladie en gouvernement, ils rendent la santé malade, pour garder qu'on ne puisse en aulcune saison eschapper leur auctorité : d'une santé constante et entiere, n'en tirent ils pas l'argument d'une grande maladie future? I'ay esté assez souvent malade; i'ay trouvé, sans leur secours, mes maladies aussi doulces à supporter (et en ay essayé quasi de toutes les sortes), et aussi courtes qu'à nul autre; et si n'y ay point meslé l'amertume de leurs ordonnances..... Ie ne me passionne point d'estre sans medecin, sans apotiquaire et sans secours; dequoy i'en veois la pluspart plus affligez que du mal. Quoy? eulxmesmes nous font ils veoir de l'heur et de la duree, en leur vie, qui nous puisse tesmoingner quelque apparent effect de leur science?

Il n'est nation qui n'ayt esté plusieurs siecles sans la medecine, et les premiers siecles, c'est à dire les meilleurs et les plus heureux; et du monde la dixiesme partie ne s'en sert pas, encores à cette heure; infinies nations ne la cognoissent pas, où l'on vit et plus sainement et plus longuement qu'on ne faict icy; et parmy nous, le commun peuple s'en passe heureusement : les Romains avoient esté six cents ans avant que de la recevoir; mais, aprez l'avoir essayee, ils la chasserent de leur ville, par l'entremise de Caton le censeur.....

Ce fut longtemps après Caton le Censeur que les médecins furent chassés de Rome.

..... Laissons un peu faire : l'ordre qui pourveoid aux pulces et aux taulpes, pourveoid aussi aux hommes qui ont la patience pareille, à se laisser gouverner, que les pulces et les taulpes : nous avons beau crier Bihore[1], c'est bien pour nous enrouer, mais non pour l'advancer : c'est un ordre superbe et impiteux; nostre crainte, nostre desespoir le desgouste et retarde de nostre ayde, au lieu de l'y convier; il doibt au mal son cours, comme à la santé; de se laisser corrompre en faveur de l'un, au preiudice des droicts de l'aultre, il ne le fera pas, il tumberoit en desordre. Suyvons, de par Dieu! suyvons : il meine ceulx qui suyvent; ceulx qui ne le suyvent pas, il les entraisne, et leur rage, et leur medecine ensemble. Faites ordonner une purgation à vostre cervelle; elle y sera mieulx employee qu'à vostre estomach.

..... Les medecins ont cet heur, selon Nicocles, que « le soleil esclaire leur succez, et la terre cache leur faulte. » Et oultre cela, ils ont une façon bien advantageuse à se servir de toutes sortes d'evenements : car, ce que la fortune, ce que la nature ou quelque autre cause estrangiere

[1] Terme dont se servent les charretiers du Languedoc pour hâter les chevaux.

(desquelles le nombre est infiny), produict en nous de bon et de salutaire, c'est le privilege de la medecine de se l'attribuer; touts les heureux succez qui arrivent au patient qui est sous son regime, c'est d'elle qu'il les tient; les occasions qui m'ont guary moy, et qui guarissent mille aultres qui n'appellent point les medecins à leur secours, ils les usurpent en leurs subiects : et quant aux mauvais accidents, Ou ils les desadvouent tout à faict, en attribuant la coulpe au patient, par des raisons si vaines, qu'ils n'ont garde de faillir d'en treuver tousiours assez bon nombre de telles : « Il a descouvert son bras, il a ouï le bruit d'un coche...., on a entr'ouvert sa fenestre; il s'est couché sur le costé gauche, ou il a passé par sa teste quelque pensement penible; » somme, une parole, un songe, une œuillade leur semble suffisante excuse pour se descharger de faulte : Ou, s'il leur plaist, ils se servent encores de cet empirement et en font leurs affaires, par cet aultre moyen qui ne leur peult iamais faillir : c'est de nous payer, lorsque la maladie se treuve reschauffee par leurs applications, de l'asseurance qu'ils nous donnent qu'elle seroit bien aultrement empiree sans leurs remedes; celuy qu'ils ont iecté d'un morfondement en une fiebvre quotidienne, il eust eu, sans eulx, la continue.....

Aesope, aucteur de tresrare excellence...., conte qu'un malade estant interrogé par son medecin quelle operation il sentoit des medicaments qu'il luy avoit donnez : « I'ay fort sué, » respondit il; « Cela est bon! » dict le medecin. Une aultre fois il luy demanda encores comme il s'estoit porté depuis : « I'ay eu un froid extreme, feit il, et si ay fort tremblé. » « Cela est bon! » suyvit le medecin. A la troisiesme fois, il luy demanda derechef comment il se portoit : « Ie me sens, dict il, enfler et bouffir comme d'hydropisie : » « Voylà qui va bien ! » adiousta le medecin. L'un de ses domestiques venant, aprez, à s'enquerir à luy de son estat : « Certes, mon amy, respond il, à force de bien estre, ie me meurs. »

Un medecin vantoit à Nicocles son art estre de grande auctorité : « Vrayement c'est mon[1], dict Nicocles, qui peult impunement tuer tant de gents. »

Au demourant, si i'eusse esté de leur conseil, i'eusse rendu ma discipline plus sacree et mysterieuse : ils avoient assez bien commencé; mais ils n'ont pas achevé de mesme. C'estoit un bon commencement, d'avoir faict des dieux et des daimons aucteurs de leur science, d'avoir prins un langage à part, une escriture à part..... C'estoit une bonne regle en leur art, et qui accompaigne toutes les arts fantastiques, vaines et supernaturelles, Qu'il fault que la foy du patient preoccupe, par bonne esperance et asseurance, leur effect et operation : laquelle regle ils tiennent iusques là, que le plus ignorant et grossier medecin, ils le treuvent plus propre à celuy qui a fiance en luy, que le plus experimenté et incogneu. Le chois mesme de la pluspart de leurs drogues est aulcunement mysterieux et divin : Le pied gauche d'une tortue, L'urine d'un lezard, La fiente d'un elephant, Le foye d'une taulpe, Du sang tiré soubs l'aile droicte d'un pigeon blanc : et pour nous aultres choliqueux (tant ils abusent desdaigneusement de nostre misere), des crottes de rat pulverisees, et telles autres singeries qui ont plus le vi-

[1] Vraiment oui.

sage d'un enchantement magicien, que de science solide. Ie laisse à part le nombre impair de leurs pillules, la destination de certains iours et festes de l'annee, la distinction des heures à cueillir les herbes de leurs ingredients, et cette grimace rebarbatifve et prudente de leur port et contenance, dequoy Pline mesme se mocque. Mais ils ont failly, veulx ie dire, de ce qu'à ce beau commencement ils n'ont adiouté cecy, De rendre leurs assemblees et consultations plus religieuses et secretes : aulcun homme profane n'y debvoit avoir accez, non plus qu'aux secretes cerimonies d'Aesculape; car il advient de cette faulte, que leur irresolution, la foiblesse de leurs arguments, divinations et fondements, l'aspreté de leurs contestations, pleines de haine, de ialousie, et de consideration particuliere, venants à estre descouvertes à un chascun, il fault estre merveilleusement aveugle, si on ne se sent bien hazardé entre leurs mains. Qui veid iamais medecin se servir de la recepte de son compaignon, sans y retrencher ou adiouster quelque chose? ils trahissent assez par là leur art, et nous font veoir qu'ils y considerent plus leur reputation, et par consequent leur proufit, que l'interest de leurs patients. Celuy là de leurs docteurs est plus sage, qui leur a anciennement prescript qu'un seul se mesle de traicter un malade : car s'il ne faict rien qui vaille, le reproche à l'art de la medecine n'en sera pas fort grand, pour la faulte d'un homme seul; et au rebours, la gloire en sera grande, s'il vient à bien rencontrer : là où quand ils sont beaucoup, ils descrient à touts les coups le mestier; d'autant qu'il leur advient de faire plus souvent mal que bien. Ils se debvoient contenter du perpetuel desaccord qui se treuve ez opinions des principaux maistres et aucteurs anciens de cette science, lequel n'est cogneu que des hommes versez aux livres, sans faire veoir encores au peuple les controverses et inconstances de iugement qu'ils nourrissent et continuent entre eulx.

Le Médecin malgré lui, Don Juan et *l'Amour médecin* contiennent des imitations de ces divers fragments. Citer Molière après Montaigne, c'est, il me semble, traiter royalement ses lecteurs.

Lisez la première scène du troisième acte de *Don Juan,* ou plutôt, pour votre très-grand plaisir, relisez la pièce tout entière.

DON JUAN, à Sganarelle.

Et quels remèdes leur as-tu ordonnés?

SGANARELLE.

Ma foi, monsieur, j'en ai pris par où j'en ai pu attraper; j'ai fait mes ordonnances à l'aventure; et ce seroit une chose plaisante si les malades guérissoient, et qu'on m'en vînt remercier.

DON JUAN.

Pourquoi non? Par quelle raison n'aurois-tu pas les mêmes privilèges qu'ont tous les autres médecins? Ils n'ont pas plus de part que toi aux guérisons des malades, et tout leur art est pure grimace. Ils ne font que recevoir la gloire des heureux succès : et tu peux profiter comme eux du bonheur du malade, et voir attribuer à tes remèdes tout ce qui peut venir des faveurs du hasard et des forces de la nature.

Sganarelle, le médecin malgré lui, imite aussi Montaigne, ou plutôt Ésope, quand il demande à Géronte, en lui parlant de sa fille :

Dites-moi un peu : ce mal l'oppresse-t-il beaucoup?

GÉRONTE.

Oui, monsieur.

SGANARELLE.

Tant mieux. Sent-elle de grandes douleurs?

GÉRONTE.

Fort grandes.

SGANARELLE.

C'est fort bien fait. Va-t-elle où vous savez?....

Dans *l'Amour médecin,* il est évident que Molière a imité Montaigne, quand M. Filerin adresse à ses confrères de rudes reproches en langage admirable de raison et d'accent comique. Le rapprochement avec Montaigne ne me paraît pas contestable.

MONSIEUR FILERIN, à ses confrères Tomès et Desfonandrès.

N'avez-vous point de honte, messieurs, de montrer si peu de prudence, pour des gens de votre âge, et de vous être querellés comme de jeunes étourdis? Ne voyez-vous pas bien quel tort ces sortes de querelles nous font parmi le monde? Et n'est-ce pas assez que les savants voyent les contrariétés et les dissensions qui sont entre nos auteurs et nos anciens maîtres, sans découvrir encore au peuple, par nos débats et nos querelles, la forfanterie de notre art? Pour moi, je ne comprends rien du tout à cette méchante politique de quelques-uns de nos gens; et il faut confesser que toutes ces contestations nous ont décriés depuis peu d'une étrange manière, et que, si nous n'y prenons garde, nous allons nous ruiner nous-mêmes. Je n'en parle pas pour mon intérêt, car, Dieu merci, j'ai déjà établi mes petites affaires. Qu'il vente, qu'il pleuve, qu'il grêle, ceux qui sont morts sont morts, et j'ai de quoi me passer des vivants. Mais enfin toutes ces disputes ne valent rien pour la médecine. Puisque le ciel nous fait la grâce que depuis tant de siècles on demeure infatué de nous, ne désabusons pas les hommes avec nos cabales extravagantes, et profitons de leur sottise le plus doucement que nous pourrons. Nous ne sommes pas les seuls, comme vous savez, qui tâchons à nous prévaloir de la foiblesse humaine. C'est là que va l'étude de la plupart du monde; et chacun s'efforce de prendre les hommes par leur foible pour en tirer quelque profit..... Mais le plus grand foible des hommes, c'est l'amour qu'ils ont pour la vie; et nous en profitons, nous autres, par notre pompeux galimatias, et savons prendre nos avantages de cette vénération que la peur de mourir leur donne pour notre métier. Conservons-nous donc dans le degré d'estime où leur foiblesse nous a mis, et soyons de concert auprès des malades pour nous attribuer les heureux succès de la maladie, et rejeter sur la nature toutes les bévues de notre art. N'allons point, dis-je, détruire sottement les heureuses préventions d'une erreur qui donne du pain à tant de personnes, et, de l'argent de ceux que nous mettons en terre, nous fait élever de tous côtés de si beaux héritages.

On trouve aussi plusieurs imitations dans la troisième scène du troisième acte du *Malade imaginaire*. J'en ai cité un fragment, page 63.

Rabelais ne raffolait pas des médecins; mais il en parle d'une façon bouffonne, rien de plus. Pantagruel considère que « leur estat est fascheux par trop » et melancholique, et qu'ils sentent les clysteres » comme vieux diables. »

On s'est beaucoup récrié contre les appréciations sévères qui occupent plus des trois quarts de ce chapitre. Elles ont pu être en partie fondées, dit-on; mais certes elles n'ont plus aucune valeur aujourd'hui. Tout est-il donc changé? La science médicale a-t-elle marché du même pas que les autres sciences? Je n'en crois rien, et, à quelques concessions près, le scepticisme qui s'appuie sur Montaigne et sur Molière n'a pas cessé d'avoir raison. Sans doute la médecine a dû renoncer depuis longtemps déjà à la magie, à l'alchimie, à l'astrologie et aux pratiques superstitieuses. Elle y a perdu quelques bons profits, mais elle ne pouvait résister au progrès des idées. Ainsi les médecins ne parlent plus latin, s'habillent comme tout le monde et ne nous font plus rire, tant sans faut! Seulement ils ne savent pas mieux guérir qu'autrefois. Gardons-nous de leur en faire reproche et de nous brouiller inutilement avec eux. A une science purement conjecturale il ne faut pas demander l'impossible.

FIN DU LIVRE SECOND.

LIVRE TROISIÈME.

CHAPITRE PREMIER.

DE L'UTILE ET DE L'HONNESTE.

Si dans nos rapports sociaux, dans nos affaires politiques et industrielles nous préférions toujours l'honnête à l'utile, nous serions en pleine possession de cet âge d'or que nous n'aurons jamais.

Avant d'aborder cette grosse question, Montaigne commence ainsi son troisième livre :

Personne n'est exempt de dire des fadaises; le malheur est de les dire curieusement :

Næ iste magno conatu magnas nugas dixerit [1].

Cela ne me touche pas : les miennes m'eschappent aussi nonchalamment qu'elles le valent; d'où bien leur prend : ie les quitterois soubdain, à peu de coust qu'il y eust; et ne les achette ny ne les vends que ce qu'elles poisent; ie parle au papier, comme ie parle au premier que ie rencontre. Qu'il soit vray, voici dequoy.

[1] Cet homme va me dire avec une grande emphase de grandes sottises. TÉRENCE.

A qui ne doibt estre la perfidie detestable, puisque Tibere la refusa à si grand interest? On lui manda d'Allemaigne que, s'il le trouvoit bon, on le desferoit d'Arminius par poison : c'estoit le plus puissant ennemy que les Romains eussent, qui les avoit si vilainement traictez soubs Varus, et qui seul empeschoit l'accroissement de sa domination en ces contrees là. Il feit response, « que le peuple romain avoit accoustumé de se venger de ses ennemis par voye ouverte, les armes en main; non par fraude et en cachette : » il quitta l'utile pour l'honneste. C'estoit, me direz vous, un affronteur : Ie le crois; ce n'est pas grand miracle, à gents de sa profession : mais la confession de la vertu ne porte pas moins en la bouche de celuy qui la hayt; d'autant que la verité la luy arrache par force, et que s'il ne la veult recevoir en soy, au moins il s'en couvre pour s'en parer.

Le mot *affronteur*, signifiant trompeur, se trouve encore dans nos dictionnaires, bien qu'on ne s'en serve plus. Nous voyons que Montaigne parle avec un grand sans-façon du métier d'empereur ou de roi. Par un rare exemple, un séjour de plusieurs années à la cour de Charles IX et de Henri III, où il avait toujours reçu un excellent accueil, avait laissé tout entière la liberté de sa pensée. En lui le philosophe dominait le gentilhomme ordinaire du roi. D'habitude, ces idées-là ne viennent aux hommes haut placés qu'après une bonne disgrâce.

..... En toute police, il y a des offices necessaires, non seulement abiects, mais encores vicieux : les vices y treuvent leur reng, et s'employent à la cousture de nostre liaison, comme les venins à la conservation de nostre santé. S'ils deviennent excusables, d'autant qu'ils nous font besoing, et que la necessité commune efface leur vraye qualité, il fault laisser iouer cette partie aux citoyens plus vigoreux et moins craintifs, qui sacrifient leur honneur et leur conscience, comme ces aultres anciens sacrifierent leur vie pour le salut de leur pays; nous aultres, plus foibles, prenons des roolles et plus aysez et moins hazardeux. Le bien public requiert qu'on trahisse, et qu'on mente, et qu'on massacre : resignons cette commission à gents plus obeïssants et plus soupples.

Pour bien comprendre la pensée élevée et le noble mépris que renferment ces quatre dernières lignes, il faut remarquer qu'elles ont été écrites peu d'années après le massacre de la Saint-Barthélemy.

Certes, i'ay eu souvent despit de veoir des iuges attirer, par fraude et faulses esperances de faveur ou pardon, le criminel à descouvrir son faict, et y employer la piperie et l'impudence. Il serviroit bien à la iustice, et à Platon mesme qui favorise cet usage, de me fournir d'aultres moyens plus selon moy : c'est une iustice malicieuse, et ne l'estime pas moins blecee par soy mesme, que par aultruy.....

Ce blâme pourrait être justement adressé aujourd'hui encore à certains juges. Il y a quelques années, étant du jury dans une session d'assises, je remarquai, non sans étonnement, les piéges tendus à l'accusé par le président : « Vous faites bien, lui disait-il, d'entrer dans la voie des aveux. » Puis il se mettait à citer des faits que l'accusé, qui du reste me paraissait mériter fort peu d'intérêt, n'avait pas du tout avoués. Mais le malheureux avait beau protester, notre trop zélé président n'en continuait pas moins à nous détailler, en phrases légèrement prétentieuses, les aveux que l'accusé n'avait pas faits. A la fin, l'avocat et le ministère public entendus, il fit un résumé qui ressemblait beaucoup trop à un réquisitoire, et le termina par ces malencontreuses paroles : « Messieurs les jurés, si dans une semblable affaire vous prononciez un verdict d'acquittement, vous commettriez un scandale judiciaire. » Il va sans dire qu'après cette belle injonction le jury s'empressa d'acquitter l'accusé.

N'est-ce pas là ce que blâme Montaigne, et n'a-t-il pas mille fois raison?

Parlant un peu plus loin des troubles qui agitent la France et des dangers qui la menacent chaque jour, il tient ce digne langage :

..... De se tenir chancelant et mestis, de tenir son affection immobile et sans inclination, aux troubles de son païs et en une division publicque, ie ne le treuve ny beau ny honneste.....

Puis il ajoute cette vérité, applicable à tous les temps :

Mais il ne fault pas appeller debvoir, comme nous faisons touts les iours, une aigreur et une intestine aspreté qui naist de l'interest et passion privee; ny courage, une conduicte traistresse et malicieuse : ils nomment zele, leur propension vers la malignité et violence; ce n'est pas la cause qui les eschauffe, c'est leur interest; ils attisent la guerre, non parce qu'elle est iuste, mais parce que c'est guerre.

Je passe de nombreux exemples de trahisons punies, tout en les recommandant comme autant de récits très-remarquables.

..... Certaines citez s'estoient rachetees à prix d'argent, et remises en liberté, avecques l'ordonnance et permission du senat, des mains de L. Sylla : la chose estant tumbee en nouveau iugement, le senat les condamna à estre taillables comme auparavant, et que l'argent qu'elles avoient employé pour se racheter demeureroit perdu pour elles. Les guerres civiles produisent souvent ces vilains exemples : Que nous punissons les privez, de ce qu'ils nous ont creu quand nous estions aultres; et un mesme magistrat faict porter la peine de son changement à qui n'en peult mais; le maistre fouette son disciple de docilité, et la guide son aveugle : horrible image de iustice !

Il y a des regles en la philosophie et faulses et molles. L'exemple qu'on nous propose, pour faire prevaloir l'utilité privee à la foy donnee, ne receoit pas assez de poids par la circonstance qu'ils y meslent : Des voleurs vous ont prins, ils vous ont remis en liberté, ayant tiré de vous serment du payement de certaine somme. On a tort de dire qu'un homme de bien sera quitte de sa foy, sans payer, estant hors de leurs mains. Il n'en est rien : ce que la crainte m'a faict une fois vouloir, ie suis tenu de le vouloir encores, sans crainte; et, quand elle n'aura forcé que ma langue sans la volonté, encores suis ie tenu de faire la maille bonne de ma parole. Pour moy, quand par fois ell' a inconsiderement devancé ma pensee, i'ay faict conscience de la desadvouer pourtant : aultrement, de degré en degré, nous viendrons à abolir tout le droict qu'un tiers prend de nos promesses et serments. En cecy seulement a loy l'interest privé de nous excuser et faillir à nostre promesse, si nous avons promis chose meschante et inique de soy; car le droict de la vertu doibt prevaloir le droict de nostre obligation.

Je trouve la note suivante dans une très-bonne édition de Lefèvre (1834) : « La décision de Mon-
» taigne sur ce cas de conscience est plus sévère que
» celle de Cicéron, que l'on n'a jamais cependant
» accusé de relâchement dans sa morale : — Un
» pirate, dit-il (*De offic.*, III, 29), n'est pas pour
» vous un ennemi *légitime*, un ennemi pour lequel on
» reconnaisse un droit des gens; c'est l'ennemi de
» toutes les nations. Il ne peut y avoir entre vous et

» lui ni foi ni serments. » — Il avait déjà dit dans » le même ouvrage : — « Qui ne sent qu'on n'est pas » obligé de tenir les promesses arrachées par la » crainte ou surprises par la fraude? »

Je n'hésite pas, sur cette question, à préférer l'opinion de Montaigne à celle de Cicéron. On ne peut se croire dégagé, n'importe envers qui, de la foi jurée. Vous avez promis, vous devez tenir et ne faire avec votre conscience aucune composition, même acceptable aux yeux du monde. J'admets, toutefois, l'exception que Montaigne applique à toute promesse faite de chose injuste et méchante; *car le droict de la vertu doibt prevaloir le droict de nostre obligation.* Comme dans cette dernière phrase la pensée est bien exprimée, d'une manière simple et grande à la fois!

Vers les dernières pages de ce chapitre, Montaigne défend la cause des sentiments du cœur et de la famille, si horriblement sacrifiés dans les guerres civiles, où il arrive que, combattant pour un parti, on a en face de soi, dans le parti ennemi, un hôte, un ami, un frère. Mais rien n'arrête dans ses fureurs le fanatisme politique ou religieux, même quand il n'est qu'un prétexte qui recouvre de vils intérêts personnels, des haines, une criminelle ambition.

L'histoire de tous les temps et de tous les peuples nous offre mille exemples de ces luttes barbares où la voix de la nature et des lois cesse d'être entendue. Les paroles les plus sages resteront impuissantes pour préserver à jamais l'avenir de ces maux affreux; celles que je vais citer sont éloquentes et d'un beau mouvement :

I'ay aultrefois logé Epaminondas au premier reng des hommes excellents, et ne m'en desdis pas. Iusques où montoit il la consideration de son particulier debvoir? qui ne tua iamais homme qu'il eust vaincu; qui, pour ce bien inestimable de rendre la liberté à son païs, faisoit conscience de tuer un tyran, ou ses complices, sans les formes de la iustice; et qui iugeoit meschant homme, quelque bon citoyen qu'il feust, celuy qui, entre les ennemis et en la battaille, n'espargnoit son ami et son hoste. Voylà une ame de riche composition : il marioit aux plus rudes et violentes actions humaines la bonté et l'humanité, voire mesme la plus delicate qui se treuve en l'eschole de la philosophie. Ce courage si gros, enflé, et obstiné contre la douleur, la mort, la pauvreté, estoit ce nature, ou art, qui l'eust attendry iusques au poinct d'une si extreme doulceur et debonnaireté de complexion? Horrible de fer et de sang, il va fracassant et rompant une nation invincible contre tout aultre que contre luy seul; et gauchit, au milieu d'une telle meslee, au rencontre de son hoste et de son amy. Vrayment celuy là proprement commandoit bien à la guerre, qui luy faisoit souffrir le mors de la benignité, sur le poinct de sa plus forte chaleur, ainsin enflammee qu'elle estoit, et toute escumeuse de fureur et de meurtres. C'est miracle de pouvoir mesler à telles actions quelque image de iustice.... Ne craignons point, aprez un si grand precepteur, d'estimer qu'il y a quelque chose illicite contre les ennemis mesmes; que l'interest commun ne doibt pas tout requerir de touts, contre l'interest privé; et que toutes choses ne sont pas loisibles à un homme de bien, pour le service de son roy, ny de la cause generale et des loix.

CHAPITRE II.

DU REPENTIR.

Dans ce remarquable chapitre, je citerai beaucoup. Il faudrait même tout citer, sans passer un seul mot.

Les aultres forment l'homme : ie le recite; et en represente un particulier, bien mal formé, et lequel si i'avois à façonner de nouveau, ie ferois vrayement bien aultre qu'il n'est : meshuy, c'est faict. Or, les traicts de ma peincture ne se fourvoyent poinct, quoyqu'ils se changent et diversifient : le monde n'est qu'une bransloire perenne; toutes choses y branslent sans cesse, la terre, les rochiers du Caucase, les pyramides d'Aegypte, et du bransle publicque et du leur; la constance mesme n'est aultre chose qu'un bransle plus languissant. Ie ne puis asseurer mon obiect; il va trouble et chancelant, d'une yvresse naturelle : ie le prends en ce poinct, comme il est en l'instant que ie m'amuse à luy : ie ne peinds pas l'estre, ie peinds le passage; non un passage d'aage en aultre, ou, comme dict le peuple, de sept en sept ans, mais de iour en iour, de minute en minute : il fault accommoder mon histoire à l'heure; ie pourray tantost changer; non de fortune seulement, mais aussi d'intention. C'est un contreroolle de divers et muables accidents, et d'imaginations irresolues, et, quand il y eschet, contraires; soit que ie sois aultre moy mesme, soit que ie saisisse les subiects par aultres circonstances et considerations : tant y a que ie me contredis bien à l'adventure, mais la verité, comme disoit Demades, ie ne la contredis point. Si mon ame pouvoit prendre pied, ie ne m'essayerois pas, ie me resouldrois : elle est tousiours en apprentissage et en espreuve.

Ie propose une vie basse et sans lustre : c'est tout un; on attache aussi bien toute la philosophie morale à une vie populaire et privee, qu'à une vie de plus riche estoffe : chasque homme porte la forme entiere de l'humaine condition. Les aucteurs se communiquent au peuple par quelque marque speciale et estrangiere; moy, le premier, par mon estre universel; comme Michel de Montaigne, non comme grammairien, ou poëte, ou iurisconsulte..... Mais est ce pas faire une muraille sans pierre, ou chose semblable, que de bastir des livres sans science et sans art?.... Au moins i'ay cecy selon la discipline, Que iamais homme ne traicta subiect qu'il entendist, ne cogneust mieulx que ie fois celuy que i'ay entreprins; et qu'en celuy là ie suis le plus sçavant homme qui vive : secondement, Que iamais aulcun ne penetra en sa matiere plus avant, ny en espelucha plus distinctement les membres et suittes, et n'arriva plus exactement et plus plainement à la fin qu'il s'estoit proposé à sa besongne. Pour la parfaire, ie n'ay besoing d'y apporter que la fidelité : celle là y est, la plus sincere et pure qui se treuve. Je dis vray, non pas tout mon saoul, mais autant que ie l'ose dire : et l'ose un peu plus en vieillissant; car il semble que la coustume concede à cet aage plus de liberté de bavasser, et d'indiscretion à parler de soy.....

Il n'est vice veritablement vice qui n'offense, et qu'un iugement entier n'accuse; car il a de la laideur et incommodité si apparente, qu'à l'adventure ceulx là ont raison qui disent qu'il est principalement produict par bestise et ignorance : tant il est mal aysé d'imaginer qu'on le cognoisse sans le haïr! La malice hume la pluspart de son propre venin, et s'en empoisonne. Le vice laisse, comme un ulcere en la chair, une repentance en l'ame, qui tousiours s'esgratigne et s'ensanglante elle mesme : car la raison efface les aultres tristesses et douleurs, mais elle engendre celle de la repentance, qui est plus griefve, d'autant qu'elle naist au dedans, comme le froid et le chauld des fiebvres est plus poignant que celuy qui vient du dehors. Ie tiens pour vices (mais chascun selon sa mesure) non seulement ceulx que la raison et la nature condamnent, mais ceulx aussi que l'opinion des hommes a forgé, voire faulse et erronee, si les loix et l'usage l'auctorise.

Il n'est pareillement bonté qui ne resiouïsse une nature bien nee; il y a, certes, ie ne sçais quelle congratulation de bien faire, qui nous resiouït en nous mesmes, et une fierté genereuse qui accompaigne la bonne conscience : une ame courageusement vicieuse se peult à l'adventure garnir de securité, mais de cette complaisance et satisfaction, elle ne s'en peult fournir. Ce n'est pas un legier plaisir de se sentir preservé de la contagion d'un siecle si gasté, et de dire en soy : « Qui me verroit iusques dans l'ame, encores ne me trouveroit il coupable, ny de l'affliction et ruyne de personne, ny de vengeance ou d'envie, ny d'offense publicque des loix, ny de nouvelleté et de trouble, ny de faulte à ma parole; et, quoy que la licence du temps permist et apprinst à chascun, si n'ay ie mis la main ny ez biens, ny en la bourse d'homme françois, et n'ay vescu que sur la mienne, non plus en guerre qu'en paix; ny ne me suis servy du travail de personne sans loyer. » Ces tesmoignages de la conscience plaisent; et nous est grand benefice que cette esiouïssance naturelle, et le seul payement qui iamais ne nous manque.

..... C'est une vie exquise, celle qui se maintient en ordre iusques en son privé..... Le peuple reconvoye celuy là, d'un acte publicque, avecques estonnement, iusques à sa porte : il laisse avecques sa robe ce roolle; il en retumbe d'autant plus bas, qu'il s'estoit plus hault monté; au dedans, chez luy, tout est tumultuaire et vil.....

Nous nous preparons aux occasions eminentes plus par gloire que par conscience.....

Sur ce point, *les exemples fameux ne manquent pas* pour prouver que Montaigne a raison. En effet, nous remarquons parfois chez des hommes que d'éminentes facultés conduisent à la célébrité, un contraste affligeant entre la vie privée et la vie publique, ou, ce qui représente la même idée, entre le caractère et le talent. Par un phénomène psychologique difficile à expliquer, il n'est pas tout à fait rare que celui-là même qui se fait admirer par les dons les plus éclatants de l'intelligence, mène une vie peu honorable et soit indigne de l'estime de ses concitoyens. Tout en étant péniblement surpris quand de pareils spectacles s'offrent à nos yeux, nous devons reconnaître que ce mélange de grandeur et de bassesse, le plus souvent dans une proportion peu étendue, est une des conditions essentielles de la nature humaine.

Quant à moy, ie puis desirer en general estre aultre; ie puis condamner et me desplaire de ma forme universelle, et supplier Dieu pour mon entiere reformation, et pour l'excuse de ma foiblesse naturelle; mais cela, ie ne le doibs nommer repentir, ce me semble, non plus que le desplaisir de n'estre ny ange ny Caton. Mes actions sont reglees, et conformes à ce que ie suis et à ma condition; ie ne puis faire mieulx : et le repentir ne touche pas proprement les choses qui ne sont pas en nostre force; ouy bien le regret. I'imagine infinies natures plus haultes et plus reglees que la mienne; ie n'amende pourtant mes facultez : comme ny mon bras ny mon esprit ne deviennent plus vigoreux, pour en concevoir un aultre qui le soit. Si l'imaginer et desirer un agir plus noble que le nostre, produisoit la repentance du nostre, nous aurions à nous repentir de nos operations plus innocentes, d'autant que nous iugeons bien qu'en la nature plus excellente elles auroient esté conduictes d'une plus grande perfection et dignité; et vouldrions faire de mesme. Lorsque ie consulte des deportements de ma ieunesse, avecques ma vieillesse, ie treuve que ie les ai communement conduicts avecques ordre, selon moy : c'est tout ce que peult ma resistance. Ie ne me flatte pas; à circonstances pareilles, ie serois tousiours tel.....

Il est bien vrai que loin d'être ce que nous voudrions, nous restons, à peu de chose près, ce que nous pouvons être. Les bonnes intentions ne nous manquent pas. Seulement nous ressemblons au maître de philosophie du *Bourgeois gentilhomme*, qui sait par cœur le traité de Sénèque sur la colère, dit que la grande réponse qu'on doit faire aux injures, c'est la modération et la patience, et se prend d'une fureur épouvantable quand on ose lui soutenir que la science des armes est la plus belle et la plus nécessaire de toutes les sciences. Non pas que je prétende que la volonté ne puisse rien, mais cette volonté même est un don que la nature nous distribue très-inégalement, avec plus ou moins de libéralité ou de parcimonie. Dans certaines circonstances de la vie, il arrive à plus d'un d'entre nous de la trouver impuissante et sans force. Quand on nous reproche de manquer de caractère, d'énergie pour lutter contre le mal, est-ce toujours de notre faute, et ne saurions-nous plaider les circonstances atténuantes? Bon gré, mal gré, nous ne pouvons sortir des conditions de notre économie.

Ie n'ay gueres à me prendre de mes faultes, ou infortunes, à aultre qu'à moy : car, en effect, ie me sers rarement des advis d'aultruy, si ce n'est par honneur de cerimonie; sauf où i'ay besoing d'instruction, de science, ou de la cognoissance du faict. Mais, ez choses où ie n'ay à employer que le iugement, les raisons estrangieres peuvent servir à m'appuyer, mais peu à me destourner : ie les escoute favorablement et decemment toutes; mais, qu'il m'en souvienne, ie n'en ay creu iusqu'à cette heure que les miennes. Selon moy, ce ne sont que mousches et atomes qui promenent ma volonté : ie prise peu mes opinions; mais ie prise aussi peu celles des aultres. Fortune me paye dignement : si ie ne reccois pas de conseil, i'en donne aussi peu. I'en suis fort peu enquis, mais i'en suis encores moins creu; et ne sçache nulle entreprinse publicque ny privee que mon advis aye redressee et ramenee. Ceulx mesmes que la fortune y avoit aulcunement attachez, se sont laissez plus volontiers manier à toute aultre cervelle qu'à la mienne. Comme cil qui suis bien autant ialoux des droicts de mon repos, que des droicts de mon auctorité, ie l'aime mieulx ainsi : me laissant là, on faict selon ma profession, qui est de m'establir et contenir tout en moy. Ce m'est plaisir, d'estre desinteressé des affaires d'aultruy, et desgagé de leur gariement.

Ainsi, curieuse observation à faire, un esprit supérieur et d'une merveilleuse sagacité comme celui de

Montaigne était capable plus que tout autre de donner de bons avis. Eh bien, Montaigne n'était pas écouté. Il le dit lui-même sans s'étonner et sans se plaindre, au contraire. Il aime mieux qu'on ne vienne pas le trouver pour cela, et c'est de sa part une preuve de grand bon sens. Le plus souvent les conseils ne plaisent pas et sont inutiles ; on a dit spirituellement qu'ils ne font plaisir qu'à ceux qui les donnent. Quant à ceux qui les demandent, ils commettent, pour la plupart, une erreur dont ils ne se rendent pas compte ; ce n'est pas un conseil qu'il leur faut, c'est une approbation de ce qu'ils veulent faire.

En touts affaires, quand ils sont passez, comment que ce soit, i'y ai peu de regret ; car cette imagination me met hors de peine, qu'ils debvoient ainsi passer : les voylà dans le grand cours de l'univers, et dans l'enchaisneure des causes stoïcques ; vostre fantasie n'en peult, par souhait et imagination, remuer un poinct, que tout l'ordre des choses ne renverse, et le passé, et l'advenir.

Mais c'est du fatalisme, cela ! Il faut croire qu'ici Montaigne a été au delà de sa propre pensée.

Au demourant, ie hais cet accidental repentir que l'aage apporte. Celuy qui disoit anciennement estre obligé aux annees, dequoy elles l'avoient desfaict de la volupté, avoit aultre opinion que la mienne : ie ne sçauray iamais bon gré à l'impuissance, de bien qu'elle me face..... Nos appetits sont rares en la vieillesse; une profonde satieté nous saisit aprez le coup : en cela, ie ne veois rien de conscience; le chagrin et la foiblesse nous impriment une vertu lasche et catarrheuse. Il ne nous fault pas laisser emporter si entiers aux alterations naturelles, que d'en abastardir nostre iugement. La ieunesse et le plaisir n'ont pas faict aultrefois que i'aye mescogneu le visage du vice en la volupté; ny ne faict, à cette heure, le desgoust que les ans m'apportent, que ie mescognoisse celuy de la volupté au vice : ores que ie n'y suis plus, i'en iuge comme si i'y estois. Moi, qui la secoue vifvement et attentifvement, treuve que ma raison est celle mesme que i'avois en l'aage plus licencieux, sinon, à l'adventure, d'autant qu'elle s'est affoiblie et empiree en vieillissant; et treuve que ce qu'elle refuse de m'enfourner à ce plaisir, en consideration de l'interest de ma santé corporelle, elle ne le feroit, non plus qu'aultrefois, pour la santé spirituelle.....

..... Si i'avois à revivre, ie revivrois comme i'ay vescu : ny ie ne plainds le passé, ny ie ne crainds l'advenir; et, si ie ne me deceois, il est allé du dedans environ comme du dehors. C'est une des principales obligations que i'aye à ma fortune, que le cours de mon estat corporel ayt esté conduict chasque chose en sa saison; i'en ay veu l'herbe, et les fleurs, et le fruict; et en veois la seicheresse : heureusement, puisque c'est naturellement. Ie porte bien doulcement les maulx que i'ay, d'autant qu'ils sont en leur poinct, et qu'ils me font aussi plus favorablement souvenir de la longue felicité de ma vie passee : pareillement, ma sagesse peult bien estre de mesme taille, en l'un et en l'aultre temps; mais elle estoit bien de plus d'exploict et de meilleure grace, verte, gaye, naïfve, qu'elle n'est à present, cassee, grondeuse, laborieuse. Ie renonce doncques à ces reformations casuelles et douloureuses. Il fault que Dieu nous touche le courage; il fault que nostre conscience s'amende d'elle mesme, par renforcement de nostre raison, non par l'affoiblissement de nos appetits : la volupté n'en est en soy ny pasle ny descoulouree, pour estre apperceue par des yeulx chassieux et troubles.

On doibt aimer la temperance par elle mesme, et pour le respect de Dieu qui nous l'a ordonnee, et la chasteté; celle que les catarrhes nous prestent, et que ie doibs au benefice de ma cholique, ce n'est ny chasteté, ny temperance : on ne peult se vanter de mespriser et combattre la volupté, si on ne la veoid, si on l'ignore, et ses graces, et ses forces, et sa beauté plus attrayante; ie cognois l'une et l'aultre, c'est à moy de le dire. Mais il me semble qu'en la vieillesse nos ames sont subiectes à des maladies et imperfections plus importunes qu'en la ieunesse; ie le disois estant ieune; lors on me donnoit de mon menton par le nez : ie le dis encores à cette heure, que mon poil gris m'en donne le credit. Nous appellons sagesse la difficulté de nos humeurs, le desgoust des choses presentes; mais, à la verité, nous ne quittons pas tant les vices, comme nous les changeons, et, à mon opinion, en pis : oultre une sotte et caducque fierté, un babil ennuyeux, ces humeurs espineuses et inassociables, et la superstition, et un soing ridicule des richesses, lors que l'usage en est perdu, i'y treuve plus d'envie, d'iniustice et de malignité; elle nous attache plus de rides en l'esprit qu'au visage; et ne se veoid point d'ames, ou fort rares, qui en vieillissant ne sentent l'aigre et le moisi. L'homme marche entier vers son croist et vers son decroist..... Quelles metamorphoses luy [1] veois ie faire touts les iours en plusieurs de mes cognoissants! C'est une puissante maladie, et qui se coule naturellement et imperceptiblement : il y fault grande provision d'estude, et grande precaution, pour eviter les imperfections qu'elle nous charge, ou au moins affoiblir leur progrez. Ie sens que, nonobstant touts mes retrenchements, elle gaigne pied à pied sur moy : ie soubtiens tant que ie puis; mais ie ne sçais enfin où elle me menera moy-mesme. A toutes adventures, ie suis content qu'on sache d'où ie seray tumbé.

Voilà comme chaque jour, avec quelques coups de pinceau, à la fois d'une finesse extrême et d'un relief saisissant, Montaigne continuait à faire un chef-d'œuvre de son propre portrait. Non pas que sa figure soit parfaitement belle : il ne la voulait pas ainsi, tant s'en faut! mais elle est vraie et splendidement mise en lumière. Montaigne est un grand peintre, un coloriste admirable, et, je l'ai dit déjà, je ne puis mieux le comparer qu'à Rembrandt, le maître qui, dans ses tableaux, dans la *Leçon d'anatomie*, par exemple, a porté le plus loin l'expression de l'intelligence humaine.

[1] A la vieillesse.

CHAPITRE III.

DE TROIS COMMERCES.

Le mot *commerce* est employé ici dans le sens de compagnie, société. Les trois commerces dont parle Montaigne sont le commerce des hommes, celui des femmes et celui des livres, c'est-à-dire l'amitié, l'amour et l'étude. Mais, selon son habitude, il ne se hâte pas d'entrer dans son sujet. Les chapitres des *Essais* ressemblent à ces conversations où, se réunissant pour traiter une question, l'on passe la première demi-heure à parler de toute autre chose. Qu'importe après tout? Le plus souvent ce qu'il y a de meilleur dans une causerie, c'est ce qui s'improvise sans suite aucune, sans sujet déterminé, de la façon la plus imprévue, mais avec des clartés scintillantes, instantanées, comme des jets d'étincelles. Seulement ces causeries-là ne courent pas les rues, ni même les cercles et les salons, et, pour ne pas médire du temps présent, j'ajoute qu'elles ont toujours été rares et qu'elles le seront toujours.

Voici le début du chapitre III. Le conseil est

bon; mais il n'est pas permis à tout le monde de le suivre.

Il ne fault pas se clouer si fort à ses humeurs et complexions : nostre principale suffisance, c'est sçavoir s'appliquer à divers usages. C'est estre, mais ce n'est pas vivre, que se tenir attaché et obligé par necessité à un seul train : les plus belles ames sont celles qui ont plus de varieté et de souplesse. Voylà un honorable tesmoignage du vieux Caton : *Huic versatile ingenium sic pariter ad omnia fuit, ut natum ad id unum diceres, quodcumque ageret*[1].

Le vieux Caton, Caton l'Ancien, Caton le Censeur, pouvait avoir mille qualités, je n'ai aucune raison pour le contester; mais il avait aussi quelques petits défauts. Sa sévérité excessive était ridicule. Par exemple, il fit revivre une loi qui défendait aux femmes de porter des vêtements de diverses couleurs et de faire emploi de plus d'une demi-once d'or pour leurs bijoux. Les femmes jetèrent les hauts cris, et la loi fut vite rapportée. De plus, il se grisait bel et bien. Enfin je le trouve passablement ennuyeux de finir tous ses discours par son éternel *Delenda est Carthago*. De notre temps nous avons eu un député, j'ai oublié son nom, qui, à l'imitation de Caton l'An-

[1] Il avait l'esprit si flexible et si propre à tout, que quelque chose qu'il fît, on aurait dit qu'il était uniquement né pour cela. TITE-LIVE.

cien, terminait ainsi, chaque fois qu'il montait à la tribune : « Je vote contre la loi et pour la liberté illi- » mitée de la presse. » Je crois que j'aime encore mieux le *Delenda est Carthago.*

Deux pages plus loin, Montaigne nous dit que peu d'entretiens l'arrêtent. Il n'y prête le plus souvent que l'*escorce* de son attention. L'expression est heureuse, ne trouvez-vous pas?

..... Il m'advient souvent, en telle sorte de propos abbattus et lasches, propos de contenance, de dire et respondre des songes et bestises, indignes d'un enfant et ridicules, ou de me tenir obstiné en silence, plus ineptement encores et incivilement. I'ay une façon resveuse qui me retire à moy, et, d'aultre part, une lourde ignorance et puerile de plusieurs choses communes : par ces deux qualitez, i'ay gagné qu'on puisse faire, au vray, cinq ou six contes de moy, aussi niais que d'aultre, quel qu'il soit.

..... Les moins tendues et plus naturelles allures de nostre ame sont les plus belles; les meilleures occupations, les moins efforcees. Mon Dieu, que la sagesse faict un bon office à ceulx de qui elle renge les desirs à leur puissance! il n'est point de plus utile science : « Selon qu'on peult, » c'estoit le refrain et le mot favory de Socrates; mot de grande substance. Il fault adresser et arrester nos desirs aux choses les plus aysees et voysines. Ne m'est ce pas une sotte humeur, de disconvenir avecques un millier à qui ma fortune me ioinct, de qui ie ne me puis passer; pour me tenir à un ou deux qui sont hors de mon commerce, ou plustost à un desir fantastique de chose que ie ne puis recouvrer? Mes mœurs molles, ennemies de toute aigreur et aspreté, peuvent ayseement m'avoir deschargé d'envies et d'inimitiez; d'estre aimé, ie ne dis, mais de n'estre point haï, iamais homme n'en donna plus d'occasion : mais la froideur de ma conversation m'a desrobbé, avecques raison, la bienvueillance de plusieurs, qui sont excusables de l'interpreter à aultre et pire sens.

Ie suis trescapable d'acquerir et maintenir des amitiez rares et exquises; d'autant que ie me harpe avecques si grande faim aux accointances qui reviennent à mon goust, ie m'y produis, ie m'y iecte si avidement, que ie ne faulx pas ayseement de m'y attacher, et de faire impression où ie donne : i'en ay faict souvent heureuse preuve. Aux amitiez communes, ie suis aulcunement sterile et froid; car mon aller n'est pas naturel, s'il n'est à pleine voile : oultre ce, que ma fortune, m'ayant duict et affriandé de ieunesse à une amitié seule et parfaicte, m'a à la verité aulcunement desgousté des aultres, et trop imprimé en la fantasie, qu'elle est beste de compaignie, non pas de troupe, comme disoit cet ancien; aussi, que i'ay naturellement peine à me communiquer à demy, et avecques modification, et cette servile prudence et souspeçonneuse qu'on nous ordonne en la conversation de ces amitiez nombreuses et imparfaictes : et nous l'ordonne lon principalement en ce temps, qu'il ne se peult parler du monde que dangereusement ou faulsement.

Cette dernière phrase exprime parfaitement une vérité toute d'expérience pour les personnes qui, en langage d'à présent, occupent de hautes positions officielles. Là le moindre abandon dans la conversation peut être une imprudence. Il faut mettre une sourdine à l'esprit, si par hasard on en a. Toutes les paroles doivent être pesées et les moins sincères sont généralement les meilleures, parce qu'elles ne vous exposent pas à déplaire et à augmenter le nombre de vos ennemis. On en a toujours bien assez, même en ne disant aux gens que des choses agréables et dont on ne pense pas un mot.

Si veois ie bien pourtant que, qui a, comme moy, pour sa fin les commoditez de sa vie (ie dis les commoditez essentielles), doibt fuyr, comme la peste, ces difficultez et delicatesses d'humeur. Ie louerois une ame à divers estages, qui sçache et se tendre et se desmonter; qui soit bien par tout où sa fortune la porte; qui puisse deviser avecques son voisin, de son bastiment, de sa chasse et de sa querelle, entretenir avecques plaisir un charpentier et un iardinier. I'envie ceulx qui sçavent s'apprivoiser au moindre de leur suitte, et dresser de l'entretien en leur propre train : et le conseil de Platon ne me plaist pas, de parler tousiours d'un langage maestral à ses serviteurs, sans ieu, sans familiarité, soit envers les masles, soit envers les femelles; car, oultre ma raison, il est inhumain et iniuste de faire tant valoir cette telle quelle prerogative de la fortune; et les polices où il se souffre moins de disparité entre les valets et les maistres me semblent les plus equitables.

Nous avons fait de grands progrès sur ce point, et sans être arrivé à une égalité absolue, ce qui n'est pas désirable, ce qui est même une chimère absurde, une ridicule utopie, nous voyons que les différentes classes de la société se rapprochent chaque jour davantage les unes des autres. Nous n'avons plus, je crois, que quelques pas à faire dans cette voie, pour toucher les limites que la raison ne permet pas de dépasser. Ce qui n'empêche pas qu'il n'y ait encore un bon nombre de sots qui font l'abus le plus inconvenant de la *disparité*. Montaigne dit *qu'il est inhumain et injuste de faire valoir cette telle quelle prerogative de la fortune*. C'est plus encore, c'est affreusement bête.

..... Sur tout, c'est à mon gré bien faire le sot, que de faire l'entendu entre ceulx qui ne le sont pas; parler tousiours bandé, *favellar in punta di forchetta*[1]. Il fault se desmettre au train de ceulx avecques qui vous estes, et par fois affecter l'ignorance : mettez à part la force et la subtilité, en l'usage commun, c'est assez d'y reserver l'ordre : traisnez vous au demourant à terre, s'ils veulent.

Les sçavants chopent volontiers à cette pierre; ils font tousiours parade de leur magistere, et sement leurs livres par tout; ils en ont en ce temps entonné si fort les cabinets et aureilles des dames, que si elles n'en ont retenu la substance, au moins elles en ont la mine; à toute sorte

[1] Parler sur la pointe d'une fourchette.

de propos et matiere, pour basse et populaire qu'elle soit, elles se servent d'une façon de parler et d'escrire nouvelle et sçavante,

> Hoc sermone pavent, hoc iram, gaudia, curas,
> Hoc cuncta effundunt animi secreta; quid ultra?
> Concumbunt docte[1];

et alleguent Platon et sainct Thomas, aux choses ausquelles le premier rencontré serviroit aussi bien de tesmoing : la doctrine qui ne leur a peu arriver en l'ame, leur est demeuree en la langue. Si les bien nees me croient, elles se contenteront de faire valoir leurs propres et naturelles richesses : elles cachent et couvrent leurs beautez soubs des beautez estrangieres : c'est une grande simplesse d'estouffer sa clarté, pour luire d'une lumiere empruntee..... C'est qu'elles ne se cognoissent point assez : le monde n'a rien de plus beau..... Que leur fault il, que vivre aimees et honorees? elles n'ont, et ne sçavent, que trop pour cela : il ne fault qu'esveiller un peu et reschauffer les facultez qui sont en elles. Quand ie les veois attachees à la rhetorique, à la iudiciaire, à la logique, et semblables drogueries si vaines, et inutiles à leur besoing, i'entre en crainte que les hommes qui le leur conseillent, le facent pour avoir loy de les regenter soubs ce tiltre : car quelle aultre excuse leur trouverois ie? Baste, qu'elles peuvent, sans nous, renger la grace de leurs yeulx à la gayeté, à la severité et à la doulceur, assaisonner un nenny de rudesse, de doubte et de faveur, et qu'elles ne cherchent point d'interprete aux discours

[1] Crainte, colère, joie, chagrin, tout, jusqu'à leurs plus secrètes passions, est exprimé dans ce style. Que dirai-je enfin? C'est doctement qu'elles se pâment. JUVÉNAL.

qu'on faict pour leur service : avecques cette science, elles commandent à baguette, et regentent les regents et l'eschole. Si toutesfois il leur fasche de nous ceder en quoy que ce soit, et veulent par curiosité avoir part aux livres, la poësie est un amusement propre à leur besoing : c'est un art folastre et subtil, desguisé, parlier, tout en plaisir, tout en montre, comme elles. Elles tireront aussi diverses commoditez de l'histoire. En la philosophie, de la part qui sert à la vie, elles prendront les discours qui les dressent à iuger de nos humeurs et conditions, à se deffendre de nos trahisons, à regler la temerité de leurs propres desirs, à mesnager leur liberté, allonger les plaisirs de la vie, et à porter humainement l'inconstance d'un serviteur, la rudesse d'un mary, et l'importunité des ans et des rides, et choses semblables. Voylà, pour le plus, la part que ie leur assignerois aux sciences.

Vous voyez qu'il y avait des précieuses du temps de Juvénal et de Montaigne, comme du reste il y en a eu toujours. Montaigne ne montre pas une grande sévérité à leur égard. Molière, qui avait besoin de donner à son dialogue l'accent du théâtre, a frappé plus fort. Tout ce passage de Montaigne est admirable de grâce, d'esprit et de délicatesse, et les conseils qu'il donne aux femmes pour orner leur esprit, conseils d'une éternelle actualité, leur ouvrent, sans en faire des pédantes, un champ d'instruction d'une grande étendue. Que ce programme d'étude est charmant, en même temps qu'il est sérieux et plein de sens! C'est d'abord la poésie, *art folastre, tout en montre, tout en plaisir, comme elles;* c'est l'histoire, c'est même la philosophie, dans les limites que la raison la plus sévère ne peut qu'approuver. Je remarque peu de pages aussi belles dans tout le livre des *Essais*. Il est vrai qu'il y en a tant, que la dernière qu'on lit semble toujours la meilleure.

..... De ma complexion, ie ne suis pas ennemy de l'agitation des courts; i'y ai passé partie de la vie, et suis faict à me porter alaigrement aux grandes compaignies, pourveu que ce soit par intervalles et à mon poinct : mais cette mollesse de iugement, dequoy ie parle, m'attache par force à la solitude. Voire chez moy, au milieu d'une famille peuplee, et maison des plus frequentees, i'y veois des gents assez, mais rarement ceulx avecques qui i'aime à communiquer : et ie reserve là, et pour moy, et pour les aultres, une liberté inusitee; il s'y faict trefve de cerimonie, d'assistance et convoyements, et telles-aultres ordonnances penibles de nostre courtoisie : oh! la servile et importune usance! Chascun s'y gouverne à sa mode; y entretient qui veult ses pensees : ie m'y tiens muet, resveur et enfermé, sans offense de mes hostes.

Ce tableau d'intérieur n'est-il pas des mieux réussis?

Les hommes de la societé et familiarité desquels ie suis en queste, sont ceux qu'on appelle honnestes et habiles hommes : l'image de ceulx icy me desgouste des aultres.

C'est aussy pour moy un doulx commerce, que celuy des belles et honnestes femmes : *nam nos quoque oculos eruditos habemus*[1]. Si l'ame n'y a pas tant à iouïr qu'au premier, les sens corporels, qui participent aussi plus à cettuy cy, le ramenent à une proportion voisine de l'aultre; quoyque, selon moy, non pas eguale. Mais c'est un commerce où il se fault tenir un peu sur ses gardes, et notamment ceulx en qui le corps peult beaucoup, comme en moy. Ie m'y eschaulday en mon enfance, et y souffris toutes les rages que les poëtes disent advenir à ceulx qui s'y laissent aller sans ordre et sans iugement; il est vray que ce coup de fouet m'a servy depuis d'instruction. C'est folie d'y attacher toutes ses pensees, et s'y engager d'une affection furieuse et indiscrette.....

Les biographies nous donnent peu de détails sur la jeunesse de Montaigne. Il est regrettable qu'il n'ait pas pensé à se servir de son style, aux images brillantes et hardies, pour nous laisser un brûlant récit de ses joies et de ses chagrins d'amour. Cela n'aurait pas fait un livre de morale; mais il n'en aurait pas moins été beaucoup lu.

Montaigne, sans faire fi de l'esprit chez les femmes, donne toute préférence à la beauté corporelle. C'est le côté vrai de la question. On dit bien aux femmes laides que l'esprit est préférable à la beauté. Mais elles seules le croient. Par exemple, elles n'en doutent pas!

[1] Car nous aussi nous avons des yeux qui s'y connaissent. Cicéron.

Au demourant, ie faisois grand compte de l'esprit, mais pourveu que le corps n'en feust pas à dire; car, à respondre en conscience, si l'une ou l'aultre des deux beautez debvoit necessairement y faillir, i'eusse choisi de quitter plustost la spirituelle : elle a son usage en meilleures choses; mais au subiect de l'amour, subiect qui principalement se rapporte à la veue et à l'attouchement, on faict quelque chose sans les graces de l'esprit, rien sans les graces corporelles.....

Après le commerce des hommes et des femmes, voici celui des livres; après l'amitié et l'amour, voici l'étude. Montaigne vient de définir avec une grande délicatesse de touche les amitiés de cœur et celles du monde. Il vient de parler de l'amour avec une franchise un peu sensuelle, où domine le sentiment de la forme et du beau. Écoutez maintenant comme il décrit les charmes de la lecture et de l'étude. Les fins liseurs auront plaisir à se reconnaître. Et qui est-ce qui n'aime pas les livres? Tout le monde les aime, cela va sans dire, même ceux qui ne lisent pas!

Ces deux commerces sont fortuites et despendants d'aultruy; l'un est ennuyeux par sa rareté, l'aultre se flestrit avec l'aage : ainsin ils n'eussent pas assez pourveu au besoing de ma vie. Celuy des livres, qui est le troisiesme, est bien plus seur et plus à nous : il cede aux premiers les aultres advantages; mais il a pour sa part la constance et facilité de son service. Cettuy cy costoye tout mon cours, et m'assiste par tout; il me console en la vieillesse et en la solitude; il me descharge du poids d'une oysifveté ennuyeuse, et me desfaict à toute heure des compaignies qui me faschent; il esmousse les poinctures de la douleur, si elle n'est du tout extreme et maistresse. Pour me distraire d'une imagination opportune, il n'est que de recourir aux livres; ils me destournent facilement à eulx, et me la desrobbent : et si ne se mutinent point, pour veoir que ie ne les recherche qu'au default de ces aultres commoditez, plus reelles, vifves et naturelles; ils me receoivent tousiours de mesme visage.....

Chez moy, ie me destourne un peu plus souvent à ma librairie, d'où, tout d'une main, ie commande à mon mesnage. Ie suis sur l'entree, et veoids soubs moy mon iardin, ma bassecourt, ma court, et dans la pluspart des membres de ma maison. Là ie feuillette à cette heure un livre, à cette heure un aultre, sans ordre et sans desseing, à pieces descousues. Tantost ie resve; tantost i'enregistre et dicte, en me promenant mes songes que voicy. Elle est au troisiesme estage d'une tour : le premier, c'est ma chapelle; le second, une chambre et sa suitte, où ie me couche souvent, pour estre seul..... Ie passe là et la plus part des iours de ma vie, et la plus part des heures du iour : ie n'y suis iamais la nuit..... En hyver, i'y suis moins continuellement; car ma maison est iuchee sur un tertre, comme dict son nom, et n'a point de piece plus esventee que cette cy, qui me plaist un peu penible et à l'escart, tant pour le fruict de l'exercice, que pour reculer de moy la presse. C'est là mon siege : i'essaye à m'en rendre la domination pure, et à soustraire ce seul coing à la communauté et coniugale, et filiale, et civile; par tout ailleurs ie n'ay qu'une auctorité verbale, en essence, confuse. Miserable à mon gré, qui n'a chez soy, où estre à soy; où se faire particulierement la court; où se cacher?....

Si quelqu'un me dict que c'est avilir les muses, de s'en servir seulement de iouet et de passetemps; il ne sçait pas, comme moy, combien vault le plaisir, le ieu, et le passetemps : à peine que ie ne die toute aultre fin estre ridicule.....

Voylà mes trois occupations favories et particulieres : ie ne parle point de celles que ie doibs au monde par obligation civile.

Ainsi finit ce remarquable chapitre. Que de beautés de style et de pensées il renferme! Je regrette en vérité de n'en avoir cité que des extraits. On m'a dit qu'un des plus spirituels auteurs de notre temps lisait tous les matins quelques lettres de Voltaire, pour bien écrire. L'exemple est bon, et je serais d'avis qu'on en fît de même avec Montaigne, pour bien agir.

CHAPITRE IV.

DE LA DIVERSION.

Montaigne traite ce sujet *De la diversion* en citant de nombreux exemples que lui fournissent l'histoire et la mythologie, la famille et la santé.

Il raconte avec grâce la diversion dont se servit Hippomène pour vaincre Atalante dans la lutte à la course.

Atalante, fille de beauté excellente et de merveilleuse disposition, pour se desfaire de la presse de mille poursuyvants qui la demandoient en mariage, leur donna cette loy, « qu'elle accepteroit celuy qui l'egualeroit à la course, pourveu que ceulx qui y fauldroient en perdissent la vie. » Il s'en trouva assez qui estimerent ce prix digne d'un tel hazard, et qui encoururent la peine de ce cruel marché. Hippomenes, ayant à faire son essay aprez les aultres, s'adressa à la deesse tutrice de cette amoureuse ardeur, l'appellant à son secours; qui, exauceant sa priere, le fournit de trois pommes d'or, et de leur usage. Le champ de la course ouvert, à mesure qu'Hippomenes sent sa maistresse luy presser les talons, il laisse eschapper, comme par inadvertance, l'une de ces pommes; la fille, amusee de sa beauté, ne fault point de se destourner pour l'amasser :

Obstupuit virgo, nitidique cupidine pomi
Declinat cursus, aurumque volubile tollit [1].

Autant en feit il, à son poinct, et de la seconde et de la tierce : iusques à ce que, par ce fourvoyement et divertissement, l'advantage de la course luy demeura.

A la page suivante, autre exemple de diversion d'un genre tout différent :

[1] La jeune fille, étonnée, se détourne de sa course dans l'espoir de s'emparer du fruit brillant, et elle ramasse l'or qui roule. Ovide.

Ces pauvres gents qu'on veoid, sur l'eschaffaud, remplis d'une ardente devotion, y occupants touts leurs sens autant qu'ils peuvent, les aureilles aux instructions qu'on leur donne, les yeulx et les mains tendues au ciel, la voix à des prieres haultes, avecques une emotion aspre et continuelle, font, certes, chose louable et convenable à une telle necessité : on les doibt louer de religion, mais non proprement de constance; ils fuyent la luicte, ils destournent de la mort leur consideration, comme on amuse les enfants pendant qu'on leur veult donner le coup de lancette.

J'ai peu de citations à faire de ce chapitre, et je m'en tiens au récit suivant, très-court et très-énergique :

Celuy qui meurt en la meslee, les armes à la main, il n'estudie pas lors la mort, il ne la sent, ny ne la considere; l'ardeur du combat l'emporte. Un honneste homme de ma cognoissance estant tumbé, comme il se battoit en estacade, et se sentant daguer à terre par son ennemi de neuf ou dix coups, chascun des assistants luy crioit qu'il pensast à sa conscience; mais il me dict depuis, qu'encores que ces voix luy veinssent aux aureilles, elles ne l'avoient aulcunement touché, et qu'il ne pensa iamais qu'à se descharger et à se venger : il tua son homme en ce mesme combat.....

CHAPITRE V.

SUR DES VERS DE VIRGILE.

Je ne suivrai pas Montaigne par tout ce chapitre, qui a près de cent pages, dont un bon nombre sont écrites trop librement. Les choses les plus crues y sont appelées par leur nom, et, bien qu'au seizième siècle notre langue se donnât, sans le plus léger scrupule, des franchises qu'elle ne se permettrait pas aujourd'hui, il n'en est pas moins vrai que Montaigne est tombé dans une grave erreur en prétendant qu'il ne faut pas exclure les crudités *des propos serieux et reglez*. C'est tout à fait le contraire. Il n'y a que le rire et la poésie qui puissent faire accepter, non sans quelque résistance d'un grand nombre d'esprits délicats, la licence du langage. Rabelais donne par trop dans l'obscénité. Mais sa gaieté et sa verve endiablée amusent. On blâme faiblement la Fontaine, en lisant ses contes pleins de grâce et de charme poétique. Voltaire, en nous racontant l'histoire de *Candide*, voudrait bien être gai; sa gaieté est un peu triste, un peu amère, comme le sourire que nous voyons sur ses portraits. Mais il a tant d'esprit! A la bonne heure! Et je lis très-volontiers Rabelais, la Fontaine et Voltaire, tandis que Montaigne, sérieux, chagrin même, se servant des mots les plus gros, faisant à froid des citations latines que la bienséance ne permet pas de traduire, me semble peu excusable, et en quelque sorte entêté d'une idée paradoxale qui aurait nui à ses *Essais* si elle s'était montrée, à beaucoup d'endroits, en pareil déshabillé que dans le chapitre V du livre III.

Pourtant, après avoir bien nettement dit mon avis, je ne puis m'abstenir de citer quelques passages plus ou moins scabreux. Car enfin le but de cette étude est de présenter Montaigne tel qu'il est, avec ses merveilleuses qualités, mais aussi avec ses petits défauts, ses tendances un peu païennes et complétement dépourvues de chasteté.

Je remarque que dans plusieurs éditions des citations d'Horace, de Catulle èt de Martial sont restées sans traduction, par respect pour les mœurs. Il y en a aussi de saint Augustin et de saint Jérôme. En conscience, celle de saint Augustin est intraduisible. Quant à celle de saint Jérôme, quoique un peu forte, je la risquerai.

A la troisième page, Montaigne s'exprime ainsi sur les jeunes années perdues :

Que l'enfance regarde devant elle; la vieillesse, derrière: estoit ce pas ce que signifioit le double visage de Ianus? Les ans m'entraisnent s'ils veulent, mais à reculons! autant que mes yeulx peuvent recognoistre cette belle saison expiree, ie les y destourne à secousses : si elle eschappe de mon sang et de mes veines, au moins n'en veulx ie desraciner l'image de la memoire;

> Hoc est
> Vivere bis, vita posse priore frui [1].

Puisque c'est le privilege de l'esprit, de se r'avoir de la vieillesse, ie luy conseille, autant que ie puis, de le faire : qu'il verdisse, qu'il fleurisse ce pendant, s'il peult, comme le guy sur un arbre mort. Ie crainds que c'est un traistre; il s'est si estroictement affretté au corps, qu'il m'abandonne, à touts coups, pour le suyvre en sa necessité : ie le flatte à part, ie le practique, pour neant; i'ay beau essayer de le destourner de cette colligance, et luy presenter et Seneque et Catulle, et les dames et les danses royales; si son compaignon a la cholique, il semble qu'il l'ayt aussi : les puissances mesmes qui luy sont particulieres et propres ne se peuvent lors soublever; elles sentent evidemment le morfondu; il n'y a point d'alaigresse en ses productions, s'il n'en y a quand et quand au corps.

Nos maistres ont tort de quoy, cherchants les causes des eslancements extraordinaires de nostre esprit, oultre ce qu'ils en attribuent à un ravissement divin, à l'amour, à l'aspreté guerriere, à la poësie, au vin, ils n'en ont donné sa part à la santé; une santé bouillante, vigoreuse, pleine, oisifve, telle qu'aultrefois la verdeur des ans et la securité

[1] C'est vivre deux fois que de pouvoir jouir de la vie passée. MARTIAL.

me la fournissoient par venues : ce feu de gayeté suscite en l'esprit des eloises vifves et claires, oultre nostre clairté naturelle, et entre les enthousiasmes, les plus gaillards, sinon les plus esperdus. Or bien, ce n'est pas merveille si un contraire estat affaisse mon esprit, le cloue et en tire un effect contraire.....

..... Ie souffre peine à me feindre; si que i'evite de prendre les secrets d'aultruy en garde, n'ayant pas bien le cœur de desadvouer ma science : ie puis la taire; mais la nier, ie ne puis sans effort et desplaisir : pour estre bien secret, il le fault estre par nature, non par obligation. C'est peu, au service des princes, d'estre secret, si on n'est menteur encores.....

Nous arrivons aux vers de Virgile. Montaigne les a choisis parmi les plus beaux du huitième livre de l'Énéide. Il dépeint les derniers feux de l'amour près de s'éteindre sous la glace des années, et appelle à lui, pour collaborer à deux belles pages, Virgile, Juvénal et le Tasse. Le penseur et le philosophe disparaissent pour faire place au poëte, et c'est ainsi que l'inépuisable variété des motifs, de vives oppositions de tons, des contrastes pour ainsi dire violents d'un chapitre à l'autre, remplacent heureusement dans les *Essais* une action suivie, et cet intérêt continu et gradué qui est pour la plupart des livres une indispensable condition de succès. On dirait vraiment que Montaigne faisait de l'art sans le savoir, comme un siècle plus tard M. Jourdain, le bourgeois gentilhomme, faisait de la prose. Mais ne nous y trompons pas ; Montaigne, avec sa prodigieuse pénétration d'esprit, savait certainement que faire de l'art sans qu'il y paraisse le moins du monde est une perfection aussi difficile qu'ingénieuse à réaliser.

Ie ne sçais qui a peu malmesler Pallas et les Muses avecques Venus, et les refroidir envers l'Amour ; mais ie ne veois aulcunes deités qui s'adviennent mieulx, ny qui s'entredoibvent plus. Qui ostera aux Muses les imaginations amoureuses, leur desrobbera le plus bel entretien qu'elles ayent et la plus noble matiere de leur ouvrage ; et qui fera perdre à l'Amour la communication et service de la poësie, l'affoiblira de ses meilleures armes..... Ie ne suis pas de si longtemps cassé de l'estat et suitte de ce dieu, que ie n'aye la memoire informee de ses forces et valeurs ;

> Agnosco veteris vestigia flammæ[1] ;

il y a encores quelque demourant d'esmotion et chaleur aprez la fiebvre :

> Nec mihi deficiat calor hic, hiemantibus annis[2] !

Tout asseiché que ie suis et appesanty, ie sens encores quelques tiedes restes de cette ardeur passee :

[1] Je reconnais la trace d'une ancienne passion. VIRGILE, *Énéide*, l. IV.

[2] Que cette chaleur ne m'abandonne pas dans l'hiver de ma vie ! (Ce vers est probablement d'un moderne.)

Qual l' alto Egeo, perche Aquilone o Noto
Cessi, che tutto prima il volse e scosse,
Non s' acchcta egli però: ma 'l suono e 'l moto
Ritien dell' onde anco agitate e grosse [1] :

mais, de ce que ie m'y entends, les forces et valeur de ce dieu se treuvent plus vifves et plus animees en la peincture de la poësie, qu'en leur propre essence,

Et versus digitos habet [2] :

elle représente ie ne sçais quel air plus amoureux que l'Amour mesme. Venus n'est pas si belle toute nue, et vifve, et haletante, comme elle est icy chez Virgile :

Dixerat; et niveis hinc atque hinc diva lacertis
Cunctantem amplexu molli fovet. Ille repente
Accepit solitam flammam ; notusque medullas
Intravit calor, et labefacta per ossa cucurrit :
Non secus atque olim tonitru quum rupta corusco
Ignea rima micans percurrit lumine nimbos.
. . . . Ea verba locutus,
Optatos dedit amplexus; placidumque petivit
Coniugis infusus gremio per membra soporem [3].

Montaigne ne veut pas de l'amour dans le mariage. Il pense aussi qu'il y a peu de bons mariages. C'était

[1] Ainsi la mer Egée, bouleversée par le Notus et l'Aquilon, ne s'apaise pas après la tempête; longtemps irritée, elle s'agite et murmure encore. Le Tasse, *Jérusalem délivrée*.

[2] Le vers a des doigts. Juvénal.

[3] Elle dit; et, comme il balance, la déesse passe autour de lui ses bras blancs comme la neige, et le réchauffe d'un doux embrasse-

alors comme à présent, comme cela sera toujours. Seulement on exagère le nombre des mauvais. Le plus souvent le bon sens fait passables ceux où manque l'affection.

Ie ne veois point de mariages qui faillent plustost et se troublent, que ceulx qui s'acheminent par la beauté et desirs amoureux : il y fault des fondements plus solides et plus constants, et y marcher d'aguet; cette bouillante alaigresse n'y vault rien.....

Un bon mariage, s'il en est, refuse la compaignie et conditions de l'amour : il tasche à representer celles de l'amitié. C'est une doulce societé de vie, pleine de constance, de fiance, et d'un nombre infiny d'utiles et solides offices, et obligations mutuelles. Aulcune femme qui en savoure le goust,

> Optato quam iunxit lumine tæda [1],

ne vouldroit tenir lieu de maistresse à son mary : si elle est logee en son affection comme femme, elle y est bien plus honnorablement et seurement logee.....

---

ment. Aussitôt Vulcain sent renaître son ardeur accoutumée; un feu qu'il connaît le pénètre, et court jusque dans la moelle de ses os. Ainsi un éclair brille dans la nuée fendue par le tonnerre et parcourt de ses rubans de feu les nuages épars dans la région de l'air... Enfin il donne à son épouse les embrassements qu'elle attend, et, couché sur son sein, il s'abandonne tout entier aux charmes d'un paisible sommeil. VIRGILE, *Énéide*, l. VIII.) (Traduction de Bernardin de Saint-Pierre.)

[1] Unie à celui qu'elle aimait. CATULLE.

Continuant à parler de l'amour et du mariage, Montaigne dit que ce sont fins différentes :

Le mariage a, pour sa part, l'utilité, la iustice, l'honneur, et la constance; un plaisir plat, mais plus universel : L'amour se fonde au seul plaisir, et l'a, de vray, plus chastouilleux, plus vif, et plus aigu; un plaisir attizé par la difficulté; il y fault de la picqueure et de la cuisson : ce n'est plus amour, s'il est sans fleches et sans feu. La liberalité des dames est trop profuse au mariage, et esmousse la poincte de l'affection et du desir : pour fuyr à cet inconvénient, veoyez la peine qu'y prennent en leurs loix Lycurgus et Platon.

On sait que les lois de Lycurgue rendaient difficiles aux jeunes mariés les occasions de se voir, afin de les empêcher de se blaser par l'habitude. Quant à Platon, qui, par parenthèse, ne voulait dans sa république ni du mariage ni de la famille, si Montaigne, en le citant, a voulu désigner ce que nous appelons l'amour platonique, je le crois peu de mise dans un ménage. Ce serait passer d'un excès à l'autre, et si la femme donnait une préférence trop marquée à l'amour pur et dégagé des sens, le mari irait bien vite chercher fortune ailleurs.

Les femmes n'ont pas tort, selon Montaigne, de refuser les conditions de vivre que nous leur avons faites. Ainsi il n'y a pas de passion plus pressante que l'amour, et nous voulons qu'elles y résistent seules.

..... Ceulx mesme d'entre nous qui ont essayé d'en venir à bout, ont assez advoué quelle difficulté, ou plustost impossibilité, il y avoit; usant de remedes materiels, à mater, affoiblir et refroidir le corps : nous, au contraire, les voulons saines, vigoreuses, en bon poinct, bien nourries, et chastes ensemble; c'est à dire, et chauldes et froides; car le mariage que nous disons avoir charge de les empescher de brusler, leur apporte peu de refreschissement, selon nos mœurs : Si elles en prennent un à qui la vigueur de l'aage boult encores, il fera gloire de l'espandre ailleurs..... Si c'est de ces aultres cassez, les voylà, en plein mariage, de pire condition que vierges et veufves....

..... Ie ne sçais si les exploicts de Cesar et d'Alexandre surpassent en rudesse la resolution d'une belle ieune femme, nourrie en nostre façon, à la lumiere et commerce du monde, battue de tant d'exemples contraires, et se maintenant entiere au milieu de mille continuelles et fortes poursuittes. Il n'y a point de faire plus espineux qu'est ce non faire, ny plus actif : ie treuve plus aysé de porter une cuirasse toute sa vie, qu'un pucelage; et est le vœu de la virginité le plus noble de touts les vœux, comme estant le plus aspre : *Diaboli virtus in lumbis est,* dict sainct Ierosme.

Montaigne a traduit ainsi dans une note écrite en marge d'un exemplaire corrigé de sa main, cette citation de saint Jérôme : *car la vertu du diable est aux roignons*. Cela veut dire *dans les reins*. Saint Jérôme eut là une idée drôlatique singulièrement exprimée.

Est-il bien nécessaire de voiler les statues où le nu mythologique règne sans partage? Montaigne ne le pense pas, et la raison qu'il en donne est assez plaisante :

..... Ce bon homme qui, en ma ieunesse, chastra tant de belles et antiques statues en sa grande ville, pour ne corrompre la veue, suyvant l'advis de cet aultre ancien bon homme,

> Flagitii principium est, nudare inter cives corpora [1] :

se debvoit adviser, comme aux mysteres de la bonne deesse toute apparence masculine en estoit forclose, que ce n'estoit rien advancer, s'il ne faisoit encores chastrer et chevaulx, et asnes, et nature enfin :

> Omne adeo genus in terris, hominumque, ferarumque,
> Et genus æquoreum, pecudes, pictæque volucres,
> In furias ignemque ruunt [2].

Les observations qui suivent sont très-fines, très-judicieuses. Elles ne pouvaient être faites que par

[1] C'est une cause de déréglements que d'étaler en public des nudités. ENNIUS.

[2] Ainsi, tout ce qui vit sur la terre, les hommes, les bêtes fauves, les poissons, les troupeaux, les oiseaux bariolés, se livrent aux fureurs et aux feux de l'amour. VIRGILE.

un homme qui s'était beaucoup occupé des femmes et qui les connaissait parfaitement :

Certes, le plus ardu et le plus vigoreux des humains ebvoirs, nous l'avons résigné aux dames, et leur en quittons la gloire. Cela leur doibt servir d'un singulier aiguillon à s'y opiniastrer; c'est une belle matiere à nous braver, et à fouler aux pieds cette vaine preeminence de valeur et de vertu que nous pretendons sur elles : elles trouveront, si elles s'en prennent garde, qu'elles en seront non seulement tresestimees, mais aussi plus aimees. Un galant homme n'abandonne point sa poursuitte, pour estre refusé, pourveu que ce soit un refus de chasteté, non de chois : nous avons beau iurer, et menacer, et nous plaindre; nous mentons, nous les en aimons mieulx : il n'est point de pareil leurre, que la sagesse non rude et renfrongnee. C'est stupidité et laschété, de s'opiniastrer contre la haine et le mespris; mais contre une resolution vertueuse et constante, meslee d'une volonté recognoissante, c'est l'exercice d'une ame noble et genereuse.....

Montaigne ne blâme pas les femmes d'accorder, *iusques à certaine mesure*, quelques faveurs légères, pourvu que le peu qu'elles donnent leur coûte à donner.

Une royne de nostre temps disoit ingenieusement, « que de refuser ces abords, c'est tesmoignage de foiblesse, et accusation de sa propre facilité; et qu'une dame non tentee ne se pouvoit vanter de sa chasteté. » Les limites de l'honneur ne sont pas retrenchez du tout si court : il a de quoy se relascher; il peult se dispenser aulcunement, sans se forfaire; au bout de sa frontiere, il y a quelque estendue, libre, indifferente, et neutre. Qui l'a peu chasser et acculer à force, iusques dans son coing et son fort, c'est un malhabile homme s'il n'est satisfaict de sa fortune : le prix de la victoire se considere par la difficulté. Voulez-vous sçavoir quelle impression a faict en son cœur vostre servitude et vostre merite? mesurez le à ses mœurs : telle peult donner plus, qui ne donne pas tant. L'obligation du bienfaict se rapporte entierement à la volonté de celuy qui donne; les aultres circonstances qui tumbent au bien faire, sont muettes, mortes et casueles : ce peu luy couste plus à donner, qu'à sa compaigne son tout. Si en quelque chose la rareté sert d'estimation, ce doibt estre en cecy; ne regardez pas combien peu c'est, mais combien peu l'ont : la valeur de la monnoye se change selon le coing et la marque du lieu.....

..... Lucullus, Cesar, Pompeius, Antonius, Caton, et d'aultres braves hommes, feurent cocus, et le sceurent, sans en exciter tumulte; il n'y eut, en ce temps là, qu'un sot de Lepidus qui en mourut d'angoisse.....

Un peu plus loin je trouve plusieurs pages vraiment charmantes, et je regrette de n'en citer que des fragments.

..... Oh! le furieux advantage que l'opportunité! Qui me demanderoit la premiere partie en l'amour, ie respondrois que c'est sçavoir prendre le temps; la seconde de mesme; et encore la tierce : c'est un poinct qui peult tout.

I'ay eu faulte de fortune souvent, mais par fois aussi d'entreprinse : Dieu gard' de mal qui peult encores s'en mocquer. Il y fault en ce siecle plus de temerité, laquelle nos ieunes gents excusent, sous pretexte de chaleur; mais, si elles y regardoient de prez, elles trouveroient qu'elle vient plustost de mespris. Ie craignois superstitieusement d'offenser; et respecte volontiers ce que i'aime : oultre ce, qu'en cette marchandise qui en oste la reverence, en efface le lustre; i'aime qu'on y fasse un peu l'enfant, le craintif et le serviteur.

Sur la grande question de la fidélité des femmes envers leurs maris, Montaigne se montre assez accommodant, et fait avec raison la belle part aux femmes. Il est constant que dans les accidents de ce genre qui surviennent aux maris, les torts sont presque toujours de leur côté, neuf fois sur dix; et je voudrais pouvoir, sans trop grossir ce volume, présenter les raisons excellentes que donne Montaigne sur ce sujet, qui, bien qu'il ne fasse pas trembler les gouvernements, n'en remue pas moins le monde entier.

Or, confessons que le nœud du iugement de ce debvoir gist principalement en sa volonté : il y a eu des maris qui ont souffert cet accident, non seulement sans reproche et offense envers leurs femmes, mais avecques singuliere obligation et recommendation de leur vertu; telle, qui aimoit mieulx son honneur que sa vie, l'a prostitué à l'appetit forcené d'un mortel ennemy, pour sauver la vie à son mary, et a faict pour luy ce qu'elle n'eust auculnement faict pour soy. Ce n'est pas icy le lieu d'estendre ces exemples; ils sont trop haults et trop riches pour estre representez en ce lustre; gardons les à un plus noble siege : mais pour des exemples de lustre plus vulgaire, est il pas touts les iours des femmes entre nous qui, pour la seule utilité de leurs maris, se prestent, et par leur expresse ordonnance et entremise? et anciennement Phaulius l'Argien offrit la sienne au roy Philippus par ambition; tout ainsi que par civilité ce Galba, qui avoit donné à souper à Mecenas, veoyant que sa femme et lui commenceoient à complotter par œuillades et signes, se laissa couler sur son coussin, representant un homme aggravé de sommeil, pour faire espaule à leurs amours; ce qu'il advoua d'assez bonne grace; car, sur ce poinct, un valet ayant prins la hardiesse de porter la main sur les vases qui estoient sur la table, il lui cria tout franchement : « Comment, coquin, veois tu pas que ie ne dors que pour Mecenas? »

L'historiette est amusante et bien racontée.

Si vous êtes jaloux, si vous avez peur que votre femme ne vous trompe, résistez à la curiosité, au désir d'apprendre. Tenez-vous tranquille, si vous pouvez; il sera toujours bien temps de savoir. Montaigne parle merveilleusement sur ce sujet, et tous ses mots sont à recueillir et à peser.

La curiosité est vicieuse partout; mais elle est pernicieuse icy : c'est folie de vouloir s'esclaircir d'un mal auquel il n'y a point de medecine qui ne l'empire et le rengrege; duquel la honte s'augmente et se publie principalement par la ialousie; duquel la vengeance blece plus nos enfants qu'elle ne nous guarit.

Et en effet, les enfants n'ont-ils pas horriblement à souffrir du moindre scandale?

Vous asseichez et mourez à la queste d'une si obscure verification. Combien piteusement y sont arrivez ceulx de mon temps qui en sont venus à bout!

C'est bien vrai, il n'y a guère de connaissance plus triste à acquérir que celle-là. Pourquoi courir après?

Si l'advertisseur n'y presente quand et quand le remede et son secours, c'est un advertissement iniurieux, et qui merite mieulx un coup de poignard, que ne faict un desmentir.

Voyez avec quelle énergie Montaigne réprouve ces avertissements officieux qui souvent sont donnés avec une sorte de joie pleine de méchanceté!

On ne se mocque pas moins de celuy qui est en peine d'y prouveoir, que de celuy qui l'ignore. Le charactere de la cornardise est indelebile; à qui il est une fois attaché, il l'est tousiours : le chastiement l'exprime plus que la faulte. Il faict beau veoir arracher de l'umbre et du doubte nos malheurs privez, pour les trompetter en des eschaffauds tragiques; et malheurs qui ne pincent que par le rapport; car Bonne femme, et Bon mariage, se dict, non de qui l'est, mais duquel on se taist. Il fault estre ingenieux à eviter cette ennuyeuse et inutile cognoissance; et avoient les Romains en coustume, revenants de voyage, d'envoyer au devant à la maison faire sçavoir leur arrivee aux femmes, pour ne les surprendre.....

Mais le monde en parle. Ie sçais cent honnestes hommes cocus, honnestement et peu indecemment; un galant homme en est plainct, non pas desestimé. Faites que vostre vertu estouffe votre malheur; que les gents de bien en mauldissent l'occasion; que celuy qui vous offense tremble seulement à le penser.....

Que celui qui vous offense tremble seulement à le penser! On a fait plus d'un drame avec cette phrase-là.

Rien n'est plus terrible dans le mariage qu'une femme jalouse, et elles le sont toutes. Par bonheur, il y a le plus et le moins.

De leur donner mesme conseil à elles, pour les desgouster de la ialousie, ce seroit temps perdu : leur essence est si confite en souspeçon, en vanité et en curiosité, que de les guarir par voye legitime, il ne fault pas l'esperer..... Toutesfois, à dire vray, ie ne sçais si on peult souffrir d'elles pis que la ialousie : c'est la plus dangereuse de leurs conditions, comme de leurs membres, la teste. Pittacus disoit, « que chascun avoit son default; que le sien estoit la mauvaise teste de sa femme : hors cela, il s'estimeroit de tout poinct heureux..... » Celuy là s'y entendoit, ce me semble, qui dict « qu'un bon mariage se dressoit d'une femme aveugle, avecques un mary sourd. »

Ce que Virgile dict de Venus et de Vulcan, Lucrece l'avoit dict plus sortablement d'une iouïssance desrobbee d'elle et de Mars:

> Belli fera mœnera Mavors
> Armipotens regit, in gremium qui sæpe tuum se
> Reiicit, æterno devinctus vulnere amoris;
> . . . .
> Pascit amore avidos inhians in te, dea, visus,
> Eque tuo pendet resupini spiritus ore:
> Hunc tu, diva, tuo recubantem corpore sancto
> Circumfusa super, suaveis ex ore loquelas
> Funde[1].

Il est intéressant de comparer ces vers de Lucrèce avec ceux de Virgile qui sont à la page 368. Montaigne semble ici préférer Lucrèce à Virgile. Il serait permis d'hésiter dans le choix de ces admirables poésies. Lucrèce, Virgile, Horace, Juvénal, ces grands poëtes que l'auteur des *Essais* se plaît à citer si souvent, ne sont-ils pas les gloires impérissables de la langue latine, la plus belle de toutes les langues? Je m'imagine que Montaigne les savait par cœur, à peu de chose près, lui qui prétendait n'avoir pas de

[1] Mars, ce dieu puissant par les armes, qui préside aux cruels exercices de la guerre, se rejette souvent sur ton sein, dompté qu'il est par la blessure éternelle de l'amour..... Absorbé en toi, déesse, il nourrit d'amour ses yeux avides, et, en se renversant, il est comme suspendu à ta bouche. Lorsqu'il repose ainsi sur ton corps sacré, ô déesse, enlace-le dans tes bras, et laisse échapper des plaintes caressantes. Lucrèce.

mémoire. Chez lui peut-être cette précieuse faculté était docile ou rebelle suivant les sujets qui lui étaient présentés, de même que certaines personnes ont l'oreille fine pour écouter ce qui leur plaît, mais un peu dure pour ce qu'elles ne veulent pas entendre.

Cette citation de Lucrèce est suivie de plusieurs pages de critique littéraire tout à fait remarquables.

Quand ie rumine ce *reiicit*, *pascit*, *inhians*, *molli*, *fovet*, *medullas*, *labefacta*, *pendet*, *percurrit*, et cette noble *circumfusa*, mere du gentil *infusus*, i'ay desdaing de ces menues poinctes et allusions verbales qui nasquirent depuis.

Ces mots latins, détachés des deux citations que Montaigne nous donne de Lucrèce et de Virgile, signalent une imitation faite par Virgile, qui avait à peine dix-huit ans quand Lucrèce termina ses jours par un suicide. C'est le mot *infusus* dans Virgile imité du mot *circumfusa* dans Lucrèce. J'ai cru pouvoir donner cette explication parce que, contre son habitude, Montaigne s'exprime ici d'une manière affectée et peu claire. Je n'aime pas la « noble *circumfusa*, mere du gentil *infusus* ». C'est là du style précieux, s'il en fut jamais, et pourtant Montaigne en est l'ennemi déclaré. Il va nous le dire à l'instant :

A ces bonnes gents, il ne falloit d'aiguë et subtile rencontre : leur langage est tout plein, et gros d'une vigueur naturelle et constante : ils sont tout epigramme; non la queue seulement, mais la teste, l'estomach, et les pieds. Il n'y a rien d'efforcé, rien de traisnant, tout y marche d'une pareille teneur : *contextus virilis est; non sunt circa flosculos occupati*[1]. Ce n'est pas une eloquence molle, et seulement sans offense : elle est nerveuse et solide, qui ne plaist pas tant, comme elle remplit et ravit; et ravit le plus les plus forts esprits. Quand ie veois ces braves formes de s'expliquer, si vifves, si profondes, ie ne dis pas que c'est Bien dire, ie dis que c'est Bien penser..... Cette peincture est conduicte, non tant par dexterité de la main, comme pour avoir l'obiet plus vifvement empreinct en l'ame. Gallus parle simplement, parce qu'il conceoit simplement : Horace ne se contente point d'une superficielle expression, elle le trahiroit; il veoid plus clair et plus oultre dans les choses; son esprit crochette et furette tout le magasin des mots et des figures, pour se representer; et les luy fault oultre l'ordinaire, comme sa conception est oultre l'ordinaire. Plutarque dict qu'il veid le langage latin par les choses : icy de mesme; le sens esclaire et produict les paroles, non plus de vent, ains de chair et d'os; elles signifient plus qu'elles ne disent.....

Le maniement et employte des beaux esprits donne prix à la langue; non pas l'innovant, tant, comme la remplissant de plus vigoreux et divers services, l'estirant et ployant : ils n'y apportent point de mots, mais ils en-

[1] Leur discours est un tissu solide : ils ne songent pas à l'orner de petites fleurs. SÉNÈQUE.

richissent les leurs, appesantissent et enfoncent leur signification et leur usage, luy apprennent des mouvements inaccoustumez, mais prudemment et ingenieusement. Et combien peu cela soit donné à touts, il se veoid par tant d'escrivains françois de ce siecle : ils sont assez hardis et desdaigneux, pour ne suyvre pas la route commune; mais faulte d'invention et de discretion les perd; il ne s'y veoid qu'une miserable affectation d'estrangeté, des desguisements froids et absurdes, qui, au lieu d'eslever, abbattent la matiere : pourveu qu'ils se gorgiasent en la nouvelleté, il ne leur chault de l'efficace; pour saisir un nouveau mot, ils quittent l'ordinaire, souvent plus fort et plus nerveux.

Combien d'écrivains de notre temps devraient faire profit de ces excellentes observations! Ils s'en garderont bien toutefois, et leurs prétendues innovations, après avoir brillé quelques jours à peine d'un faux éclat, disparaîtront, avec leurs livres, dans le gouffre de l'oubli. Il doit être bien large et bien profond, quand on pense à la quantité innombrable de volumes sur lesquels il s'est refermé.

En nostre langage ie treuve assez d'estoffe, mais un peu faulte de façon : car il n'est rien qu'on ne feist du iargon de nos chasses et de nostre guerre, qui est un genereux terrein à emprunter; et les formes de parler, comme les herbes, s'amendent et fortifient en les transplantant. Ie le treuve suffisamment abondant, mais non pas maniant et vigoreux suffisamment; il succombe ordinairement à une puissante conception : si vous allez tendu, vous sentez souvent qu'il languit soubs vous, et fleschit; et qu'à son default le latin se presente au secours, et le grec à d'aultres. D'aulcuns de ces mots que ie viens de trier, nous en appercevons plus malayseement l'energie, d'autant que l'usage et la frequence nous en ont aulcunement avily et rendu vulgaire la grace; comme en nostre commun, il s'y rencontre des phrases excellentes, et des metaphores, desquelles la beauté flestrit de vieillesse, et la couleur s'est ternie par maniement trop ordinaire : mais cela n'oste rien du goust à ceulx qui ont bon nez, ny ne deroge à la gloire de ces anciens aucteurs qui, comme il est vraysemblable, meirent premierement ces mots en ce lustre.

Quand i'escris, ie me passe bien de la compaignie et souvenance des livres, de peur qu'ils n'interrompent ma forme; aussi qu'à la verité les bons aucteurs m'abbattent par trop, et rompent le courage : ie fais volontiers le tour de ce peintre, lequel, ayant miserablement representé des coqs, deffendoit à ses garsons qu'ils ne laissassent venir en sa boutique aulcun coq naturel.....

On sait que le style de Montaigne avait quelque étrangeté, même au temps où il écrivait. Il était, si l'on peut dire ainsi, habillé à l'ancienne mode et sentait la province. Mais c'était de parti pris, comme l'explique le passage suivant :

Pour ce mien desseing, il me vient aussi à propos d'escrire chez moy, en païs sauvage, où personne ne m'ayde, ny me releve; où ie ne hante communement homme qui entende le latin de son patenostre, et de françois un peu moins. Ie l'eusse faict meilleur ailleurs, mais l'ouvrage eust été moins mien : et sa fin principale et perfection, c'est d'estre exactement mien. Ie corrigerois bien une erreur accidentale, dequoy ie suis plein, ainsi que ie cours inadvertemment; mais les imperfections qui sont en moy ordinaires et constantes, ce seroit trahison de les oster. Quand on m'a dict, ou que moy mesme me suis dict : « Tu es trop espez en figures : Voylà un mot du creu de Gascoigne : Voylà une phrase dangereuse (ie n'en refuis aulcune de celles qui s'usent emmy les rues françoises; ceulx qui veulent combattre l'usage par la grammaire se mocquent) : Voylà un discours ignorant : Voylà un discours paradoxe : En voylà un trop fol : Tu te ioues souvent; on estimera que tu dies à droict ce que tu dis à feincte. » « Oui, fois ie; mais ie corrige les faultes d'inadvertance, non celles de coustume. Est ce pas ainsi que ie parle par tout? me represente ie pas vifvement? suffit. I'ai faict ce que i'ay voulu : tout le monde me recognoist en mon livre, et mon livre en moy. »

En lisant cette page, on se rend compte, mieux encore qu'on ne l'avait pu faire jusqu'ici, de l'originalité tout exceptionnelle et du caractère d'individualisme qui font des *Essais* un livre vraiment unique.

Mais mon ame me desplaist, de ce qu'elle produict ordinairement ses plus profondes resveries, plus folles et qui me plaisent le mieulx, à l'improuveu et lors que ie les cherche moins, lesquelles s'esvanouïssent soubdain, n'ayant sur le champ où les attacher; à cheval, à la *table*, au lict; mais plus à cheval, où sont mes plus larges entretiens. I'ay le parler un peu delicatement ialoux d'attention et de silence; si ie parle de force, qui m'interrompt, m'arreste. En voyage, la necessité mesme des chemins coupe les propos; oultre ce, que ie voyage plus souvent sans compaignie propre à ces entretiens de suitte: par où ie prends tout loisir de m'entretenir moy mesme. Il m'en advient comme de mes songes : en songeant, ie les recommende à ma memoire (car ie songe volontiers que ie songe); mais, le lendemain, ie me represente bien leur couleur comme elle estoit, ou gaye, ou triste, ou estrange, mais, quels ils estoient au reste, plus i'ahanne à le trouver, plus ie l'enfonce en l'oubliance. Aussi des discours fortuites qui me tumbent en fantasie, il ne m'en reste en memoire qu'une vaine image; autant seulement qu'il m'en fault pour me faire ronger et despiter aprez leur queste, inutilement.

En amour, on ne peut que perdre à brusquer le dénoûment. Auprès des femmes, faire une cour un peu prolongée, avec des alternatives de crainte et d'espoir, être mille fois heureux de légères faveurs obtenues, se désoler aujourd'hui d'un accueil un peu froid, mais le lendemain être ravi au ciel par un gracieux sourire, ce sont là choses préférables à la possession que le plus souvent la satiété ne tarde pas à suivre. Montaigne dit que les Espagnols et les Italiens traitent bien les affaires d'amour. En effet, aujourd'hui encore en Espagne les filles d'honnétes familles ont des *novios* qui leur font la cour pendant plusieurs années, sont reçus tous les jours, répètent sans cesse et de quatre cents façons différentes qu'ils aiment, ce que notre pauvre langue ne permettrait pas à beaucoup près, et finissent par épouser après une longue durée de ces aimables passe-temps, où les regards amoureux, les tendres paroles, les douces pressions de mains ne portent aucune atteinte à la réputation d'une jeune fille. C'est passé dans les mœurs, et jusqu'à ce que le mariage ait lieu, les limites où l'honnêteté s'arrête ne sont jamais franchies.

L'amour des Espaignols et des Italiens, plus respectueuse et craintifve, plus mineuse et couverte, me plaist : ie ne sçais qui, anciennement, desiroit le gosier allongé comme le col d'une grue, pour savourer plus long temps ce qu'il avalloit : ce souhait est mieulx à propos en cette volupté viste et precipiteuse, mesme à telles natures comme est la mienne, qui suis vicieux en soubdaineté. Pour arrester sa fuyte, et l'estendre en preambules, entre eulx tout sert de faveur et de recompense; une œuillade, une inclination, une parole, un signe. Qui se pourroit disner de la fumee du rost, feroit il pas une belle espargne? C'est une passion qui mesle, à bien peu d'essence solide, beaucoup plus de vanité et resverie fiebvreuse : il la fault payer et servir de mesme. Apprenons aux dames à se faire valoir, à s'estimer, à nous amuser et à nous piper; nous faisons nostre charge extreme la premiere, il y a tousiours de l'impetuosité françoise : faisant filer leurs faveurs, et les estalant en detail, chascun, iusques à la vieillesse miserable, y treuve quelque bout de lisiere, selon son vaillant et son merite. Qui n'a iouïssance qu'en la iouïssance, qui ne gaigne que du hault poinct, qui n'aime la chasse qu'en la prinse, il ne luy appartient pas de se mesler à nostre eschole : plus il y a de marches et degrez, plus il y a de haulteur et d'honneur au dernier siege ; nous nous debvrions plaire d'y estre conduicts, comme il se faict aux palais magnifiques, par divers portiques et passages, longues et plaisantes galleries et plusieurs destours. Cette dispensation reviendroit à nostre commodité ; nous y arresterions, et nous y aimerions plus long temps : sans esperance et sans desir, nous n'allons plus rien qui vaille. Nostre maistrise et entiere possession leur est infiniement à craindre : depuis qu'elles sont du tout rendues à la mercy de nostre foy et constance, elles sont un peu bien hazardees ; ce sont vertus rares et difficiles : soubdain qu'elles sont à nous, nous ne sommes plus à elles ;

> Postquam cupidæ mentis satiata libido est,
> Verba nihil metuere, nihil periuria curant [1].

Montaigne parle plaisamment d'un usage de son temps auquel on a bien fait de renoncer :

..... Veoyez combien la forme des salutations qui est particuliere à nostre nation, abastardit par sa facilité la grace des baisers, lesquels Socrates dict estre si puissants

[1] Dès que nous avons satisfait le caprice de notre passion, nous comptons pour rien les promesses et les serments. CATULLE.

et dangereux à voler nos cœurs. C'est une desplaisante coustume, et iniurieuse aux dames, d'avoir à prester leurs levres à quiconque a trois valets à sa suitte, pour mal plaisant qu'il soit.... : et nous mesmes n'y gaignons gueres; car, comme le monde se veoid party, pour trois belles il nous en fault baiser cinquante laides : et à un estomach tendre, comme sont ceulx de mon aage, un mauvais baiser en surpaye un bon.

Je passe plusieurs pages parsemées d'assez nombreuses crudités et de citations latines difficiles à traduire et qui donnent cent fois raison au vers de Boileau :

Le latin dans les mots brave l'honnêteté.

Et cependant Montaigne dit plus loin qu'il aime la modestie. C'est possible. Nous aussi, parfois, nous avons des amis que nous aimons beaucoup et que nous traitons fort mal.

..... I'aime la modestie; et n'est par iugement que i'ay choisi cette sorte de parler scandaleux : c'est nature qui l'a choisi pour moy. Ie ne le loue, non plus que toutes formes contraires à l'usage receu; mais ie l'excuse, et, par circonstances tant generales que particulieres, en allege l'accusation.

Vous le voyez, Montaigne se défend faiblement sur ce point. Tient-il même à se défendre? Il est permis d'en douter. En se servant d'une liberté excessive de langage, il a suivi son tempérament d'esprit, qu'il trouvait bon, quoi qu'il en dise, et auquel il se serait bien gardé d'opposer la moindre résistance.

Qui n'approuvera la conduite que tenait Montaigne avec les femmes, même avec celles qui ne sont dignes d'aucune estime?

..... C'est contre la forme, mais il est vray pourtant, que i'ay en mon temps conduict ce marché, selon que sa nature peult souffrir, aussi consciencieusement qu'aultre marché, et avecques quelque air de iustice; et que ie ne leur ay tesmoigné de mon affection, que ce que i'en sentois; et leur en ay representé naïfvement la decadence, la vigueur et la naissance, les accez et les remises : on n'y va pas tousiours un train. I'ay esté si espargnant à promettre, que ie pense avoir plus tenu que promis ny deu : elles y ont trouvé de la fidelité, iusques au service de leur inconstance, ie dis inconstance advouee, et par fois multipliee. Ie n'ay iamais rompu avecques elles tant que i'y tenois, ne feust ce que par le bout d'un filet; et, quelques occasions qu'elles m'en ayent donné, n'ay iamais rompu iusques au mespris et à la haine : car telles privautez, lors mesme qu'on les acquiert par les plus honteuses conventions, encores m'obligent elles à quelque bienveuillance. De cholere, et d'impatience un peu indiscrette, sur le poinct de leurs ruses et desfuytes, et de nos contestations, ie leur en ay faict veoir par fois; car ie suis, de ma complexion, subiect à des esmotions brusques qui nuisent souvent à mes marchez, quoyqu'elles

22.

soient legieres et courtes. Si elles ont voulu essayer la liberté de mon iugement, ie ne me suis pas feinct à leur donner des advis paternels et mordants, et à les pincer où il leur cuisoit. Si ie leur ay laissé à se plaindre de moy, c'est plustost d'y avoir trouvé un amour, au prix de l'usage moderne, sottement consciencieux : i'ay observé ma parole ez choses dequoy on m'eust ayseement dispensé; elles se rendoient lors par fois avec reputation, et soubs des capitulations qu'elles souffroient ayseement estre faulsees par le vainqueur : i'ay faict caler, soubs l'interest de leur honneur, le plaisir en son plus grand effort, plus d'une fois; et où la raison me pressoit, les ay armees contre moy : si qu'elles se conduisoient plus seurement et severement par mes regles, quand elles s'y estoient franchement remises, qu'elles n'eussent faict par les leurs propres.....

L'amour est une agitation esveillee, vifve et gaie; ie n'en estois ny troublé ny affligé, mais i'en estois eschauffé et encores alteré : il s'en fault arrester là; elle n'est nuisible qu'aux fols.....

Ce qui reste d'amour et ce qu'on en peut faire quand on penche vers les vieilles années est ici merveilleusement décrit :

Ie n'ay point aultre passion qui me tienne en haleine : ce que l'avarice, l'ambition, les querelles, les procez, font à l'endroit des aultres, qui, comme moy, n'ont point de vacation assignee, l'amour le feroit plus commodeement; il me rendroit la vigilance, la sobrieté, la grace, le soing de ma personne; rasseureroit ma contenance, à ce que les grimaces de la vieillesse, ces grimaces difformes et pitoyables, ne veinssent à la corrompre; me remettroit aux estudes sains et sages, par où ie me peusse rendre plus estimé et plus aimé, ostant à mon esprit le desespoir de soy et de son usage, et le raccointant à soy; me divertiroit de mille pensees ennuyeuses, de mille chagrins melancholiques que l'oysifveté nous charge en tel aage, et le mauvais estat de nostre santé; reschaufferoit, au moins en songe, ce sang que nature abandonne; soubtiendroit le menton, et allongeroit un peu les nerfs et la vigueur et alaigresse de la vie à ce pauvre homme qui s'en va le grand train vers sa ruyne.

Cette plainte éloquente, tout imprégnée de passion qui brûle encore, fait penser aux regrets si poétiquement exprimés par la Fontaine dans la fable des *Deux Pigeons* :

Hélas! quand reviendront de semblables moments!
Faut-il que tant d'objets si doux et si charmants
Me laissent vivre au gré de mon âme inquiète!
Ah! si mon cœur osait encor se renflammer!
Ne sentirais-je plus de charme qui m'arrête?
Ai-je passé le temps d'aimer?

Mais i'entends bien que c'est une commodité fort mal aysee à recouvrer : par foiblesse et longue experience, nostre goust est devenu plus tendre et plus exquis : nous demandons plus, lors que nous apportons moins; nous voulons le plus choisir, lors que nous meritons le moins d'estre acceptez; nous cognoissants tels, nous sommes moins hardis et plus desfiants; rien ne nous peult asseurer d'estre aimez, veu nostre condition, et la leur.....

..... Or, c'est un commerce qui a besoing de relation et de correspondance : les aultres plaisirs que nous recevons, se peuvent recognoistre par recompenses de nature diverse; mais cettuy cy ne se paye plus de mesme espece de monnoye. En verité, en ce deduit, le plaisir que ie fois chatouille plus doulcement mon imagination que celuy que ie sens : or, cil n'a rien de genereux, qui peult recevoir plaisir où il n'en donne point; c'est une vile ame, qui veult tout debvoir, et qui se plaist de nourrir de la conference avecques les personnes auxquelles il est en charge : il n'y a beauté, ny grace, ny privauté si exquise, qu'un galant homme deust desirer à ce prix. Si elles ne nous peuvent faire du bien que par pitié, i'aime bien mieulx ne vivre point que de vivre d'aulmosne.

Ralliez vous, me dira lon, à celles de vostre condition, que la compaignie de mesme fortune vous rendra plus aysees. Oh! la sotte composition et insipide!.... Ie treuve plus de volupté à seulement veoir le iuste et doux meslange de deux ieunes beautez, ou à le seulement considerer par fantasie, qu'à faire moy mesme le second d'un meslange triste et informe.....

Pour finir ce notable commentaire, qui m'est eschappé d'un flux de caquet, flux impetueux par fois et nuisible,

Ut missum sponsi furtivo munere malum
  Procurrit casto virginis e gremio,
Quod miseræ oblitæ molli sub veste locatum,
  Dum adventu matris prosilit, excutitur,

Atque illud prono præceps agitur decursu :
Huic manat tristi conscius ore rubor [1]

ie dis que les masles et femelles sont iectez en mesme moule : sauf l'institution et l'usage, la difference n'y est pas grande. Platon appelle indifferemment les uns et les aultres à la societé de touts estudes, exercices, charges et vacations guerrieres et paisibles, en sa republique; et le philosophe Antisthenes ostoit toute distinction entre leur vertu et la nostre. Il est bien plus aysé d'accuser un sexe que d'excuser l'aultre : c'est ce qu'on dict, « Le fourgon se mocque de la paele. »

Ici fourgon signifie une longue perche garnie de fer, dont on se sert pour remuer la braise dans le four; et *la pelle se moque du fourgon* est un proverbe faisant allusion à une personne qui blâme dans une autre un défaut qu'on pourrait lui reprocher à elle-même.

En résumé, tout en maintenant les appréciations que j'ai faites au commencement de ce chapitre, j'oublierais volontiers les témérités de langage qu'il contient, pour n'y voir que mille traits charmants, de la poésie, une foule d'observations très-justes et

[1] Ainsi tombe en roulant, du chaste sein d'une jeune fille, une pomme, présent furtif de son amant; elle oublie qu'elle avait caché ce fruit sous sa robe, et se levant à l'arrivée de sa mère, elle le laisse échapper; la rougeur de son visage trahit son secret. CATULLE.

très-fines sur les femmes et sur notre commerce avec elles, enfin de l'esprit à profusion. Avec tant d'exquises qualités, que ne se ferait-on pas pardonner?

CHAPITRE VI.

DES COCHES.

Il est fort peu question des coches dans ce chapitre. Montaigne dit qu'il ne peut souffrir ni coche, ni litière, ni bateau, et que le cheval seul lui convient. Lui qui décrit si bien, il est regrettable qu'il ne nous ait pas donné des détails qui seraient, à coup sûr, très-curieux sur les coches de son temps. Quand on compare ce moyen lent et paisible de locomotion avec nos chemins de fer hardis et rapides, on aime à voir de quels changements, ou plutôt de quelles transformations les découvertes scientifiques modernes ont été la cause dans la vie pratique des nations.

Du reste, pour Montaigne, le mot coche représente toute espèce de véhicule, même les chars dont se servaient les Romains. Ainsi il nous raconte que Marc Antoine attelait des lions à son *coche,* Héliogabale, des tigres, et l'empereur Firmus, des autruches de merveilleuse grandeur, *de manière qu'il semblait plus voler que rouler.*

Puis, s'inquiétant peu de la nécessité d'une transition, il lui suffit de quelques mots pour passer à une toute autre question qu'il traite avec la plus entière indépendance d'opinion. Il blâme les rois de faire de grandes dépenses de fêtes et d'appareil de cour, et donne cette bonne raison, que pour les payer ils puisent nécessairement dans la bourse de leurs sujets. Mais, à vrai dire, la cause des rois peut ici se défendre, et, tant qu'il n'y a pas de leur part prodigalité, ce qu'ils dépensent est, sous diverses formes, une restitution de ce qu'ils empruntent. De plus, ne faut-il pas à celui qui occupe la première place des marques distinctives, sensibles et palpables, de sa haute position? La raison abstraite ne voit là que puériles vanités, et cependant je connais peu de pays où le pouvoir se prive absolument de parler aux yeux.

L'estrangeté de ces inventions me met en teste cette aultre fantasie : Que c'est une espece de pusillanimité aux monarques, et un tesmoignage de ne sentir point assez ce qu'ils sont, de travailler à se faire valoir, et paroistre, par despenses excessifves : ce seroit chose excusable en païs estrangier; mais parmy ses subiects, où il peult tout, il tire de sa dignité le plus extreme degré d'honneur où il puisse arriver..... Nous avons des contes merveilleux de la frugalité de nos roys autour de leurs personnes, et en leurs dons; grands roys en credit, en valeur, et en fortune.....

La liberalité mesme n'est pas bien en son lustre en main souveraine; les privez y ont plus de droict : car, à le prendre exactement, un roy n'a rien proprement sien, il se doibt soy mesme à aultruy : la iurisdiction ne se donne point en faveur du iuridiciant, c'est en faveur du iuridicié; on faict un superieur, non iamais pour son proufit, ains pour le proufit de l'inferieur..... parquoy les gouverneurs de l'enfance des princes, qui se picquent à leur imprimer cette vertu de largesse, et les preschent de ne sçavoir rien refuser, et n'estimer rien si bien employé que ce qu'ils donneront (instruction que i'ay veu en mon temps fort en credit), ou ils regardent plus à leur proufit qu'à celuy de leur maistre, ou ils entendent mal à qui ils parlent. Il est trop aisé d'imprimer la liberalité en celuy qui a de quoy y fournir autant qu'il veult aux despens d'aultruy; et son estimation se reglant, non à la mesure du present, mais à la mesure des moyens de celuy qui l'exerce, elle vient à estre vaine en mains si puissantes; ils se treuvent prodigues, avant qu'ils soient liberaux : pourtant elle est peu de recommendation, au prix d'aultres vertus royales, et la seule, comme disoit le tyran Dionysius, qui se comporte bien avec la tyrannie mesme..... Si la liberalité d'un prince est sans discretion et sans mesure, ie l'aime mieulx avare.

S'il y a quelque chose qui soit excusable en tels excez, c'est où l'invention et la nouveauté fournit d'admiration, non pas la despense.....

Vers la fin de ce chapitre, Montaigne parle du Mexique et du Pérou avec un enthousiasme que justifiait alors la récente découverte de ces beaux pays. Il présente leurs habitants comme de parfaits modèles d'innocence et de bonté, et s'extasie sur *l'espovantable magnificence des villes de Cusco et de Mexico*, mais, entre autres choses, sur *le iardin de ce roy où tous les arbres, les fruicts et toutes les herbes estoient excellemment formees en or.* Cela ressemble beaucoup au jardin qu'Aladin traversa pour aller prendre la lampe merveilleuse.

CHAPITRE VII.

DE L'INCOMMODITÉ DE LA GRANDEUR.

Ce chapitre n'est pas long, et le sujet en est peu intéressant. C'est un thème bien rebattu que l'incommodité de la grandeur. Le nombre de personnes appelées à s'en plaindre est très-limité, et chacune d'elles, malgré les inconvénients de la haute position qu'elle occupe, désire la garder, à ce point d'y tenir plus qu'à la vie. Toutefois il était permis à Montaigne de se dire sans ambition, lui qui, à la cour, aurait pu aspirer aux honneurs les plus grands. En ne les recherchant pas, il était sincère, et la lecture des *Essais* fait bien connaître que ses goûts et son tempérament d'esprit ne le portaient pas de ce côté-là.

I'aiguise mon courage vers la patience; ie l'affoiblis vers le desir : autant ay ie à souhaiter qu'un aultre, et laisse à mes souhaits autant de liberté et d'indiscretion; mais pourtant, si ne m'est il iamais advenu de souhaiter ny empire ny royauté, ny l'eminence de ces haultes fortunes et commanderesses : ie ne vise pas de ce costé là; ie m'aime trop..... Ie ne veulx ny debattre avecques un huissier de porte, miserable incogneu, ny faire fendre, en adoration, les presses où ie passe. Ie suis duict à un estage moyen, comme par mon sort, aussi par mon goust; et ay montré, en la conduicte de ma vie et de mes entreprinses, que i'ay plustost fuy, qu'aultrement, d'eniamber pardessus le degré de fortune auquel Dieu logea ma naissance : toute constitution naturelle est pareillement iuste et aysee. I'ay ainsi l'ame poltronne, que ie ne mesure pas la bonne fortune selon sa haulteur; ie la mesure selon sa facilité.

Montaigne trouve que *le plus aspre et difficile mestier du monde, c'est faire dignement le roy :*

I'excuse plus de leurs faultes qu'on ne faict communement, en consideration de l'horrible poids de leur charge, qui m'estonne.....

Leurs bonnes qualitez sont mortes et perdues; car elles ne se sentent que par comparaison, et on les en met hors : ils ont peu de cognoissance de la vraye louange, estants battus d'une si continuelle approbation et uniforme.....

Comme on leur cede touts advantages d'honneur, aussi conforte lon et auctorise les defaults et vices qu'ils ont, non seulement par approbation, mais aussi par imitation. Chascun des suyvants d'Alexandre portoit, comme luy, la teste à costé; et les flatteurs de Dionysius s'entreheurtoient en sa presence, poulsoient et versoient ce qui se rencontroit à leurs pieds, pour dire qu'ils avoient la veue aussi courte que luy.....

Sous des formes diverses, ces choses-là existent toujours. On ne dit pas plus la vérité aux rois aujourd'hui que du temps de Montaigne, et dans les cours l'imitation n'a pas cessé d'être employée comme moyen de flatterie, de même que la sincérité n'a pas cessé d'être d'un usage dangereux. Les exemples qui suivent, quoique très-anciens, donnent un avis bon encore à être écouté par ceux qui sont auprès des rois :

..... Adrian l'empereur debattant avecques le philosophe Favorinus de l'interpretation de quelque mot, Favorinus luy en quita bientost la victoire : ses amis se plaignants à luy : « Vous vous mocquez, feit il; vouldriez vous qu'il ne feust pas plus sçavant que moy, luy qui commande à trente legions? » Auguste escrivit des vers contre Asinius Pollio; « Et moy, dict Pollio, ie me tais; ce n'est pas sagesse d'escrire à l'envy de celuy qui peult proscrire : » et avoient raison; car Dionysius, pour ne pouvoir egualer Philoxenus en la poësie, et Platon en discours, en condamna l'un aux carrieres, et envoya vendre l'aultre esclave en l'isle d'Aegine.

CHAPITRE VIII.

DE L'ART DE CONFERER.

Conférer veut dire ici converser. Montaigne y trouve un grand charme. C'est vrai, et nous avons à regretter qu'après avoir brillé en France d'un si vif éclat, la conversation ne soit plus ce qu'elle a été.

Le plus fructueux et naturel exercice de nostre esprit, c'est, à mon gré, la conference : i'en treuve l'usage plus doulx que d'aulcune aultre action de nostre vie; et c'est la raison pourquoy, si i'estois asteure forcé de choisir, ie consentirois plustost, ce crois ie, de perdre la veue, que l'ouïr ou le parler..... L'estude des livres, c'est un mouvement languissant et foible qui n'eschauffe point : là où la conference apprend, et exerce, en un coup. Si ie confere avecques une ame forte et un rude iousteur, il me presse les flancs, me picque à gauche et à dextre; ses imaginations eslancent les miennes : la ialousie, la gloire, la contention, me poulsent et rehaulsent au dessus de moy mesme..... Mais comme nostre esprit se fortifie par la communication des esprits vigoreux et reglez, il ne se peult dire combien il perd et s'abastardit par le continuel commerce et frequentation que nous avons avecques les esprits bas et maladifs : il n'est contagion qui s'espande comme celle là; ie sçais par assez d'experience combien en vault l'aulne. I'aime à contester et à discourir; mais c'est avec peu d'hommes, et pour moy : car de servir de spectacle aux grands, et faire à l'envy parade de son esprit et de son caquet, ie treuve que c'est un mestier tresmesseant à un homme d'honneur.

Tout homme peult dire veritablement; mais dire ordonneement, prudemment, et suffisamment, peu d'hommes le peuvent : par ainsi la faulseté qui vient d'ignorance ne m'offense point; c'est l'ineptie.

Il est bon de se mettre cette phrase en tête, afin de se préparer à la patience, et d'éviter toute discussion avec les gens qui parlent de ce qu'ils ne savent pas.

Montaigne fait ici un spirituel portrait de l'homme important, chargé de hautes fonctions, et qui ne peut dire quatre mots de suite, les plus simples du monde, sans qu'ils soient admirés.

..... Comme en la conference, la gravité, la robbe, et la fortune de celuy qui parle, donnent souvent credit à des propos vains et ineptes : il n'est pas à presumer qu'un monsieur si suivy, si redoubté, n'aye au dedans quelque suffisance aultre que populaire; et qu'un homme à qui on donne tant de commissions et de charges, si desdaigneux et si morguant, ne soit plus habile que cet aultre qui le salue de si loing, et que personne n'employe. Non seulement les mots, mais aussi les grimaces de ces gents là, se considerent et mettent en compte; chascun s'appliquant à y donner quelque belle et solide interpretation. S'ils se rabbaissent à la conference commune, et qu'on leur presente aultre chose qu'approbation et reverence, ils vous assomment de l'auctorité de leur experience; ils ont ouï, ils ont veu, ils ont faict : vous estes accablé d'exemples.....

J'ai toujours pensé que le hasard joue le principal rôle dans la grande comédie humaine, et j'approuve ce que dit à ce sujet un de nos auteurs contemporains : « Dans toutes les affaires de ce monde, la raison et » la justice n'entrent guère que pour un quart; la » passion et le hasard se partagent le reste. » C'est aussi la pensée de Montaigne, et l'on ne saurait prendre un meilleur guide, puiser à une source plus féconde. J'appellerais volontiers les *Essais* un livre d'humanité, pour me servir d'une expression que Sainte-Beuve applique au chef-d'œuvre de Michel Cervantes. Voulez-vous l'opinion de Béranger sur Montaigne? Voici ce qu'il écrivait à madame Marie de Solms : « Vous avez bien raison d'employer vos » soirées à lire Montaigne et Rabelais; je les étudie » depuis quarante ans, et ils m'apprennent toujours » quelque chose de nouveau. » Mais revenons au chapitre VIII.

L'heur et le malheur sont, à mon gré, deux souveraines puissances : c'est imprudence d'estimer que Plumaine prudence puisse remplir le roolle de la fortune; et vaine est l'entreprinse de celuy qui presume d'embrasser et causes et consequences, et mener par la main le progrez de son faict..... Ie dis plus, que nostre sagesse mesme et consultation suyt, pour la pluspart, la conduicte du hazard : ma volonté et mon discours se remue tantost d'un air, tantost d'un aultre; et y a plusieurs de ces mouvements qui se gouvernent sans moy : ma raison a des impulsions et agitations iournalieres et casuelles :

> Vertuntur species animorum, et pectora motus
> Nunc alios, alios, dum nubila ventus agebat,
> Concipiunt [1].

Nous retrouvons ici, sous d'autres formes, une idée exprimée un peu plus haut. Montaigne ne se répète pas, tant s'en faut! Il donne à la même pensée diverses faces ingénieuses et vraies. Il s'agit de l'effet que produit sur la foule un homme très-haut placé. Il a beau être médiocre, on a peine à voir en lui une nullité, et l'on mesure le mérite qu'il n'a pas à la hauteur d'une position qu'il ne doit souvent qu'à son heureuse fortune :

Or, i'estois sur ce poinct, qu'il ne fault que veoir un homme eslevé en dignité : quand nous l'aurions cogneu, trois iours devant, homme de peu, il coule insensiblement, en nos opinions, une image de grandeur de suffisance; et

[1] La disposition de l'âme varie sans cesse : maintenant une passion l'agite; que le vent change, une autre l'entraînera. VIRGILE.

nous persuadons que, croissant de train et de credit, il est creu de merite : nous iugeons de luy, non selon sa valeur, mais à la mode des iectons, selon la prerogative de son reng. Que la chance tourne aussi, qu'il retumbe et se mesle à la presse, chascun s'enquiert avecques admiration de la cause qui l'avoit guindé si hault : « Est ce luy? faict on; N'y sçavoit il aultre chose quand il y estoit? Les princes se contentent ils de si peu? Nous estions vrayement en bonnes mains! » C'est chose que i'ay veu souvent de mon temps : voire, et le masque des grandeurs qu'on represente aux comedies nous touche aulcunement et nous pipe.

Ce dernier trait s'applique avec une grande justesse au théâtre, où, encore aujourd'hui, la chance du succès est beaucoup plus grande en mettant en scène des millionnaires, de grands personnages, même choisis parmi les moins honorables, qu'en cherchant à intéresser le public à de pauvres diables pleins d'honnêteté, mais sans position et sans argent. La misère n'est pas moins à fuir comme moyen dramatique que dans la vie réelle. Ainsi la vue d'un riche salon, d'un palais, d'un parc, disposent favorablement les spectateurs, tandis que le décor représentant une mansarde avec un grabat a été pour quelque chose dans la chute de plus d'une pièce.

Nous venons de voir l'homme important. Voici le sot. Pour bien dire, ce sont là proches parents. Les importants et les sots, n'est-ce pas la même famille?

Ici, selon le sujet de ce chapitre, c'est la sottise dans la conversation :

Au demourant, rien ne me despite tant en la sottise, que de quoy elle se plaist plus que aulcune raison ne se peult raisonnablement plaire. C'est malheur, que la prudence vous deffend de vous satisfaire et fier de vous, et vous renvoye tousiours mal content et craintif; là où l'opiniastreté et la temerité remplissent leurs hostes d'esiouïssance et d'asseurance. C'est aux plus malhabiles de regarder les aultres hommes par dessus l'espaule, s'en retournants tousiours du combat pleins de gloire et d'alaigresse; et, le plus souvent encores, cette oultrecuidance de langage et gayeté de visage leur donne gaigné, à l'endroict de l'assistance, qui est communement foible et incapable de bien iuger et discerner les vrais advantages. L'obstination et ardeur d'opinion est la plus seure preuve de bestise : est il rien certain, resolu, desdaigneux, contemplatif, grave, serieux, comme l'asne?

Ce chapitre finit par une longue appréciation des *Annales* de Tacite, et, ce qui pourrait surprendre, la part de la critique l'emporte sur celle de l'éloge. Montaigne ne me semble pas rendre justice au style si admirable de concision et d'énergie du grand historien. Je m'en tiendrai à cette citation :

..... C'est plustost un iugement que deduction d'histoire; il y a plus de preceptes que de contes : ce n'est pas un livre à lire, c'est un livre à estudier et apprendre; il est si plein de sentences, qu'il y en a à tort et à droict; c'est une pepiniere de discours ethiques et politiques, pour la provision et ornement de ceulx qui tiennent quelque reng au maniement du monde. Il plaide tousiours par raisons solides et vigoreuses, d'une façon poinctue et subtile, suyvant le style affecté du siecle; ils aimoient tant à s'enfler, qu'où ils ne trouvoient de la poincte et subtilité aux choses, ils l'empruntoient des paroles. Il ne retire pas mal à l'escrire de Seneque : il me semble plus charnu; Seneque plus aigu. Son service est plus propre à un estat trouble et malade, comme est le nostre present; vous diriez souvent qu'il nous peinct, et qu'il nous pince.....

CHAPITRE IX.

DE LA VANITÉ.

On écrivaille infiniment plus aujourd'hui que du temps de Montaigne, qui se plaignait déjà de *l'escrivaillerie* et de sa pernicieuse influence. La guerre civile s'en trouvait bien. Le tableau qu'il fait du désordre des esprits en France au seizième siècle offre plus d'un trait qui s'applique parfaitement à la France du dix-neuvième.

..... L'escrivaillerie semble estre quelque symptome d'un siecle desbordé : quand escrivismes nous tant, que depuis que nous sommes en trouble?.... Oultre ce, que l'affinement des esprits, ce n'en est pas l'assagissement, en une police : cet embesongnement oisif naist de ce que chascun se prend laschement à l'office de sa vacation, et s'en desbauche. La corruption du siecle se faict par la contribution particuliere de chascun de nous : les uns y conferent la trahison, les aultres l'iniustice, l'irreligion, la tyrannie, l'avarice, la cruauté, selon qu'ils sont plus puissants : les plus foibles y apportent la sottise, la vanité, l'oysifveté; desquels ie suis.

Parmy les conditions humaines, cette cy est assez commune, de nous plaire plus des choses estrangieres que des nostres, et d'aimer le remuement et le changement..... I'en tiens ma part. Ceulx qui suyvent l'aultre extremité, de s'agreer en eulx mesmes; d'estimer ce qu'ils tiennent, au dessus du reste; et de ne recognoistre aulcune forme plus belle que celle qu'ils veoyent; s'ils ne sont plus advisez que nous, ils sont à la verité plus heureux : ie n'envie point leur sagesse, mais ouy leur bonne fortune.

Cette humeur avide des choses nouvelles et incogneues ayde bien à nourrir en moy le desir de voyager; mais assez d'aultres circonstances y conferent : ie me destourne volontiers du gouvernement de ma maison. Il y a quelque commodité à commander, feust ce dans une grange, et à estre obeï des siens; mais c'est un plaisir trop uniforme et languissant : et puis, il est, par necessité, meslé de plusieurs pensements fascheux; tantost l'indigence et l'oppression de vostre peuple, tantost la querelle d'entre vos voysins, tantost l'usurpation qu'ils font sur vous, vous afflige;

Aut verberatæ grandine vineæ,
Fundusque mendax, arbore nunc aquas
Culpante, nunc torrentia agros
Sidera, nunc hiemes iniquas[1] :

et qu'à peine, en six mois, envoyera Dieu une saison dequoy vostre receveur se contente bien à plain; et que si elle sert aux vignes, elle ne nuise aux prez..... Ioinct le soulier neuf et bien formé, de cet homme du temps passé, qui vous blece le pied; et que l'estrangier n'entend pas combien il vous couste, et combien vous prestez à maintenir l'apparence de cet ordre qu'on veoid en vostre famille, et qu'à l'adventure l'achetez vous trop cher.

Voici une note de Victor Leclerc sur ce *soulier neuf et bien formé qui nous blece le pied :* « Montaigne, je » crois, veut parler ici de sa femme, et il n'en parle » jamais qu'à demi-mot; mais l'endroit de Plutarque » auquel il fait allusion[1] laissera entendre ce qu'il » ne dit pas : Un Romain ayant repudié sa femme, » ses amis l'en tanserent, en luy demandant : Que » trouves-tu à redire en elle? n'est-elle pas femme » de bien de son corps? n'est-elle pas belle? ne porte- » t-elle pas de beaux enfants? Et luy, estendant son » pied, leur montra son soulier, et leur respondit : » Ce soulier n'est-il pas beau? n'est-il pas bien faict?

[1] Tantôt vos vignes sont frappées de la grêle; tantôt vos terres, trompant votre espérance, accusent ou les pluies, ou les chaleurs trop vives, ou les hivers trop rigoureux. HORACE.

[1] *Vie de Paul Émile,* c. 3 de la version d'Amyot.

» n'est-il pas tout neuf? Toutesfois il n'y a personne
» de vous qui sçache où il me blesse le pied. »

Montaigne concilie la dépense qu'il peut faire avec son goût des voyages. Il ne veut pas, dit-il très-justement, *que le plaisir du promener corrompe le plaisir du repos.*

Les voyages ne me blecent que par la despense, qui est grande et oultre mes forces, ayant accoustumé d'y estre avecques equipage non necessaire seulement, mais encores honneste : il me les en fault faire d'autant plus courts et moins frequents; et n'y employe que l'escume et ma reserve, temporisant et differant, selon qu'elle vient. Ie ne veux pas que le plaisir du promener corrompe le plaisir du repos; au rebours, i'entends qu'ils se nourrissent et favorisent l'un l'aultre. La fortune m'a aydé en cecy; que, puisque ma principale profession en cette vie estoit de la vivre mollement, et plustost laschement qu'affaireusement, elle m'a osté le besoing de multiplier en richesses, pour pourveoir à la multitude de mes heritiers. Pour un, s'il n'a assez de ce dequoy i'ay eu si plantureusement assez, à son dam; son imprudence ne meritera pas que ie luy en desire davantage.....

Quand ie considere mes affaires de loing et en gros, ie treuve, soit pour n'en avoir la memoire gueres exacte, qu'ils sont allez iusques à cette heure en prosperant, oultre mes comptes et mes raisons : i'en retire, ce me semble, plus qu'il n'y en a, leur bonheur me trahit. Mais suis ie au dedans de la besongne, veois ie marcher toutes ces parcelles,

Tum vero in curas animum diducimus omnes [1];

mille choses m'y donnent à desirer et craindre. De les abandonner du tout, il m'est tresfacile; de m'y prendre sans m'en peiner, tresdifficile.....

Cela peut s'appliquer à l'ensemble de la vie, et pas seulement au maniement de la fortune. On nous dit heureux. Nous-mêmes, en regardant à distance notre position, nous sommes forcés de convenir qu'elle est bonne. Et cependant, quand nous entrons dans les détails de la vie de chaque jour, mille ennuis nous obsèdent. A défaut de gros chagrins, les petits les remplacent sans désavantage, et, tout compte fait, la balance donne de la perte. Beaucoup d'entre nous en sont là.

Montaigne parle ici avec beaucoup de grâce et d'esprit de sa négligence instinctive de tout ce qui est affaires, contrats, négoces, questions d'intérêt, puis de la façon dont il entend la bonne tenue d'une maison.

Depuis dixhuict ans que ie gouverne des biens, ie n'ay sçeu gaigner sur moy de veoir ny tiltres ny mes principaulx affaires, qui ont necessairement à passer par ma

[1] Alors notre âme se partage entre mille soucis. VIRGILE.

science et par mon soing. Ce n'est pas un mespris philosophique des choses transitoires et mondaines; ie n'ay pas le goust si espuré, et les prise pour le moins ce qu'elles valent : mais certes c'est paresse et negligence inexcusable et puerile. Que ne ferois ie plustost, que de lire un contract? et plustost, que d'aller secouant ces paperasses poudreuses, serf de mes negoces, ou, encores pis, de ceulx d'aultruy, comme font tant de gents à prix d'argent?.... I'estois, ce crois ie, plus propre à vivre de la fortune d'aultruy, s'il se pouvoit sans obligation et sans servitude : et si ne sçais, à l'examiner de prez, si, selon mon humeur et mon sort, ce que i'ay à souffrir des affaires, et des serviteurs, et des domestiques, n'a point plus d'abiection, d'importunité et d'aigreur, que n'auroit la suitte d'un homme, nay plus grand que moy, qui me guidast un peu à mon ayse.....

Absent, ie me despouille de touts tels pensements; et sentirois moins lors la ruyne d'une tour, que ie ne fois, present, la cheute d'une ardoise. Mon ame se desmesle bien ayseement à part; mais, en presence, elle souffre, comme celle d'un vigneron : une rene de travers à mon cheval, un bout d'estriviere qui batte ma iambe, me tiendront tout un iour en eschec. I'esleve assez mon courage à l'encontre des inconvenients; les yeulx, ie ne puis.

Sensus! o superi, sensus! [1]

Ie suis, chez moy, respondant de tout ce qui va mal..... La plus sotte contenance d'un gentilhomme en sa maison, c'est de le veoir empesché du train de sa police, parler à l'aureille d'un valet, en menacer un aultre des yeulx; elle doibt couler insensiblement, et representer un cours ordi-

[1] Les sens! ô dieux, les sens!

naire : et treuve laid qu'on entretienne ses hostes du traictement qu'on leur faict, autant à l'excuser qu'à le vanter. l'aime l'ordre et la netteté,

Et cantharus et lanx
Ostendunt mihi me [1],

au prix de l'abondance; et regarde chez moy exactement à la necessité, peu à la parade.....

Acceptons le reproche que nous fait ici Montaigne. Rien n'est plus vrai et plus mérité. Nous agissons toujours pour être vus des autres; nous faisons, aux dépens de notre repos et de notre bonheur, de continuels sacrifices à l'opinion. Mais ce travers nous domine, et nous aimons mieux en convenir que de nous en corriger.

..... Qui que ce soit, ou art, ou nature, qui nous imprime cette condition de vivre par la relation à aultruy, nous faict beaucoup plus de mal que de bien : nous nous defraudons de nos propres utilitez, pour former les apparences à l'opinion commune : il ne nous chault pas tant quel soit nostre estre en nous et en effect, comme quel il soit en la cognoissance publicque : les biens mesmes de l'esprit et la sagesse nous semblent sans fruict, si elle n'est iouïe que de nous, si elle ne se produict à la veue et approbation estrangiere....

Ces grandes et longues altercations, de la meilleure forme de société, et des regles plus commodes à nous at-

[1] Les plats et les verres me montrent ma propre image. Horace.

tacher, sont altercations propres seulement à l'exercice de notre esprit : comme il se treuve ez arts plusieurs subiects qui ont leur essence en l'agitation et en la dispute, et n'ont aulcune vie hors de là. Telle peincture de police seroit de mise en un nouveau monde; mais nous prenons un monde desià faict et formé à certaines coustumes; nous ne l'engendrons pas, comme Pyrrha, ou comme Cadmus. Par quelque moyen que nous ayons loy de le redresser et renger de nouveau, nous ne pouvons gueres le tordre de son accoustumé ply, que nous ne rompions tout. On demandoit à Solon s'il avoit estably les meilleures loix qu'il avoit peu aux Athéniens : « Ouy bien, respondit il, de celles qu'ils eussent receues. » Varro s'excuse de pareil air : « Que s'il avoit tout de nouveau à escrire de la religion, il diroit ce qu'il en croid; mais, estant desià receue et formee, il en dira selon l'usage plus que selon nature. »

Je ne puis donner un meilleur commentaire de ce passage que cette note de l'édition de M. Charles Louandre : « Ce paragraphe nous paraît une des » critiques les plus vives qui aient été faites des » utopies sociales. Ici Montaigne a deviné notre » temps. »

Non par opinion, mais en vérité, l'excellente et meilleure police est, à chascune nation, celle soubs laquelle elle s'est maintenue : sa forme et commodité essentielle despend de l'usage. Nous nous desplaisons volontiers de la condition presente; mais ie tiens pourtant que d'aller desirant le commandement de peu, en un estat populaire; ou en la monarchie, une aultre espece de gouvernement, c'est vice et folie.

Oui sans doute, surtout en France, *nous nous desplaisons volontiers de la condition presente*. Montaigne dit que nous avons tort, et je ne vois pas que les changements de gouvernement que nous multiplions avec une déplorable facilité et qui assombrissent trop souvent les pages de notre histoire, nous donnent raison contre lui.

..... Ie suis envieilly de nombre d'ans depuis mes premieres publications, qui feurent l'an mil cinq cents quatre vingts : mais ie fois doubte que ie sois assagi d'un poulce. Moy, asteure, et moy, tantost, sommes bien deux; quand meilleur, ie n'en puis rien dire. Il feroit bel estre vieil, si nous ne marchions que vers l'amendement.....

Ie me suis couché mille fois chez moy, imaginant qu'on me trahiroit et assommeroit cette nuict là; composant avecques la fortune, que ce feust sans effroy et sans langueur : et me suis escrié, aprez mon patenostre,

> Impius hæc tam culta novalia miles habebit[1] !

Quel remede? c'est le lieu de ma naissance et de la plus part de mes ancestres; ils y ont mis leur affection et leur nom. Nous nous durcissons à tout ce que nous accoustumons : et, à une miserable condition comme est la nostre, ç'a esté un tresfavorable present de nature que l'accoustumance, qui endort nostre sentiment à la souffrance de

[1] Un soldat impie possédera-t-il ces guérets si bien cultivés? VIRGILE.

plusieurs maulx. Les guerres civiles ont cela de pire que les aultres guerres, de nous mettre chascun en eschauguette en sa propre maison :

> Quam miserum, porta vitam muroque tueri,
> Vixque suæ tutum viribus esse domus[1] !

C'est grande extremité d'estre pressé iusques dans son mesnage et repos domestique : Ce malheur me touche plus que nul aultre, pour la condition du lieu où ie me tiens, qui est tousiours le premier et le dernier à la batterie de nos troubles, et où la paix n'a iamais son visage entier.....

C'est là un de ces tableaux affligeants que présente à chaque pas un pays livré à la guerre civile. Je ne puis lire cette page sans un profond sentiment de tristesse.

Que dirait Montaigne du Paris d'aujourd'hui, lui qui aimait le Paris de son temps avec passion et le regardait comme l'un des plus beaux ornements du monde? Et cependant il avait vu Rome. Mais Paris a toutes ses tendresses. Les opinions que nous nous formons ne sont-elles pas toujours relatives? Les villes de l'Europe étaient assez laides alors, et Montaigne ne pouvait juger que par comparaison. Ce Paris du seizième siècle, aux rues sales, étroites et tortueuses,

[1] Qu'il est triste d'avoir besoin d'une porte et d'une muraille pour protéger sa vie, et d'être à peine en sûreté dans sa propre maison ! Ovide.

sans lumières le soir, à la merci des truands et des voleurs de nuit, ce Paris si loin alors de prévoir toutes les merveilles qu'il devait offrir un jour à l'admiration des étrangers, Montaigne le trouvait superbe de la meilleure foi du monde. Et nous-mêmes, justement fiers de la magnificence actuelle de notre capitale, qui sait si dans deux ou trois siècles on ne nous jugera pas un peu naïfs dans nos élans d'enthousiasme, et si nous ne serons pas pour les Parisiens de l'avenir ce que Montaigne est pour nous aujourd'hui? Il est juste d'ajouter que cette préférence exclusive pour Paris, il en fait comme une question de sentiment. Il ne se contente pas d'admirer les monuments; c'est Paris tout entier qu'il aime, son peuple, ses mille aspects, sa vie si diverse, et, il le dit comme s'il y était né, jusqu'à *ses verrues et ses taches*. L'amour du clocher n'irait pas plus loin.

Ie ne veulx pas oublier cecy, Que ie ne me mutine iamais tant contre la France, que ie ne regarde Paris de bon œil : elle a mon cœur dez mon enfance : et m'en est advenu, comme des choses excellentes; plus i'ay veu, depuis, d'aultres villes belles, plus la beauté de cette cy peult et gaigne sur mon affection : ie l'aime par elle mesme, et plus en son estre seul, que rechargee de pompe estrangiere : ie l'aime tendrement, iusques à ses verrues et à ses taches : ie ne suis François que par cette grande cité, grande en peuples, grande en felicité de son assiette; mais surtout grande et incomparable en variété, et diversité de commoditez; la gloire de la France, et l'un des plus nobles ornements du monde. Dieu en chasse loing nos divisions! Entiere et unie, ie la treuve deffendue de toute aultre violence : ie l'advise, que de touts les partis, le pire sera celuy qui la mettra en discorde; et ne craints pour elle, qu'elle mesme; et craints pour elle, autant certes que pour aultre piece de cet estat. Tant qu'elle durera, ie n'auray faulte de retraicte où rendre mes abbois; suffisante à me faire perdre le regret de tout aultre retraicte.

Non parce que Socrates l'a dict, mais parce qu'en verité c'est mon humeur, et à l'adventure non sans quelque excez, i'estime touts les hommes mes compatriotes; et embrasse un Polonois comme un François, postposant cette liaison nationale à l'universelle et commune.....

Ces sentiments de bienveillance cosmopolite font aujourd'hui de sensibles progrès et sont favorisés par les moyens multiples et rapides dont se servent les peuples pour communiquer entre eux. Pourtant je crois qu'il se passera encore quelque années avant que l'Europe entière ne forme plus qu'une seule nation. Et puis qu'y gagnerions-nous? Comme la paix universelle est une pure chimère et que les hommes éprouveront toujours le besoin de se battre entre eux de temps en temps, les guerres civiles remplaceraient la guerre avec l'étranger. Cela serait encore pire qu'à présent, et cet âge d'or d'un avenir rêvé par nos utopistes politiques ferait regretter le passé.

Sans prévoir les choses de si loin, je préfère citer quelques vers d'une jolie comédie du Théâtre-Français auxquels les idées philanthropiques de Montaigne me font penser.

Je renonce à jamais à la gloire des armes.
Moi, répandre le sang, faire couler des larmes!
Tuer de braves gens à qui je n'en veux pas!
Quand je voudrais courir, forcé d'aller au pas,
Attendre à tous moments qu'un boulet malhonnête
Me prive de ma jambe, ou même de ma tête.....

L'honnête garçon qui s'exprime ainsi aurait mieux aimé, à coup sûr, embrasser un Polonais, ou même un Russe, que de se battre avec lui.

..... Les cognoissances toutes neufves et toutes miennes me semblent bien valoir ces aultres communes et fortuites cognoissances du voysinage; les amitiez pures de nostre acquest emportent ordinairement celles ausquelles la communication du climat, ou du sang, nous ioignent.....

Voici comment voyageait Montaigne; c'est une peinture des mieux faites de la vie de voyage :

..... Le voyager me semble un exercice proufitable : l'ame y a une continuelle exercitation à remarquer des choses incogneues et nouvelles; et ie ne sçache point meilleure eschole, comme i'ay dict souvent, à façonner la vie, que de luy proposer incessamment la diversité de tant d'aultres vies, fantasies et usances, et luy faire gouster une si perpetuelle varieté de formes de nostre nature. Le corps n'y est ny oisif, ny travaillé; et cette moderee agitation le met en haleine. Ie me tiens à cheval sans desmonter, tout choliqueux que ie suis, et sans m'y ennuyer, huict et dix heures....; nulle saison m'est ennemie, que le chauld aspre d'un soleil poignant; car les ombrelles, dequoy, depuis les anciens Romains, l'Italie se sert, chargent plus les bras qu'ils ne deschargent la teste..... I'aime les pluyes et les crottes, comme les cannes. La mutation d'air et de climat ne me touche point; tout ciel m'est un : ie ne suis battu que des alterations internes que ie produis en moy; et celles là m'arrivent moins en voyageant. Ie suis mal aysé à esbranler; mais estant avoyé, ie vois tant qu'on veult : i'estrive autant aux petites entreprinses qu'aux grandes, et à m'equiper pour faire une iournée et visiter un voysin, que pour un iuste voyage. I'ay apprins à faire mes iournees, à l'espaignole, d'une traicte; grandes et raisonnables iournees : et, aux extremes chaleurs, les passe de nuict, du soleil couchant iusques au levant. L'aultre façon, de repaistre en chemin, en tumulte et haste, pour la disnee, nommeement aux courts iours, est incommode. Mes chevaulx en valent mieulx : iamais cheval ne m'a failly, qui a sceu faire avecques moy la premiere iournee. Ie les abbruve partout; et regarde seulement qu'ils aient assez de chemin de reste, pour battre leur eau. La paresse à me lever donne loisir à ceulx qui me suyvent de disner à leur ayse, avant partir : pour moy, ie ne mange iamais trop tard; l'appetit me vient en mangeant, et point aultrement; ie n'ay point de faim qu'à table.....

Montaigne voyageait seul et laissait sa femme à la maison. Il nous le dit, et part de là pour faire quelques réflexions sur les devoirs de la femme dans le ménage. On pourrait croire qu'elles ont plus d'une fois servi à Molière.

La plus utile et honnorable science et occupation à une mere de famille, c'est la science du mesnage. I'en veois quelqu'une avare : de mesnagieres, fort peu; c'est sa maistresse qualité, et qu'on doibt chercher avant toute aultre, comme le seul douaire qui sert à ruyner ou sauver nos maisons. Qu'on ne m'en parle pas : selon que l'experience m'en a apprins, ie requiers d'une femme mariee, au dessus de toute aultre vertu, la vertu œconomique. Ie l'en mets au propre, luy laissant par mon absence tout le gouvernement en main. Ie veois avecques despit, en plusieurs mesnages, monsieur revenir maussade et tout marmiteux du tracas des affaires, environ midy, que madame est encores aprez à se coeffer et attiffer en son cabinet : c'est à faire aux roynes; encores ne sçais ie : il est ridicule et iniuste que l'oysifveté de nos femmes soit entretenue de nostre sueur et travail.....

Vous savez ce que madame Pernelle dit à sa bru, la charmante Elmire, dans la première scène de *Tartuffe* :

Vous êtes dépensière; et cet état me blesse,
Que vous alliez vêtue ainsi qu'une princesse.
Quiconque à son mari veut plaire seulement,
Ma bru, n'a pas besoin de tant d'ajustement.

Montaigne nous transporte au chevet d'un mourant, et se plaint de ce qu'on assiége ses derniers moments de mille importunités. On ne veut pas le laisser mourir en repos. N'est-ce pas vrai trop souvent? Et voyez comme la scène est bien décrite :

Si ie craignois de mourir en aultre lieu que celuy de ma naissance; si ie pensois mourir moins à mon ayse, esloingné des miens; à peine sortirois ie hors de France : ie ne sortirois pas sans effroy hors de ma paroisse; ie sens la mort qui me pince continuellement la gorge ou les reins. Mais ie suis aultrement faict; elle m'est une par tout. Si toutesfois i'avois à choisir, ce seroit, ce crois ie, plustost à cheval, que dans un lict; hors de ma maison, et loing des miens. Il y a plus de crevecœur que de consolation à prendre congé de ses amis : i'oublie volontiers ce debvoir de nostre entregent : car des offices de l'amitié, celuy là est le seul desplaisant; et oublierois ainsi volontiers à dire ce grand et eternel adieu. S'il se tire quelque commodité de cette assistance, il s'en tire cent incommoditez. I'ay veu plusieurs, mourants bien piteusement, assiegez de tout ce train; cette presse les estouffe. C'est contre le debvoir, et est tesmoignage de peu d'affection et de peu de soing, de vous laisser mourir en repos : l'un tormente vos yeulx, l'aultre vos aureilles, l'aultre la bouche; il n'y a sens, ny membre, qu'on ne vous fracasse. Le cœur vous serre de pitié, d'ouïr les plainctes des amis; et de despit, à l'adventure, d'ouïr d'aultres plainctes feinctes et masquees. Qui a tousiours eu le goust tendre, affoibly, il l'a encores plus : il luy fault, en une si grande necessité, une main doulce, et accommodee à son sentiment, pour le grater iustement où il luy cuit; ou qu'on ne le grate point du tout. Si nous avons besoing de sage femme, à nous mettre au monde, nous avons bien besoing d'un homme encores plus sage, à nous en tirer. Tel, et amy, le fauldroit il acheter bien cherement pour le service d'une telle occasion.

Montaigne tient peu aux rencontres que l'on fait en voyage; mais il estime à un haut prix un compagnon de voyage bien choisi. C'est en effet le *rara avis* que ce compagnon. Qu'arrive-t-il bien souvent? on part avec un ami, un ami intime. C'est la première fois qu'on voyage ensemble, et voilà deux caractères nécessairement différents mis à une rude épreuve. Au lieu du plaisir des visites mutuelles et de la causerie, plaisir toujours vif, quelque fréquent qu'il soit, c'est la vie commune, du matin au soir, avec le choc inévitable d'habitudes qui ne s'entendent pas. Au bout de quinze jours on se sépare à peu près ou tout à fait brouillés. Si l'on va jusqu'à la fin, jusqu'au retour, en se quittant on éprouve un immense soulagement, et, après une cordiale poignée de main, l'on se dit tout bas : « Enfin je suis » donc libre! me voilà délivré! » Quant aux rencontres de voyage, il n'en faut pas dire trop de mal.

Elles ont quelque chose de bon, c'est la facilité de se quitter.

Au demourant, la pluspart des compaignies fortuites que vous rencontrez en chemin ont plus d'incommodité que de plaisir : ie ne m'y attache point, moins asteure que la vieillesse me particularise et sequestre aulcunement des formes communes. Vous souffrez pour aultruy, ou aultruy pour vous : l'un et l'aultre inconvenient est poisant; mais le dernier me semble encores plus rude. C'est une rare fortune, mais de soulagement inestimable, d'avoir un honneste homme, d'entendement ferme, et de mœurs conformes aux vostres, qui aime à vous suyvre : i'en ay eu faulte extreme en touts mes voyages. Mais une telle compaignie, il la fault avoir choisie et acquise dez le logis. Nul plaisir n'a saveur pour moy, sans communication : il ne me vient pas seulement une gaillarde pensee en l'ame, qu'il ne me fasche de l'avoir produicte seul, et n'ayant à qui l'offrir..... L'opinion d'Archytas m'agree, « qu'il feroit desplaisant, au ciel mesme, et à se promener dans ces grands et divins corps celestes, sans l'assistance d'un compaignon..... »

Vers la fin de ce long chapitre, il faut remarquer plusieurs belles pages sur Rome. Le style et le sentiment sont tout à fait dignes du sujet.

I'ay veu ailleurs des maisons ruynees, et des statues, et du ciel, et de la terre : ce sont tousiours des hommes. Tout cela est vray; et si pourtant ne sçaurois reveoir si souvent le tumbeau de cette ville, si grande et si puissante, que ie ne l'admire et revere. Le soing des morts nous est en recommendation : or, i'ay esté nourry, dez mon enfance, avecques ceulx icy; i'ay eu cognoissance des affaires de Rome, long temps avant que ie l'aye eue de ceulx de ma maison : ie sçavois le Capitole et son plan, avant que ie sceusse le Louvre; et le Tibre, avant la Seine. I'ay eu plus en teste les conditions et fortunes de Lucullus, Metellus, et Scipion, que ie n'ay d'aulcuns hommes des nostres : ils sont trespassez; si est bien mon pere aussi entierement qu'eulx, et s'est esloingné de moy et de la vie, autant en dix-huict ans, que ceulx là ont faict en seize cents; duquel pourtant ie ne laisse pas d'embrasser et practiquer la memoire, l'amitié et societé, d'une parfaicte union et tresvifve..... Me trouvant inutile à ce siecle, ie me reiecte à cet aultre; et en suis si embabouïné, que l'estat de cette vieille Rome, libre, iuste et florissante (car ie n'en aime ny la naissance, ny la vieillesse), m'interesse et me passionne : par quoy ie ne sçaurois reveoir si souvent l'assiette de leurs rues et de leurs maisons, et ces ruynes profondes iusques aux antipodes, que ie ne m'y amuse. Est ce par nature, ou par erreur de fantasie, que la veue des places que nous sçavons avoir esté hantees et habitees par personnes desquelles la memoire est en recommendation, nous esmeut aulcunement plus qu'ouïr le recit de leurs faicts, ou lire leurs escripts? *Tanta vis admonitionis inest in locis!... Et id quidem in hac urbe infinitum; quacumque enim ingredimur, in aliquam historiam vestigium ponimus* [1]. Il me plaist de considerer leur visage, leur port, et leurs vestements : ie

[1] Tant les lieux ont par eux-mêmes une véritable puissance d'enseignement. Il n'est rien dans cette ville qui n'avertisse la pensée; et partout où l'on met le pied, on marche pour ainsi dire sur quelque histoire mémorable. CICÉRON.

remasche ces grands noms entre les dents, et les fois retentir à mes aureilles : *ego illos veneror, et tantis nominibus semper assurgo* [1]. Des choses qui sont en quelque partie grandes et admirables, i'en admire les parties mesmes communes : ie les veisse volontiers deviser, promener, et souper. Ce seroit ingratitude de mespriser les reliques et images de tant d'honnestes hommes et si valeureux, lesquels i'ay veu vivre et mourir, et qui nous donnent tant de bonnes instructions par leur exemple, si nous les sçavions suyvre.

Ce langage, où respirent le grand et le beau, me reporte à mes meilleurs souvenirs. L'entrée dans Rome, par la place du Peuple, est majestueuse. Saisi par cet aspect grandiose, livré aux souvenirs qui se pressent dans la pensée, on n'entre pas sans émotion dans cette ville qui tant de fois a rempli l'univers de son nom.

Montaigne donne ici le texte d'une bulle qui le fit citoyen romain et lui fut octroyée pendant son séjour à Rome, *bulle pompeuse en sceaux et lettres dorees :* « N'estant, dit-il, bourgeois d'aulcune ville, » ie suis bien ayse de l'estre de la plus noble qui » feut et qui sera oncques.

---

[1] J'honore ces grands hommes, et ne prononce jamais leurs noms qu'avec respect. SÉNÈQUE.

A la dernière page de ce chapitre, nous retrouvons enfin son titre, *De la vanité*. Il se termine ainsi :

..... Si les aultres se regardoient attentifvement, comme ie fois, ils se trouveroient, comme ie fois, pleins d'inanité et de fadeze. De m'en desfaire, ie ne puis, sans me desfaire moy mesme. Nous en sommes tout confits, tant les uns que les aultres : mais ceulx qui ne le sentent en ont un peu meilleur compte; encores ne sçais ie.

Cette opinion et usance commune, de regarder ailleurs qu'à nous, a bien pourveu à nostre affaire; c'est un obiect plein de mescontentement; nous n'y veoyons que misere et vanité : pour ne nous desconforter, nature a reiecté bien à propos l'action de nostre veue, au dehors. Nous allons en avant à vau l'eau; mais de rebrousser vers nous nostre course, c'est un mouvement penible : la mer se brouille et s'empesche ainsi, quand elle est repoulsee à soy. Regardez, dict chascun, les bransles du ciel; regardez au public, à la querelle de cettuy là, au pouls d'un tel, au testament de cet aultre; somme, regardez tousiours, hault ou bas, ou à costé, ou devant, ou derriere vous. C'estoit un commandement paradoxe, que nous faisoit anciennement ce dieu à Delphes, Regardez dans vous; recognoissez vous; tenez vous à vous : vostre esprit et vostre volonté qui se consomme ailleurs, ramenez la en soy : vous vous escoulez, vous vous respandez, appilez vous, soubstenez vous : on vous trahit, on vous dissipe, on vous desrobbe à vous. Veois tu pas que ce monde tient toutes ses vues contrainctes au dedans, et ses yeulx ouverts à se contempler soy mesme? C'est tousiours vanité pour toy, dedans et dehors : mais elle est moins vanité, quand elle est moins estendue. Sauf toy, ô homme, disoit ce dieu, chasque chose s'estudie la premiere, et a, selon son besoing, des limites à ses travaulx et desirs. Il n'en est une seule si vuide et necessiteuse que toy, qui embrasses l'univers. Tu es le scrutateur, sans cognoissance; le magistrat, sans iurisdiction; et, aprez tout, le badin de la farce.

CHAPITRE X.

DE MESNAGER SA VOLONTÉ.

Ménager sa volonté, c'est, suivant Montaigne, ne s'attacher fortement à rien, ne se passionner pour rien, c'est *se prester à aultruy, et ne se donner qu'à soy mesme*. La pente est dangereuse, et de pareilles pensées mènent droit à l'indifférence et à l'égoïsme. Montaigne n'est peut-être pas à l'abri de tout reproche sur ce point. Pourtant il ne faudrait pas le juger avec trop de sévérité. Il n'était pas insensible, tant s'en faut! Il savait aimer. Ses sentiments d'affection si tendre pour la Boëtie en donnent la preuve la plus évidente. De plus, une certaine disposition à l'indifférence et surtout une déplaisance naturelle à s'occuper des intérêts des autres, étaient victorieusement combattues chez lui par le sentiment du devoir, qu'il portait à sa limite extrême. Ainsi, élu deux fois maire de Bordeaux, comment entend-il exercer cette haute fonction? que dit-il? « Ie ne veulx pas » qu'on refuse aux charges qu'on prend, l'attention, » les pas, les paroles, la sueur et le sang. » Et c'est le plus honnête homme du monde qui s'exprime ainsi. Ce n'est pas là le langage d'un indifférent et d'un égoïste. Non certes, et, chez Montaigne, le philosophe voulant modérer et contenir les mouvements de son âme facilement impressionnable, était le plus souvent dominé par l'homme doux, indulgent, serviable, et c'est lui-même qui le dit, tenant toujours plus qu'il ne promettait.

Je passerai rapidement sur ce chapitre, qui cependant n'est pas l'un des moins remarquables des *Essais*. Mais il faut le lire plusieurs fois, l'étudier avec soin pour l'apprécier à sa juste valeur. Les tons en sont doux, sans éclat; les demi-teintes y voilent légèrement la beauté du style et de la pensée. C'est un de ces chapitres qui gagnent beaucoup à être relus, quand cela serait pour la dixième fois. J'engage à le faire les lecteurs convaincus et pleins de zèle; mais ceux-là seulement, et par malheur le nombre en diminue de jour en jour. Les beaux livres ne seront bientôt plus que des livres ennuyeux, et personne ne viendra secouer la poussière qui recouvrira leur immobilité dans les rayons de nos bibliothèques.

Un gentilhomme, treshomme de bien et mon amy, cuida brouiller la santé de sa teste, par une trop passionnee attention et affection aux affaires d'un prince, son maistre : lequel maistre s'est ainsi peinct soy mesme à moy, « Qu'il veoid le poids des accidents, comme un aultre; mais qu'à ceulx qui n'ont point de remede, il se resoult soubdain à la souffrance; aux aultres, aprez y avoir ordonné les provisions necessaires, ce qu'il peult faire promptement par la vivacité de son esprit, il attend en repos ce qui s'en peult ensuyvre. » De vray, ie l'ay veu à mesme, maintenant une grande nonchalance et liberté d'actions et de visage au travers de bien grands affaires et bien espineux : ie le treuve plus grand et plus capable en une mauvaise qu'en une bonne fortune; ses pertes luy sont plus glorieuses que ses victoires, et son dueil que son triumphe.

On pense que Montaigne a voulu parler ici de Henri IV.

..... La carriere de nos desirs doibt estre circonscripte et restreincte à un court limite des commoditez les plus proches et contiguës; et doibt, en oultre, leur course se manier, non en ligne droicte qui face bout ailleurs, mais en rond duquel les deux poinctes se tiennent et terminent en nous par un brief contour. Les actions qui se conduisent sans cette reflexion (s'entend voysine reflexion et essentielle), comme sont celles des avaricieux, des ambitieux, et tant d'aultres qui courent de poincte, desquels la course les emporte tousiours devant eulx, ce sont actions erronees et maladifves.

Montaigne avait horreur des procès. Quel bon exemple à suivre et combien il avait raison de se laisser duper, plutôt que de plaider! C'est encore moins cher, et l'on évite mille ennuis.

A combien de fois me suis ie faict une bien evidente iniustice, pour fuyr le hazard de la recevoir encores pire des iuges, aprez un siecle d'ennuys, et d'ordes et viles praticques, plus ennemies de mon naturel que n'est la gehenne et le feu? Les faveurs mesmes que la fortune pouvoit m'avoir donné, parentez et accointances envers ceulx qui ont souveraine auctorité en ces choses là, i'ay beaucoup faict, selon ma conscience, de fuyr instamment de les employer au preiudice d'aultruy, et de ne monter, par dessus leur droicte valeur, mes droicts. Enfin, i'ay tant faict par mes iournees (à la bonne heure le puisse ie dire!) que me voicy encores vierge de procez, qui n'ont pas laissé de se convier plusieurs fois à mon service, par bien iuste tiltre, s'il m'eust pleu d'y entendre.....

De toutes choses les naissances sont foibles et tendres : pourtant fault il avoir les yeulx ouverts aux commencements; car comme lors, en sa petitesse, on n'en descouvre pas le dangier, quand il est accreu, on n'en descouvre plus le remede. I'eusse rencontré un million de traverses touts les iours plus malaysees à digerer, au cours de l'ambition, qu'il ne m'a esté malaysé d'arrester l'inclination naturelle qui m'y portoit..... Toutes actions publicques sont subiectes à incertaines et diverses interpretations; car trop de testes en iugent.

Voici une page plaisante et lestement enlevée sur les ambitions qui se gonflent et voient avec des verres grossissants venir à elles la renommée.

Quand ces ametes naines et chestifves s'en vont embabouïnant, et pensent espandre leur nom, pour avoir iugé à droict un affaire, ou continué l'ordre des gardes d'une porte de ville, ils en montrent d'autant plus le cul, qu'ils esperent en haulser la teste. Ce menu bien faire n'a ne corps ne vie; il va s'esvanouïssant en la premiere bouche, et ne se promene que d'un carrefour de rue à l'aultre. Entretenez en hardiement vostre fils et vostre valet, comme cet ancien, qui n'ayant aultre auditeur de ses louanges, et consent de sa valeur, se bravoit avecques sa chambriere, en s'escriant : « O Perrette, le galant et suffisant homme de maistre que tu as! » Entretenez vous en vous mesme, au pis aller; comme un conseiller de ma cognoissance, ayant desgorgé une battelee de paragraphes, d'une extreme contention, et pareille ineptie, s'estant retiré de la chambre du conseil au pissoir du palais, feut ouï marmotant entre les dents, tout consciencieusement : « *Non nobis, Domine, non nobis, sed nomini tuo da gloriam*[1]. » Qui ne peult d'ailleurs, si se paye de sa bourse.

La renommee ne se prostitue pas à si vil compte : les actions rares et exemplaires, à qui elle est deue, ne souf-

[1] Non point à nous, Seigneur, non point à nous, mais à ton nom la gloire en soit donnée. Ps. CXIII, v. 1.

friroient pas la compaignie de cette foule innumerable de petites actions iournalieres. Le marbre eslevera vos tiltres tant qu'il vous plaira, pour avoir faict rapetasser un pan de mur, ou descrotter un ruisseau publicque; mais non pas les hommes qui ont du sens.....

CHAPITRE XI.

DES BOITEUX.

Dans ce chapitre, Montaigne adresse aux boiteux et surtout aux boiteuses un éloge qui est peut-être mérité; mais je l'ignore complétement et me garderai d'insister sur un sujet que je n'ai jamais eu la plus légère occasion d'étudier. Indiquons-le en le moins de mots possible. Il s'agit de l'incomparable supériorité aux jeux de Vénus qu'un vieux dicton populaire en Italie attribue aux boiteuses. Et ce n'est pas seulement sur un proverbe italien que s'appuie Montaigne, mais sur une autorité bien plus ancienne et bien plus grande. Aristote, en effet, a traité cette question de physiologie amoureuse dans l'une des trente-huit sections de ses *Problèmes*. Voyez pourtant que de choses on trouve dans Aristote!

Du reste Montaigne, selon son habitude, en a bientôt fini avec le titre de son chapitre. Deux pages sur vingt lui suffisent. Puis il se met à nous parler de plusieurs petits miracles accomplis de son temps, auxquels il ne croit pas, et des sorciers, qui ne lui inspirent non plus qu'une très-médiocre confiance.

I'ay veu la naissance de plusieurs miracles de mon temps : encores qu'ils s'estouffent en naissant, nous ne laissons pas de preveoir le train qu'ils eussent prins, s'ils eussent vescu leur aage; car il n'est que de trouver le bout du fil, on en desvide tant qu'on veult; et y a plus loing de rien à la plus petite chose du monde, qu'il n'y a de celle là iusques à la plus grande. Or, les premiers qui sont abbruvez de ce commencement d'estrangeté, venants à semer leur histoire, sentent, par les oppositions qu'on leur faict, où loge la difficulté de la persuasion, et vont calfeutrant cet endroict de quelque piece faulse : oultre ce, que, *insita hominibus libidine alendi de industria rumores*[1], nous faisons naturellement conscience de rendre ce qu'on nous a presté, sans quelque usure et accession de nostre creu. L'erreur particuliere faict premierement l'erreur publicque, et, à son tour aprez, l'erreur publicque faict l'erreur particuliere. Ainsi va tout ce bastiment, s'estoffant et formant de main en main; de maniere que le plus esloingné tesmoing en est mieulx instruict que le plus voysin; et le dernier informé, mieulx persuadé que le premier. C'est un progrez naturel : car quiconque croit quelque chose, estime que c'est ouvrage de charité de la persuader à un aultre; et, pour ce faire, ne craind point d'adiouster, de son invention, autant qu'il

[1] Par la passion qui porte naturellement les hommes à donner cours à des bruits incertains. TITE LIVE.

veoid estre necessaire en son conte, pour suppleer à la resistance et au default qu'il pense estre en la conception d'aultruy. Moy mesme, qui fois singuliere conscience de mentir, et qui ne me soulcie gueres de donner creance et auctorité à ce que ie dis, m'apperceois toutesfois, aux propos que i'ay en main, qu'estant eschauffé, ou par la resistance d'un aultre, ou par la propre chaleur de ma narration, ie grossis et enfle mon subiect par voix, mouvements, vigueur et force de paroles, et encores par extension et amplification, non sans interest de la verité naïfve; mais ie le fois en condition pourtant qu'au premier qui me ramene, et qui demande la verité nue et crue, ie quite soubdain mon effort, et la luy donne sans exageration, sans emphase et remplissage. La parole naïfve et bruyante, comme est la mienne ordinaire, s'emporte volontiers à l'hyperbole.....

..... Il y a du malheur d'en estre là, que la meilleure touche de la verité ce soit la multitude des croyants, en une presse où les fols surpassent de tant les sages en nombre. *Sanitatis patrocinium est, insanientium turba* [1]. C'est chose difficile de resouldre son iugement contre les opinions communes : la premiere persuasion, prinse du subiect mesme, saisit les simples; de là elle s'espand aux habiles soubs l'auctorité du nombre et antiquité des tesmoignages. Pour moy, de ce que ie n'en croirois pas un, ie n'en croirois pas cent uns; et ne iuge pas les opinions par les ans.

..... Iusques à cette heure, touts ces miracles et evene-

[1] Une multitude de fous sert de garant à la sagesse. SAINT AUGUSTIN.

ments estranges se cachent devant moy. Ie n'ay vu monstre et miracle au monde, plus exprez que moy mesme.....

Je donne place ici à une excellente appréciation faite par M. Villemain. Encore un nom illustre qui vient affirmer la juste gloire de l'auteur des *Essais* :

« Le scepticisme de Montaigne, plus modéré que celui de tant d'autres philosophes, ne touche jamais aux principes conservateurs de l'ordre social; sa raison en a d'autant plus de force pour attaquer les préjugés ridicules ou funestes dont ses contemporains étaient infatués; et d'abord n'oublions pas que le siècle de Montaigne était encore le temps de l'astrologie, des sorciers, des faux miracles, et de ces guerres de religion, les plus cruelles de toutes; n'oublions pas que les hommes les plus respectables partageaient les erreurs et la crédulité du vulgaire; et qu'enfin, écrivant plusieurs années après l'auteur des *Essais*, le judicieux de Thou rapportait, et croyait peut-être, toutes les absurdités merveilleuses qui font rire de pitié dans un siècle éclairé. »

Il s'engendre beaucoup d'abus au monde, ou, pour le dire plus hardiement, touts les abus du monde s'engendrent, de ce qu'on nous apprend à craindre de faire profession de nostre ignorance, et que nous sommes tenus d'accepter tout ce que nous ne pouvons refuter : nous parlons de toutes choses par preceptes et resolution. Le style, à Rome, portoit que cela mesme qu'un tesmoing deposoit pour l'avoir vu de ses yeulx, et ce qu'un iuge ordonnoit de sa plus certaine science, estoit conceu en cette forme de parler, « Il me semble. » On me faict haïr les choses vraysemblables, quand on me les plante pour infaillibles.....

Nous voulons savoir, même quand nous ne savons pas ; nous ne voulons jamais convenir de notre ignorance, et rien pourtant n'est plus conforme à la raison. Mais quelle transformation dans ce monde le jour où la raison sera plus forte que la vanité !

..... Voire dea, il y a quelque ignorance forte et genereuse, qui ne doibt rien en honneur et en courage à la science : ignorance pour laquelle concevoir il n'y a pas moins de science qu'à concevoir la science.....

Montaigne, ne croyant pas aux sorciers, trouve fort blâmable qu'on les livre au feu : « Ce ne sont » pas des sorciers, s'écrie-t-il, ce sont des fous, » donnez-leur de l'ellébore, et ne les brûlez pas. » Mais il a beau dire, il a beau faire parler la raison, il n'est pas écouté. C'était encore trop tôt. Rendons grâce à ces hommes supérieurs qui ont osé les premiers, non sans danger alors, protester contre d'absurdes et cruels préjugés. Ils ont ouvert la voie aux civilisations modernes; ils en ont avancé l'heure. Elles ne sont pas exemptes d'erreurs; mais ce ne sont plus celles d'un passé où la superstition faisait couler le sang.

Il y a quelques annees que ie passay par les terres d'un prince souverain, lequel en ma faveur, et pour rabbattre mon incredulité, me feit cette grace de me faire veoir en sa presence, en lieu particulier, dix ou douze prisonniers de ce genre, et une vieille entre aultres, vrayement bien sorciere en laideur et deformité, tresfameuse de longue main en cette profession. Ie veis et preuves et libres confessions, et ie ne sçais quelle marque insensible sur cette miserable vieille; et m'enquis, et parlay tout mon saoul, y apportant la plus saine attention que ie peusse; et ne suis pas homme qui me laisse gueres garotter le iugement par preoccupation. Enfin, et en conscience, ie leur eusse plustost ordonné de l'ellebore que de la ciguë : la iustice a ses propres corrections pour telles maladies. Quant aux oppositions et arguments que des honnestes hommes m'ont faict, et là, et souvent ailleurs, ie n'en ay point senty qui m'attachent, et qui ne souffrent solution tousiours plus vraysemblable que leurs conclusions. Bien est vray que les preuves et raisons qui se fondent sur l'experience et sur le faict, celles là, ie ne les desnoue point; aussi n'ont elles point de bout : ie les trenche souvent comme Alexandre son nœud. Aprez tout, c'est mettre ses coniectures à bien hault prix, que d'en faire cuire un homme tout vif.

CHAPITRE XII.

DE LA PHYSIONOMIE.

Quasi toutes les opinions que nous avons sont prinses par auctorité et à credit : il n'y a point de mal; nous ne sçaurions pirement choisir, que par nous, en un siecle si foible.

Les premières pages de ce chapitre sont consacrées à l'éloge de Socrate. Mais c'est en même temps l'éloge de la simplicité et du naturel dans la forme et dans la pensée.

Socrates faict mouvoir son ame d'un mouvement naturel et commun; ainsi dict un païsan, ainsi dict une femme : il n'a iamais en la bouche, que cochers, menuisiers, savetiers et massons : ce sont inductions et similitudes tirees des plus vulgaires et cogneues actions des hommes; chascun l'entend. Soubs une si vile forme, nous n'eussions iamais choisi la noblesse et splendeur de ses conceptions admirables, nous qui estimons plates et basses toutes celles que la doctrine ne r'esleve, qui n'appercevons la richesse qu'en montre et en pompe. Nostre monde n'est formé qu'à l'ostentation : les hommes ne s'enflent que de vent; et se manient à bonds, comme les balons. Cettuy cy ne se propose point des vaines fantasies : sa fin feut, Nous fournir de choses et de preceptes qui reellement et plus ioinctement servent à la vie;

Servare modum, finemque tenere,
Naturamque sequi [1].

..... C'est luy qui ramena du ciel, où elle perdoit son temps, la sagesse humaine, pour la rendre à l'homme, où est sa plus iuste et plus laborieuse besongne. Veoyez le plaider devant ses iuges; veoyez par quelles raisons il esveille son courage aux hazards de la guerre; quels arguments fortifient sa patience contre la calomnie, la tyrannie, la mort, et contre la teste de sa femme : il n'y a rien d'emprunté de l'art et des sciences; les plus simples y recognoissent leurs moyens et leur force; il n'est pas possible d'aller plus arriere et plus bas. Il a faict grand' faveur à l'humaine nature, de montrer combien elle peult d'elle mesme.

Mais voici un éloge que j'aime moins; c'est celui de l'ignorance. Encore un peu, Montaigne la placerait au-dessus de la science et de l'étude. Il pense que nous poussons trop loin la curiosité de savoir, et que souvent elle nous coûte cher. Évidemment Montaigne plaide ici la mauvaise cause, et, comme font les avocats, sans grande conviction; mais il faut convenir qu'il la plaide admirablement, et qu'il en présente les bons côtés avec son incomparable talent.

..... I'ay prins plaisir de veoir, en quelque lieu, des hommes, par devotion, faire vœu d'ignorance, comme de

[1] Garder une juste mesure, se tenir en de justes limites, suivre la nature. LUCAIN.

chasteté, de pauvreté, de penitence : c'est aussi chastrer nos appetits desordonnez, d'esmousser cette cupidité qui nous espoinçonne à l'estude des livres, et priver l'ame de cette complaisance voluptueuse qui nous chastouille par l'opinion de science; et est richement accomplir le vœu de pauvreté, d'y ioindre encores celle de l'esprit. Il ne nous fault gueres de doctrine pour vivre à nostre ayse : et Socrates nous apprend qu'elle est en nous, et la maniere de l'y trouver et de s'en ayder. Toute cette nostre suffisance, qui est au delà de la naturelle, est à peu prez vaine et superflue; c'est beaucoup si elle ne nous charge et trouble plus qu'elle ne nous sert : *paucis opus est litteris ad mentem bonam* [1] : ce sont des excez fiebvreux de nostre esprit, instrument brouillon et inquiete. Recueillez vous; vous trouverez en vous les arguments de la nature contre la mort, vrays, et les plus propres à vous servir à la necessité : ce sont ceulx qui font mourir un païsan, et des peuples entiers, aussi constamment qu'un philosophe. Feusse ie mort moins alaigrement avant qu'avoir veu les Tusculanes? i'estime que non : et, quand ie me treuve au propre, ie sens que ma langue s'est enrichie; mon courage, de peu; il est comme nature me le forgea, et se targue pour le conflict, non que d'une marche naturelle et commune : les livres m'ont servy non tant d'instruction, que d'exercitation. Quoy, si la science, essayant de nous armer de nouvelles deffenses contre les inconvenients naturels, nous a plus imprimé en la fantasie leur grandeur et leur poids, qu'elle n'a ses raisons et subtilitez à nous en couvrir? Ce sont voirement sub-

[1] Il ne faut guère de lettres à former une âme saine. SÉNÈQUE. (Trad. de Mlle de Gournay.)

tilitez, par où elle nous esveille souvent bien vainement.....

A quoy faire nous allons nous gendarmant par ces efforts de la science? Regardons à terre : les pauvres gents que nous y veoyons espandus, la teste penchante aprez leur besongne, qui ne sçavent ny Aristote ny Caton, ny exemple ny precepte; de ceulx là tire nature touts les iours des effects de constance et de patience, plus purs et plus roides que ne sont ceulx que nous estudions si curieusement en l'eschole : combien en veois ie ordinairement qui mescognoissent la pauvreté; combien qui desirent la mort, ou qui la passent sans alarme et sans affliction? Celuy là qui fouït mon iardin, il a, ce matin, entérré son pere ou son fils. Les noms mesme, dequoy ils appellent les maladies, en addoulcissent et amollissent l'aspreté : la Phthisie, c'est la toux pour eulx; la Dysenterie, devoyement d'estomach; un Pleuresis, c'est un morfondement; et, selon qu'ils les nomment doulcement, ils les supportent aussi; elles sont bien griefves, quand elles rompent leur travail ordinaire; ils ne s'allictent que pour mourir. *Simplex illa et aperta virtus in obscuram et solertem scientiam versa est*[1].

Je n'ai pas cru nécessaire d'expliquer les mots qui sont dans les *Essais* et dont on ne se sert plus aujourd'hui. Presque toujours le sens de la phrase met le lecteur à même de les comprendre, et il ne lui faut qu'un peu d'attention pour surmonter ces légères

[1] Cette vertu simple et sincère a été changée en une science subtile et obscure. SÉNÈQUE.

difficultés. Certaines expressions que nous employons maintenant encore, mais dans une autre acception; pourraient embarrasser un peu plus et donner lieu à quelque confusion. Ainsi, dans la citation qui précède, *se targuer* signifie se couvrir d'une *targe*, ou *targue*, espèce de bouclier dont on se servait au moyen âge.

Montaigne parle ici avec désolation de tous les malheurs, de toutes les hontes qu'entraîne la guerre civile.

I'escrivois cecy environ le temps qu'une forte charge de nos troubles se croupit plusieurs mois, de tout son poids, droict sur moy : i'avois, d'une part, les ennemis à ma porte; d'aultre part, les picoreurs, pires ennemis, *non armis, sed vitiis certatur*[1]; et essayois toute sorte d'iniures militaires à la fois..... Monstrueuse guerre! les aultres agissent au dehors; cette cy encores contre soy, se ronge et se desfaict par son propre venin. Elle est de nature si maligne et ruyneuse, qu'elle se ruyne quand et quand le reste, et se deschire et despece de rage. Nous la veoyons plus souvent se dissouldre par elle mesme, que par disette d'aulcune chose necessaire, ou par la force ennemie. Toute discipline la fuyt : elle vient guarir la sedition, et en est pleine; veult chastier la desobeïssance, et en montre l'exemple; et, employee à la deffense des loix, faict sa part de rebellion à l'encontre des siennes propres. Où en sommes-nous?.... . . . . . .

[1] Ce n'est pas par les armes que l'on combat, mais par les vices.

En ces maladies populaires, on peult distinguer, sur le commencement, les sains, les malades; mais quand elles viennent à durer, comme la nostre, tout le corps s'en sent, et la teste et les talons : aulcune partie n'est exempte de corruption; car il n'est air qui se hume si gouluement, qui s'espande et penetre, comme faict la licence.

Montaigne fut pillé, et vit sa maison à la merci d'une soldatesque en furie.

..... I'encourus les inconvenients que la moderation apporte en telles maladies : ie feus pelaudé à toutes mains; au Gibelin, i'estois Guelphe; au Guelphe, Gibelin : quelqu'un de mes poëtes dict bien cela, mais ie ne sçais où c'est. La situation de ma maison, et l'accointance des hommes de mon voysinage, me presentoient d'un visage; ma vie et mes actions, d'un aultre. Il ne s'en faisoit point des accusations formees, car il n'y avoit où mordre; ie ne desempare iamais les loix, et qui m'eust recherché, m'en eust deu de reste : c'estoient suspicions muettes qui couroient soubs main, ausquelles il n'y a iamais faulte d'apparence, en un meslange si confus, non plus que d'esprits ou envieux ou ineptes. I'aide ordinairement aux presumptions iniurieuses que la fortune seme contre moy, par une façon que i'ay, dez tousiours, de fuyr à me iustifier, excuser et interpreter; estimant que c'est mettre ma conscience en compromis, de plaider pour elle.....

Après la guerre civile, ce fut la peste; cruelles épreuves dont Montaigne nous donne ici l'émouvante description.

Voicy un aultre rengregement de mal qui m'arriva à la suitte du reste : Et dehors et dedans ma maison, ie feus accueilly d'une peste, vehemente au prix de toute aultre : car, comme les corps sains sont subiects à plus griefves maladies, d'autant qu'ils ne peuvent estre forcez que par celles là; aussi mon air tressalubre, où, d'aulcune memoire, la contagion, bien que voysine, n'avoit sceu prendre pied, venant à s'empoisonner, produisit des effects estranges :

> Mista senum et iuvenum densantur funera; nullum
> Sæva caput Proserpina fugit [1] :

i'eus à souffrir cette plaisante condition, que la veue de ma maison m'estoit effroyable; tout ce qui y estoit, estoit sans garde, et à l'abandon de qui en avoit envie. Moy, qui suis si hospitalier, feus en trespenible queste de retraicte pour ma famille; une famille esgaree, faisant peur à ses amis et à soy mesme, et horreur, où qu'elle cherchast à se placer : ayant à changer de demeure, soubdain qu'un de la troupe commenceoit à se douloir du bout du doigt; toutes maladies sont alors prinses pour peste; on ne se donne pas le loysir de les recognoistre. Et c'est le bon, que, selon les regles de l'art, à tout dangier qu'on approche, il fault estre quarante iours en transe de ce mal : l'imagination vous exerceant ce pendant à sa mode et enfiebvrant vostre santé mesme. Tout cela m'eust beaucoup moins touché, si ie n'eusse eu à me ressentir de la peine d'aultruy, et servir six mois miserablement de guide à cette caravane; car ie porte en moy mes preservatifs, qui sont, resolution et souffrance. L'ap-

[1] Les obsèques des jeunes et des vieux s'amoncellent en foulle; nul n'eschappe à la cruelle Proserpine. HORACE. (Trad. de Mlle de Gournay.)

prehension ne me presse gueres, laquelle on craint particulierement en ce mal; et si, estant seul, ie l'eusse voulu prendre, c'eust esté une fuyte bien plus gaillarde et plus esloingnee : c'est une mort qui ne me semble des pires; elle est communement courte, d'estourdissement, sans douleur, consolee par la condition publicque, sans cerimonie, sans dueil, sans presse. Mais, quant au monde des environs, la centiesme partie des ames ne se peut sauver :

> Videat desertaque regna
> Pastorum, et longe saltus lateque vacantes [1].

En ce lieu, mon meilleur revenu est manuel : ce que cent hommes travailloient pour moy, chome pour long temps.

Or lors, quel exemple de resolution ne veismes nous en la simplicité de tout ce peuple? Generalement, chascun renonceoit au soing de la vie : les raisins demeurerent suspendus aux vignes, le bien principal du païs; touts indifferemment se preparants et attendants la mort, à ce soir, ou au lendemain, d'un visage et d'une voix si peu effroyee, qu'il sembloit qu'ils eussent compromis à cette necessité, et que ce feust une condemnation universelle et inevitable. Elle est tousiours telle : mais à combien peu tient la resolution au mourir? la distance et difference de quelques heures, la seule consideration de la compaignie, nous en rend l'apprehension diverse. Veoyez ceulx cy : pour ce qu'ils meurent en mesme mois, enfants, ieunes, vieillards, ils ne s'estonnent plus, ils ne se pleurent plus. I'en veis qui craignoient de demeurer der-

[1] Vous auriez vu les campagnes et les bois changés en de vastes déserts. VIRGILE.

riere, comme en une horrible solitude : et n'y cogneus communement aultre soing que des sepultures; il leur faschoit de veoir les corps espars emmy les champs, à la mercy des bestes, qui y peuplerent incontinent..... Tel, sain, faisoit desia sa fosse : d'aultres s'y couchoient encores vivants; et un manœuvre des miens, avecques ses mains et ses pieds, attira sur soy la terre en mourant....

La première édition des *Essais* de Montaigne (Bordeaux, 1580), contient fort peu de citations latines. Ce fut seulement dans les quatre dernières années de sa vie, de 1588 à 1592, qu'il les multiplia, peut-être même avec excès. C'est ce qu'il explique dans la page qui suit :

Certes, i'ay donné à l'opinion publicque, que ces parements empruntez m'accompaignent; mais ie n'entends pas qu'ils me couvrent et qu'ils me cachent : c'est le rebours de mon desseing, qui ne veulx faire montre que du mien et de ce qui est mien par nature; et si ie m'en feusse cru, à tout hazard i'eusse parlé tout fin seul. Ie m'en charge de plus fort touts les iours, oultre ma proposition et ma fortune premiere, sur la fantasie du siecle, et par oysifveté....

Montaigne, commençant enfin à traiter son sujet *de la Physionomie*, s'occupe d'abord de Socrate, de qui la laideur est à l'état de type connu de nous tous. Qui ne se représente la tête de Socrate et qui sait si cette tête bizarre et singulièrement disgraciée n'a pas été pour un millionième dans sa célébrité?

Socrates a esté un exemplaire parfaict en toutes grandes qualitez. I'ay despit qu'il eust rencontré un corps et un visage si disgraciez, comme ils disent, et si disconvenable à la beauté de son ame; luy si amoureux et si affolé de la beauté : nature luy feit iniustice.....

Ie ne puis dire assez souvent combien i'estime la beauté qualité puissante et advantageuse : il l'appelloit, « une courte tyrannie; » et Platon, « le privilege de nature. » Nous n'en avons point qui la surpasse en credit : elle tient le premier reng au commerce des hommes; elle se presente au devant; seduict et preoccupe nostre iugement, avecques grande auctorité et merveilleuse impression. Phryné perdoit sa cause entre les mains d'un excellent advocat, si, ouvrant sa robbe, elle n'eust corrompu ses iuges par l'esclat de sa beauté.....

Un de nos plus habiles peintres, M. Gérôme, a représenté ce trait de voluptueuse audace de la belle Thespienne, dans un charmant tableau, bien peint, très-spirituel, où la grâce la plus exquise fait accepter une grande hardiesse de nudité.

C'est une foible garantie que la mine; toutesfois elle a quelque consideration : et si i'avois à les fouetter, ce seroit plus rudement les meschants qui desmentent et trahissent les promesses que nature leur avoit plantees au front; ie punirois plus aigrement la malice, en une apparence debonnaire. Il semble qu'il y ayt aulcuns visages heureux, d'aultres malencontreux : et crois qu'il y a quelque art à distinguer les visages debonnaires, des niais; les severes, des rudes; les malicieux, des chagrins; les desdaigneux, des melancholiques, et telles aultres qualitez voysines. Il y a des beautez, non fieres seulement, mais aigres; il y en a d'aultres doulces, et encores au delà, fades : d'en prognostiquer les adventures futures, ce sont matieres que ie laisse indecises.

Après avoir dit *qu'il a une apparence favorable, et en forme, et en interpretation*, et raconté deux aventures où *son visage et sa franchise* l'avaient tiré de dangers sérieux, Montaigne ajoute ces quelques mots qui peignent son âme douce et belle :

Si mon visage ne respondoit pour moy, si on ne lisoit en mes yeulx et en ma voix la simplicité de mon intention, ie n'eusse pas duré sans querelle et sans offense, si long temps, avecques cette indiscrette liberté de dire à tort et à droict ce qui me vient en fantasie, et iuger temerairement des choses. Cette façon peult paroistre, avecques raison, incivile et mal accommodee à nostre usage; mais oultrageuse et malicieuse, ie n'ay veu personne qui l'en ayt iugee; ny qui se soit picqué de ma liberté, s'il l'a receue de ma bouche : les paroles redictes ont, comme aultre son, aultre sens. Aussi ne hais ie personne; et suis si lasche à offenser, que, pour le service de la raison mesme, ie ne le puis faire; et, lorsque l'occasion m'a convié aux condemnations criminelles, i'ay plustost manqué à la iustice : *ut magis peccari nolim, quam satis animi ad vindicanda peccata habeam*[1]. On reprochoit, dict on, à Aristote, d'avoir esté trop misericordieux envers un meschant homme : « I'ay esté, de vray, dict il, misericordieux envers l'homme, non envers la meschanceté. »

N'en déplaise à Aristote, je crois qu'il ne suffit pas de détester la méchanceté; il faut punir les méchants. Un pays ne peut être heureux que quand les lois sont assez fortes pour qu'ils en aient la crainte.

CHAPITRE XIII.

DE L'EXPÉRIENCE.

Il n'est desir plus naturel que le desir de cognoissance. Nous essayons tous les moyens qui nous y peuvent mener; quand la raison nous fault, nous y employons l'experience, qui est un moyen de beaucoup plus foible et plus vil; mais la verité est chose si grande, que nous ne debvons desdaigner aulcune entremise qui nous y conduise. La raison a tant de formes, que nous ne sçavons à laquelle nous prendre : l'experience n'en a pas moins; la consequence que nous voulons tirer de la conference des evenements est mal seure, d'autant qu'ils sont tousiours dissemblables. Il n'est aulcune qualité si universelle, en cette image des choses, que la diversité et varieté. Et les Grecs, et les Latins, et nous, pour le plus exprez

[1] Je voudrais qu'on n'eût pas commis de fautes; mais je n'ai pas le courage de punir celles qui sont commises. TITE LIVE.

exemple de similitude, nous servons de celuy des œufs : toutesfois il s'est trouvé des hommes, et notamment un en Delphes, qui recognoissoit des marques de difference entre les œufs, si qu'il n'en prenoit iamais l'un pour l'aultre; et y ayant plusieurs poules, sçavoit iuger de laquelle estoit l'œuf. La dissimilitude s'ingere d'elle mesme en nos ouvrages : nul art peult arriver à la similitude; ny Perrozet, ny aultre, ne peult si soigneusement polir et blanchir l'envers de ses cartes, qu'aulcuns ioueurs ne les distinguent, à les veoir seulement couler par les mains d'un aultre. La ressemblance ne faict pas tant, un, comme la difference faict, aultre. Nature s'est obligee à ne rien faire aultre, que ne feust dissemblable.

Montaigne se plaint de ce que la France a *plus de loix que tout le reste du monde ensemble.*

..... Qu'ont gaigné nos legislateurs à choisir cent mille especes et faicts particuliers, et y attacher cent mille loix? ce nombre n'a aulcune proportion avec l'infinie diversité des actions humaines; la multiplication de nos inventions n'arrivera pas à la variation des exemples : adioutez y en cent fois autant; il n'adviendra pas pourtant que, des evenements à venir, il s'en treuve aulcun qui, en tout ce grand nombre de milliers d'evenements choisis et enregistrez, en rencontre un auquel il se puisse ioindre et apparier si exactement, qu'il n'y reste quelque circonstance et diversité qui requiere diverse consideration de iugement. Il y a peu de relation de nos actions, qui sont en perpetuelle mutation, avecques les loix fixes et immobiles : les plus desirables, ce sont les plus rares, les plus simples, et generales; et encores crois ie qu'il vauldroit mieulx n'en avoir point du tout, que de les avoir en tel nombre que nous avons.

Le roy Ferdinand, envoyant des colonies aux Indes, pourveut sagement qu'on n'y menast aulcuns escholiers de la iurisprudence, de crainte que les procez ne peuplassent en ce nouveau monde, comme estant science, de sa nature, generatrice d'altercation et division : iugeant avecques Platon, que « C'est une mauvaise provision de païs, que iurisconsultes et medecins. »

Iamais deux hommes ne iugerent pareillement de mesme chose; et est impossible de veoir deux opinions semblables exactement, non seulement en divers hommes, mais en mesme homme à diverses heures.

Il est difficile de mieux exprimer la diversité infinie et l'extrême mobilité de nos esprits.

Nous sommes en pleine jurisprudence. Ce n'est plus Montaigne, c'est le conseiller au parlement de Bordeaux qui écrit. Nous ne pouvons le suivre pas à pas, et nous passons plus loin à une page intéressante au point de vue des mœurs judiciaires de cette époque :

Puisque les loix ethiques, qui regardent le debvoir particulier de chascun en soy, sont si difficiles à dresser, comme nous veoyons qu'elles sont; ce n'est pas merveille si celles qui gouvernent tant de particuliers le sont dadvantage. Considerez la forme de cette iustice qui nous regit; c'est un vray tesmoignage de l'humaine imbecillité : Tant il y a de contradiction et d'erreur! Ce que nous trouvons faveur et rigueur en la iustice, et y en trouvons tant, que ie ne sçais si l'entredeux s'y treuve si souvent, ce sont parties maladifves et membres iniustes du corps mesme et essence de la iustice. Des païsans viennent de m'advertir en haste qu'ils ont laissé presentement en une forest qui est à moy, un homme meurtry de cent coups, qui respire encores, et qui leur a demandé de l'eau par pitié, et du secours pour le soublever : disent qu'ils n'ont osé l'approcher, et s'en sont fuys, de peur que les gents de la iustice ne les y attrapassent, et, comme il se faict de ceulx qu'on rencontre prez d'un homme tué, ils n'eussent à rendre compte de cet accident, à leur totale ruyne; n'ayants ny suffisance, ny argent, pour deffendre leur innocence. Que leur eusse ie dict? il est certain que cet office d'humanité les eust mis en peine.

Combien avons nous descouvert d'innocents avoir esté punis, ie dis sans la coulpe des iuges; et combien en y a il eu que nous n'avons pas descouverts? Cecy est advenu de mon temps : Certains sont condamnez à la mort pour un homicide; l'arrest, sinon prononcé, au moins conclu et arresté. Sur ce poinct, les iuges sont advertis, par les officiers d'une cour subalterne voysine, qu'ils tiennent quelques prisonniers, lesquels advouent disertement cet homicide, et apportent à tout ce faict une lumiere indubitable. On delibere si pourtant on doibt interrompre et differer l'execution de l'arrest donné contre les premiers : on considere la nouvelleté de l'exemple, et sa consequence pour accrocher les iugements; que la condemnation est iuridiquement passee; les iuges privez de repentance.

Somme, ces pauvres diables sont consacrés aux formules de la iustice.....

C'est-à-dire que ces malheureux furent immolés! Voilà, il faut en convenir, un fait horrible, et ces juges, «privez de repentance», étaient d'abominables juges. C'est bien là ce que pense Montaigne, quand il s'écrie avec une amère énergie :

Combien ay ie veu de condemnations plus crimineuses que le crime!

Nostre iustice ne nous presente que l'une de ses mains, et encores la gauche; quiconque il soit, il en sort avecques perte.

Montaigne se montre sévère; mais il faut remarquer que de son temps la vénalité des charges privait les fonctions judiciaires de la considération dont elles sont si justement honorées aujourd'hui. Les choses sont bien changées depuis Montaigne : non pas que ce soit tout plaisir d'avoir des procès; mais au moins, avec le bon droit pour soi, on n'est pas sans chance aucune de les gagner.

Le iugement tient chez moy un siege magistral, au moins il s'en efforce soigneusement; il laisse mes appetits aller leur train, et la haine, et l'amitié, voire et celle que ie me porte à moy mesme, sans s'en alterer et corrompre :

s'il ne peult reformer les aultres parties selon soy, au moins ne se laisse il pas difformer à elles; il faict son ieu à part.

..... Nulle assiette moyenne; s'emportant tousiours de l'un à l'aultre extreme par occasions indivinables; nulle espece de train, sans traverse et contrarieté merveilleuse; nulle faculté simple.....

De qui Montaigne parle-t-il ainsi? Eh! mon Dieu, de nous tous, presque sans exception. Pesez avec soin chacune des expressions contenues dans ces trois lignes, et vous y trouverez le caractère humain tout entier. N'est-ce pas dans le cinquième acte de *Tartuffe,* ce que dit Cléante à Orgon, ou plutôt à cette foule d'honnêtes gens, ennemis sans le vouloir du progrès moral, qui se font les esclaves de l'engouement, de l'idée fausse et de l'enthousiasme irréfléchi?

Eh bien, ne voilà pas de vos emportements!
Vous ne gardez en rien les doux tempéraments;
Dans la droite raison jamais n'entre la vôtre,
Et toujours d'un excès vous vous jetez dans l'autre.

Et maintenant Montaigne nous démontre une grande vérité, c'est qu'il faut être parfaitement sûr de ne pouvoir se brouiller avec un ami pour se permettre de le blâmer.

..... Il faict besoing d'aureilles bien fortes, pour s'ouïr franchement iuger : et, parce qu'il en est peu qui le puissent souffrir sans morsure, ceulx qui se hazardent de l'entreprendre envers nous, nous montrent un singulier effect d'amitié; car c'est aymer saynement, d'entreprendre à blecer et offenser pour proufiter. Ie treuve rude de iuger celuy là, en qui les mauvaises qualitez surpassent les bonnes : Platon ordonne trois parties à qui veult examiner l'ame d'un aultre, Science, Bienvueillance, Hardiesse.

Quelquesfois on me demandoit à quoy i'eusse pensé estre bon, qui se feust advisé de se servir de moy pendant que i'en avois l'aage. A rien, dis ie : et m'excuse volontiers de ne sçavoir faire chose qui m'esclave à aultruy. Mais i'eusse dict ses veritez à mon maistre, et eusse contreroollé ses mœurs, s'il eust voulu : non en gros, par leçons scholastiques que ie ne sçais point, et n'en veois naistre aulcune vraye reformation en ceulx qui les sçavent; mais les observant pas à pas, en toute opportunité, et en iugeant à l'œil, piece à piece, simplement et naturellement; luy faisant veoir quel il est en l'opinion commune; m'opposant à ses flatteurs. Il n'y a nul de nous qui ne valust moins que les roys, s'il estoit ainsi continuellement corrompu, comme ils sont, de cette canaille de gents : comment, si Alexandre, ce grand et roy et philosophe, ne s'en peut deffendre? I'eusse eu assez de fidelité, de iugement et de liberté, pour cela. Ce seroit un office sans nom, aultrement il perdroit son effect et sa grace; et est un roolle qui ne peult indifferemment appartenir à touts : car la verité mesme n'a pas ce privilege d'estre employee à toute heure et en toute sorte; son usage, tout noble qu'il est, a ses circonscriptions et limites. Il advient souvent, comme le monde est, qu'on la lasche à l'aureille du prince, non seulement sans fruict, mais dommageablement, et encores iniustement : et ne me fera lon pas accroire qu'une saincte remontrance ne puisse estre appliquee vicieusement; et que l'interest de la substance ne doibve souvent ceder à l'interest de la forme.....

..... Il n'est aulcune condition d'hommes qui ayt si grand besoing, que les roys, de vrays et libres advertissements : ils soubstiennent une vie publicque, et ont à agreer à l'opinion de tant de spectateurs, que, comme on a accoustumé de leur taire tout ce qui les divertit de leur route, ils se treuvent, sans le sentir, engagez en la haine et detestation de leurs peuples, pour des occasions souvent qu'ils eussent peu eviter, à nul interest de leurs plaisirs mesme, qui les en eust advisez et redressez à temps. Communement leurs favoris regardent à soy, plus qu'au maistre : et il leur va de bon; d'autant qu'à la verité, la pluspart des offices de la vraye amitié sont, envers le souverain, en un rude et perilleux essay; de maniere qu'il y faict besoing, non seulement de beaucoup d'affection et de franchise, mais encores de courage.

Voilà certainement d'admirables pages, et je regrette de ne pas citer plus. Qu'on ne dise pas que de semblables observations ne s'adressent qu'aux royautés et ne sont pas de mise dans une république, ce serait une erreur. Les peuples au contraire ont surtout besoin d'entendre la vérité, et l'on se garde de la leur dire. On les flatte plus encore que les rois et plus grossièrement; car faut-il au moins mettre quelque délicatesse de langage dans les flatteries qu'on adresse à un souverain; mais avec le peuple on n'a que faire de se gêner. Les chercheurs de popularité le savent bien! Oui, sans doute, il y a progrès sur les siècles passés, mais pas si grand qu'on le croit. Délivrée des querelles religieuses, la raison n'a-t-elle pas à combattre les utopies sociales? N'avons-nous pas nos intolérants, à qui il faut répéter sans cesse : « Pour Dieu, laissez-nous penser comme nous voulons. » Ils menacent; il faut obéir : « C'est la volonté du peuple! » s'écrient-ils, comme on s'écriait autrefois : « Dieu le veut! » Le peuple a remplacé Dieu, et je ne vois pas trop ce que nous pouvons gagner à ce changement. Je déteste autant l'intolérance politique que l'intolérance religieuse.

Que la lecture des *Essais* est bonne et saine pour nous empêcher de donner dans les extrêmes!

Montaigne revient encore aux médecins. S'ils l'ont mal traité dans sa cruelle maladie, il faut convenir que, dans son livre, il leur rend bien la pareille :

Tibere disoit, que quiconque avoit vescu vingt ans, se

debvoit respondre des choses qui luy estoient nuisibles ou salutaires, et se sçavoir conduire sans medecine : et le pouvoit avoir apprins de Socrates, lequel, conseillant à ses disciples soigneusement, et comme un tresprincipal estude, l'estude de leur santé, adioustoit qu'il estoit malaysé qu'un homme d'entendement, prenant garde à ses exercices, à son boire et à son manger, ne discernas mieulx que tout medecin ce qui luy estoit bon ou mauvais..... Pour Dieu! que la medecine me face un iour quelque bon et perceptible secours, veoir comme ie crieray de bonne foy,

> Tandem efficaci do manus scientiæ [1]!

Les arts qui promettent de nous tenir le corps en santé, et l'ame en santé, nous promettent beaucoup : mais aussi n'en est point qui tiennent moins ce qu'elles promettent. Et, en nostre temps, ceulx qui font profession de ces arts entre nous, en montrent moins les effects que touts aultres hommes : on peult dire d'eulx, pour le plus, qu'ils vendent les drogues medecinales; mais qu'ils soient medecins, cela ne peult on dire.

Ma forme de vie est pareille en maladie comme en santé : mesme lict, mesmes heures, mesmes viandes me servent, et mesme bruvage; ie n'y adiouste du tout rien, que la moderation du plus et du moins, selon ma force et appetit. Ma santé, c'est maintenir sans destourbier mon estat accoustumé. Ie veois que la maladie m'en desloge d'un costé; si ie crois les medecins, ils m'en destourneront

[1] Enfin, je reconnais un art dont je vois les effets. HORACE.

de l'aultre; et, par fortune, et par art, me voilà hors de ma route. Ie ne crois rien plus certainement que cecy : Que ie ne sçaurois estre offensé par l'usage des choses que i'ay si long temps accoustumees. C'est à la coustume de donner forme à nostre vie, tel qu'il luy plaist : elle peult tout en cela; c'est le bruvage de Circé, qui diversifie nostre nature comme bon luy semble. Combien de nations, et à trois pas de nous, estiment ridicule la crainte du serein qui nous blece si apparemment! et nos bateliers et nos païsans s'en mocquent. Vous faites malade un Allemand de le coucher sur un matelas; comme un Italien sur la plume, et un François sans rideau et sans feu. L'estomach d'un Espaignol ne dure pas à nostre forme de manger; ny le nostre, à boire à la Souysse.....

Ici commence une sorte de monographie de la vie et des habitudes toutes corporelles de Montaigne. Il se complaît peut-être un peu trop dans une minutieuse description qui occupe près de quarante pages; mais, il faut bien le dire, la lecture en est continuellement agréable, et le style, clair, animé, pittoresque, y fait merveille. Et puis on est toujours curieux de connaître, même dans ses détails les plus insignifiants, la vie du chez soi d'un homme justement célèbre. C'est la pensée de Montaigne à propos des grands noms qui sont la gloire de la république romaine : « Ie les veisse volontiers, dit-il, deviser, » promener et souper. » Montaigne avait-il le pressentiment certain de sa célébrité future? Comptait-il intéresser ses lecteurs au même titre que quelque ancien d'Athènes ou de Rome, en les entretenant de ses repas, de son coucher et de son lever, en leur disant, par exemple, qu'il mangeait *goulument*, et qu'il lui arrivait souvent de se mordre la langue et les doigts, qu'il se passerait aussi difficilement de ses gants que de sa chemise, et beaucoup d'autres choses très-libres et très-librement exprimées? Je crois plutôt que, sans se préoccuper des siècles à venir, Montaigne a voulu remplir aussi complétement que possible la tâche qu'il s'était proposée. Il a voulu se faire connaître au physique comme au moral. C'est le *moi* décrit dans la plus grande étendue qui lui ait jamais été accordée; et, à vrai dire, il faut dans cette partie du chapitre XIII, le talent original et singulièrement exceptionnel de Montaigne, pour que tous les détails de ce *moi* qui ne nous épargne rien et ne se donne même pas la peine de choisir les mots, ne finissent pas par fatiguer et déplaire. En définitive, le livre des *Essais* n'est pas là et ne serait pas venu jusqu'à nous rien qu'avec ces pages de substance un peu maigre. Mais celles où, sous une forme admirable, nous trouvons pour chacun de nous et pour chaque jour de la vie un enseignement, un exemple à suivre, celles-là, si nombreuses, si parfaites de bon sens et de vérité, seront toujours lues. Elles appartiennent, autant que cela est permis aux choses de ce monde, à l'immortalité.

Nous approchons de la fin, et je n'ai plus que quelques citations à faire.

L'experience m'a encores apprins cecy, Que nous nous perdons d'impatience. Les maulx ont leur vie et leurs bornes, leurs maladies et leur santé. La constitution des maladies est formee au patron de la constitution des animaulx; elles ont leur fortune limitee dez leur naissance, et leurs iours : qui essaye de les abbreger imperieusement, par force, au travers de leur course, il les alonge et multiplie; et les harcelle, au lieu de les appaiser. Ie suis de l'advis de Crantor, « Qu'il ne fault ny obstineement s'opposer aux maulx, et à l'estourdie, ny leur succomber de mollesse; mais qu'il leur fault ceder naturellement, selon leur condition et la nostre. » On doibt donner passage aux maladies : et ie treuve qu'elles arrestent moins chez moy, qui les laisse faire; et en ay perdu, de celles qu'on estime plus opiniastres et tenaces, de leur propre decadence, sans ayde et sans art, et contre les regles. Laissons faire un peu à nature : elle entend mieulx ses affaires que nous. « Mais un tel en mourut. » Si ferez vous; sinon de ce mal là, d'un aultre : et combien n'ont pas laissé d'en mourir, ayant trois medecins à leur cul?....

Il fault souffrir doulcement les loix de nostre condition : nous sommes pour vieillir, pour affoiblir, pour estre malades, en despit de toute medecine..... C'est iniustice, de se douloir qu'il soit advenu à quelqu'un ce qui peult advenir à chascun.....

Qui craint de souffrir, il souffre desià de ce qu'il craint.

Il n'est rien qu'on doibve tant recommender à la ieunesse que l'activité et la vigilance : nostre vie n'est que mouvement. Ie m'esbransle difficilement, et suis tardif par tout; à me lever, à me coucher, et à mes repas : c'est matin pour moy que sept heures; et, où ie gouverne, ie ne disne ny avant onze, ny ne soupe qu'aprez six heures. I'ay aultresfois attribué la cause des fiebvres et maladies où ie suis tumbé, à la pesanteur et assopissement que le long sommeil m'avoit apporté; et me suis tousiours repenty de me r'endormir le matin. Platon veult plus de mal à l'excez du dormir, qu'à l'excez du boire. I'ayme à coucher dur, et seul; voire sans femme, à la royale; un peu bien couvert. On ne bassine iamais mon lict : mais, depuis la vieillesse, on me donne, quand i'en ay besoing, des draps à eschauffer les pieds et l'estomach. On trouvoit à redire au grand Scipion, d'estre dormart; non, à mon advis, pour aultre raison, sinon qu'il faschoit aux hommes qu'en luy seul il n'y eust aulcune chose à redire. Si i'ay quelque curiosité en mon traictement, c'est plustost au coucher qu'à aultre chose; mais ie cede et m'accommode en general, autant que tout aultre, à la necessité. Le dormir a occupé une grande partie de ma vie; et le continue encores, en cet aage, huict ou neuf heures, d'une haleine. Ie me retire avecques utilité de cette propension paresseuse; et en vaulx evidemment mieulx. Ie sens un peu le coup de la mutation; mais c'est faict en trois iours. Et n'en veois gueres qui vive à moins, quand il est besoing, et qui s'exerce plus constamment, ny à qui les corvees poisent moins. Mon corps est capable d'une agitation ferme, mais non pas vehemente et soubdaine. Ie fuys meshuy les exercices violents, et qui me menent à la sueur : mes membres se lassent avant qu'ils s'eschauffent. Ie me tiens debout, tout le long du iour, et ne m'ennuye point à me promener; mais sur le pavé, depuis mon premier aage, ie n'ay aymé d'aller qu'à cheval; à pied, ie me crotte iusques aux fesses; et les petites gents sont subiectes, par ces rues, à estre chocquez et coudoyez, à faulte d'apparence : et ay aymé à me reposer, soit couché, soit assis, les iambes autant ou plus haultes que le siege.

Voici une page très-belle :

Si i'avois des enfants masles, ie leur desirasse volontiers ma fortune : Le bon pere que Dieu me donna, qui n'a de moy que la recognoissance de sa bonté, mais certes bien gaillarde, m'envoya, dez le berceau, nourrir à un pauvre village des siens, et m'y teint autant que ie feus en nourrice, et encores au delà; me dressant à la plus basse et commune façon de vivre..... Ne prenez iamais, et donnez encores moins à vos femmes, la charge de leur nourriture; laissez les former à la fortune, soubs des loix populaires et naturelles; laissez à la coustume, de les dresser à la frugalité et à l'austerité : qu'ils ayent plustost à descendre de l'aspreté, qu'à monter vers elle. Son humeur visoit encores à une aultre fin; de me r'allier avecques le peuple et cette condition d'hommes qui a besoing de nostre ayde; et estimoit que ie feusse tenu de regarder plustost vers celuy qui me tend les bras, que vers celuy qui me tourne le dos; il feut cette raison, pour quoy aussi il me donna à tenir, sur les fonts, à des personnes de la plus abiecte fortune, pour m'y obliger et attacher.

Son desseing n'a pas du tout mal succedé : ie m'addonne volontiers aux petits, soit pource qu'il y a plus de gloire, soit par naturelle compassion, qui peult infiniement en moy.

Montaigne n'aimait pas les sermons, et il a une façon spirituelle de le dire :

Le prescheur est bien de mes amis, qui oblige mon attention tout un sermon.

Dans les dernières pages de ce chapitre, Montaigne remercie Dieu de nous avoir donné la vie telle qu'elle est, ni plus longue, ni plus dégagée de besoins corporels. J'avoue qu'il faut beaucoup de bonne volonté pour voir les choses ainsi et ne pas s'étonner du mal qui est un peu partout. Mais cette fois encore Montaigne a raison. Gardons-nous de laisser notre imagination se perdre dans un idéal qui fait naître le dégoût de la réalité. Restons plutôt dans les sages limites du sentiment religieux, soumettant notre faible intelligence à la volonté de Dieu et acceptant ce qu'il a fait pour nous avec reconnaissance, sans chercher, ignorants que nous sommes de ses impénétrables desseins, s'il aurait dû faire mieux; ce remercîment adressé par Montaigne au Créateur est comme une action de grâces noble et touchante. Il était près de mourir, et ne pouvait faire plus dignement ses adieux à la vie.

Pour moy doncques, i'ayme la vie, et la cultive, telle qu'il a pleu à Dieu nous l'octroyer. Ie ne vois pas desirant Qu'elle eust à dire la necessité de boire et de manger; et me sembleroit faillir, non moins excusablement, de desirer qu'elle l'eust double..... I'accepte de bon cœur, et recognoissant, ce que nature a faict pour moy, et m'en agree et m'en loue. On faict tort à ce grand et tout puissant Donneur, de refuser son don, l'annuller et desfigurer : Tout bon, il a faict tout bon : *omnia, quæ secundum naturam sunt, æstimatione digna sunt*[1].

..... Les plus belles vies sont, à mon gré, celles qui se rengent au modele commun et humain avecques ordre, mais sans miracle, sans extravagance. Or, la vieillesse a un peu besoing d'estre traictee plus tendrement. Recommendons la à ce dieu protecteur de santé et sagesse, mais gaye et sociale :

Frui paratis et valido mihi,
Latoe, dones, et, precor, integra
  Cum mente; nec turpem senectam
Degere, nec cithara carentem[2].

[1] Tout ce qui est selon la nature est digne d'estime. CICÉRON.

[2] Fils de Latone, laisse-moi, je t'en conjure, jouir du peu que je possède; fais que toujours sain de corps et d'esprit, je vieillisse sans ternir ma gloire, sans déposer ma lyre. HORACE, *Odes*.

Montaigne s'est arrêté ici, empêché par la mort. Il avait cinquante-neuf ans. Nul doute qu'il n'eût ajouté de nombreux chapitres à ceux qu'il nous a laissés. Son esprit était aussi inépuisable que le champ de l'observation humaine. Ceux qui auront lu ce livre connaîtront Montaigne, mais pas assez. Même pour les impatients, et c'est toujours à eux qu'il faut penser quand on écrit, il n'y a pas raisonnablement une seule page à passer dans cet admirable livre des *Essais,* livre unique, varié à l'infini, commençant à toutes les pages, merveilleusement écrit et tout brillant de traits lumineux, comme un ciel parsemé d'étoiles. Si j'ai réussi à décider mes lecteurs à le prendre en main pour le lire tout entier, j'aurai obtenu le succès que je désire le plus, j'aurai fait quelque chose de bon et d'utile.

FIN.

LE TOMBEAU DE MONTAIGNE.

On voit le tombeau de Montaigne dans l'église des Feuillants, à Bordeaux, où sa femme fit transporter son corps quelques mois après sa mort (15 septembre 1592). Le monument est en marbre blanc. Montaigne, étendu sur sa tombe, est vêtu d'une cotte de mailles. Son casque et ses brassards sont à ses côtés, un livre est à ses pieds. Deux inscriptions ont été gravées sur ce tombeau, l'une grecque, l'autre latine. L'inscription grecque est très-emphatique. Voici la traduction de l'inscription latine :

« A Michel Montaigne, Perigourdin, fils de Pierre, petit-fils de Grimond Remond, chevalier de St Michel, citoyen romain, ex-maire de Bordeaux, homme né pour la gloire de la nature; dont la douceur des mœurs, la finesse d'esprit, la facilité d'élocution et la justesse de iugement ont été regardées comme au-dessus de la condition humaine; qui a eu pour amis les rois les plus illustres, les plus grands seigneurs de France, et même les chefs du parti égaré, quoique lui même fût d'une moindre condition; observateur religieux des loix et de la religion de ses pères, auxquels il ne fit jamais la moindre offense; qui jouit de la faveur populaire sans flatterie et sans injure; de sorte qu'ayant fait toujours profession, dans ses discours et dans ses écrits, d'une sagesse fortifiée contre toutes les attaques de la douleur; après avoir, aux portes du trépas, lutté longtemps avec courage contre les attaques ennemies d'une maladie implacable; enfin égalant ses écrits par ses actions, il a fait, avec la grâce de Dieu, une belle pause à une belle vie. »

On n'exige pas des épitaphes une exactitude bien rigoureuse, non plus qu'un grand respect de la vérité. Par une exception assez rare, cette inscription à l'éloge de Montaigne est passablement d'accord avec le jugement porté sur lui par la postérité. Il y est dit qu'il fut l'ami des rois les plus illustres. Montaigne, en effet, a vécu sous six rois : François Ier, Henri II, François II, Charles IX, Henri III et Henri IV. Seulement de ces six rois je n'en vois que deux qu'on puisse qualifier d'illustres, François Ier et Henri IV. Quant aux quatre autres, l'épitaphe, comme toutes les épitaphes, exagère beaucoup.

TABLE.

LIVRE SECOND.

LIVRE TROISIÈME.

www.ingramcontent.com/pod-product-compliance
Lightning Source LLC
LaVergne TN
LVHW010527100826
845148LV00001B/113

9782012543928